陕西师范大学"一带一路"智库集成

主编＝甘晖

副主编＝游旭群　周伟洲

丝绸之路通鉴

西北丝绸之路上的汉字流传史

冯雪俊　著

陕西师范大学出版总社

图书代号　SK16N1158

图书在版编目(CIP)数据

西北丝绸之路上的汉字流传史／冯雪俊著.—西安：
陕西师范大学出版总社有限公司，2016.9
（丝绸之路通鉴／甘晖主编）
ISBN 978－7－5613－8636－1

Ⅰ.①西… Ⅱ.①冯… Ⅲ.①汉字—汉语史—西北地区
Ⅳ.①H12

中国版本图书馆CIP数据核字（2016）第224783号

西北丝绸之路上的汉字流传史
XIBEI SICHOUZHILU SHANG DE HANZI LIUCHUANSHI
冯雪俊　著

出版统筹	刘东风
责任编辑	刘　定　王舒涵
责任校对	周　利　杨　珂
装帧设计	杨　柯
封面插图	崔　彬　李文炯
出版发行	陕西师范大学出版总社
	（西安市长安南路199号 邮编710062）
网　　址	http://www.snupg.com
印　　刷	中煤地西安地图制印有限公司
开　　本	720mm×1020mm　1/16
印　　张	18.5
插　　页	2
字　　数	231千
版　　次	2016年9月第1版
印　　次	2016年9月第1次印刷
书　　号	ISBN 978－7－5613－8636－1
定　　价	46.00元

读者购书、书店添货或发现印刷装订问题，请与本社营销部联系、调换。
电话：(029)85307864　85251046（传真）

《丝绸之路通鉴》序一

中国古代有一条历时久远的经由中亚通往南亚、西亚以及欧洲、北非的陆上贸易通道，通过此道，产自中国的丝、丝织品、陶瓷等物品运送到了以上地区，由于其运送的货物以丝绸制品影响最大，故称"丝绸之路"。1877年，德国地理学家李希霍芬在其出版的《中国》一书中，把"从公元前114年至公元127年间，连接中国和河间地区（指中亚阿姆河与锡尔河之间地带）、中国与印度以丝绸贸易为媒介的这条西域交通道路"命名为"丝绸之路"，简称"丝路"。这一称谓被学术界和民间所接受，并广为沿用。其后，德国历史学家赫尔曼在20世纪初出版的《中国与叙利亚之间的古代丝绸之路》一书中，依据新发现的考古资料，把丝绸之路延伸至地中海西岸和小亚细亚，确定了"丝绸之路"的基本内涵，即中国古代经过中亚通往南亚、西亚以及欧洲、北非的陆上贸易通道。

虽然人们在对商代帝王武丁配偶坟茔的考古中，已发现了产自新疆的软玉，证明至少在公元前13世纪，中原已开始和西域乃至更远的地区有商贸往来，但是严格意义上的丝绸之路奠定于两汉时期。西汉张骞出使西域时开辟的以长安（今陕西西安）为起点，经由甘肃、新疆，到中亚、西亚，并连接地中海沿岸各国的陆上通道已经形成，这条通道被称为"西北丝绸之路"。公元前119年，张骞第二次出使西域，经4年时间先后到达乌孙、大宛、康居、大月氏、大夏、安息、身毒等国，扩大了与西域各国的交往。张骞出使西域，最初主要是出于制御匈奴的考虑，后来则演变为"广地万里,重九译,致殊俗,威德遍于四海",即旨在保护疆域和发展经济。汉武帝曾招募大量商人,到西域各国经商,由此吸引了更多人从事丝路贸易活动,极大地推动了中原与西域之间的物质文化交流。之后,汉宣帝于神爵二年(前60),设立了直接管辖西域的机构——西域都护府,屯田于乌垒城(今新疆轮台东),以保障西域商路的通畅。随着汉朝在西域设立官员,丝绸之路日渐繁荣,大量丝帛锦绣源源不断西运,同时西域各国的珍奇异物也输入中原。到魏晋时,东西方商业往来仍然不断,位于丝路咽喉要地的敦煌,就是当时胡商的重要聚集地之一。到公元5—6世纪时,中国南北朝分立,但东西方沿丝路的交往却一直没有中断。北魏建国后不久就派使者前往西域,以后中亚各国的贡使、商人常聚集于平城(今山西大同东北),从事商业贸易。北魏迁都洛阳后,洛阳又成为各国商人的荟萃之地。至隋时,隋炀帝还曾派黄门侍郎裴矩到张掖招徕西域商人,说明当时丝路依然兴旺。

到7世纪后,唐代社会的繁荣使西北丝绸之路再度兴旺。唐王朝借着击破突厥的时机,一举控制了西域各国,并在伊州、西州、庭州三地设立同于内地的州县,在龟兹、于阗、疏勒、碎叶设立安西四镇,作为唐朝政府控制西域的机构,驻兵设防,并新修了玉门关,再度开放沿途各关隘。唐不仅打通了天山北路的丝路分线,还将西线延伸至中亚,使丝绸之路更为通畅。当时的长安、洛阳有大量商胡出入,已呈现出国际大都会的风貌。丝绸之路不仅是东西方商业贸易之路,也是中国和亚欧各国政治、文化交流的通道。西方的音乐、舞蹈、绘画、雕塑、建筑以及天文、历算、医药等,也通过此路先后传入中国。源于西亚、中亚的祆教、摩尼教、景教、伊斯兰教等宗教以及源于印度的佛教,也通过丝路传入中国,产生了深远影响。而中国的纺织、造纸、印刷、火药、指南针、制瓷、绘画以及儒家、道教等,也通过此路传向西方,产生了较大的影响。

从9世纪末到11世纪,中国政治、经济、文化中心向东南沿海转移,加之阿拉伯世界的兴起,东西方海上往来逐渐频繁起来;又由于中国西北地区各民族政权的分裂、对立,丝路安全难以保障,西北这条陆上通道的重要性逐渐降低,而相对稳定的南方对外贸易则明显增加,遂带动了南方丝绸之路和海上丝绸之路的兴起和繁荣,成都和泉州也因此成为南方的经贸大城。中国人此时开始将他们发明的指南针和其他先进科技运用于航海,海上丝绸之路迅速发展起来。

如果从发展的视角和广泛的意义上说,丝绸之路主要有三条:西北丝绸之路、南方丝绸之路和海上丝绸之路。海上丝绸之路是陆上丝绸之路的延伸,形成于宋元时期。海上丝绸之路不仅运送丝绸,还运送瓷器、糖、五金以及香料、药材、宝石等货物。由于运输货物品种的不同,海上丝路也出现了一些别称,如"陶瓷之路""香料之路"等。海上丝绸之路早已存在,《汉书·地理志》所载海上交通路线,实为早期的海上丝绸之路。当时海船载运的"杂缯",即各种丝绸。海上丝绸之路的起航线可分为东海和南海两支。东海起航线从中国的东南沿海经由朝鲜至日本;南海起航线则从雷州半岛起,途经今越南、泰国、马来西亚、缅甸等国,远航至新加坡、印度等地。到宋代时,泉州、广州和明州成为海上丝绸之路最大的海港,通常将泉州作为海上丝绸之路的起点。南方丝绸之路,起点为四川成都,经"灵关道""朱提道""夜郎道"三路,进入云南,在楚雄汇合后并入"博南古道",跨过澜沧江,再经"永昌道""腾冲道",在德宏进入缅甸、印度等地。丝绸之路的多途打通,让中国通往西方的商路更得以扩展。这就将中原、西域与阿拉伯、波斯湾等地紧密联系在一起,向西延伸到了地中海地区,以至可到达法国、荷兰、意大利、埃及,向东到达韩国、日本。不过,这已不同于原来意义上的丝绸之路了,可视其为广义的丝绸之路。

2000多年前兴起的丝绸之路被誉为全球重要的商贸大动脉,有力地促进了东西方的经济文化交流,所以在一定意义上说,它是经济全球化的早期版本。同时,作为东西方商品交易和文化交流的通道,在交往的过程中也加深了沿线各国人民之间的友谊,所以它也是东西方友好往来的历史记录和象征。

历史翻开了新的一页。当世界步入21世纪,贸易和投资在古丝绸之路上再度活跃。2013年9月7日,习近平主席访问哈萨克斯坦的时候,提出用创新的合作模式,共同建设"丝绸之路经济带",以点带面,从线到片,逐步形成区域的大合作。这是中国领导人在国际场合公开提出共同建设丝绸之路的重大战略构想。到2016年10月,这个重大的战略构想越来越丰富,越来越受到许多国家的欢迎。习近平总书记在2016年9月3日杭州G20峰会的开幕式上有这样一段话,他说:"一带一路倡议旨在同沿线国家分享中国的发展机遇,实现共同繁荣。中国对外开放不是要一家唱独角戏,而是要欢迎各方共同参加……不是要营造自己的后花园,而是要建设各国共享的百花园。"

此外,2014年中国国家主席习近平在阐述中国特色外交理念的时候提出打造人类命运的共同体。2015年9月28日,在纽约第七十届联合国大会的一般性辩论阶段,他对这个理念做了系统的阐述,他说:"在联合国迎来又一个十年之际,让我们更加紧密地团结起来,携手构建合作共赢新伙伴,同心打造人类命运共同体。"2015年10月16日,在世界减贫与发展高层论坛上,习近平主席发表主旨演讲,阐述消除贫困是人类共同的使命。

综上所述,可以看出,习近平主席关于推进"一带一路"建设的思想和论述,是在新的历史条件下,关于实现世界和平、发展、繁荣、公平、正义的完整理论。我们需要深入学习、研究。

陕西师范大学地处丝绸之路的起点西安,具有独特的地缘优势,该校学者积极响应国家建设"丝绸之路经济带"的战略构想,充分发挥学校的学科优势和学者各自的专业特长,撰写了"丝绸之路通鉴"丛书,洋洋数万言,从不同角度阐发了"一带一路"所涉及的许多重大理论和实践问题,这是一件有重大意义的事。正如甘晖书记在《总序》中所说,该丛书之所以取名"通鉴","意在借鉴历史,透析现状,着眼未来,贯穿千年时域,探求发展趋势;意在立足中国,深入沿线,胸怀全局,经略万里空间,厘清错综关系;意在研究战略,丰富内涵,解决问题,横跨宏观、中观与微观,打通理论与实践;意在聚焦经贸,关注人文,促进合作,智慧应对世界形势变换,为'一带一路'国家战略的推进提供全领域、全视角、体系化的智力支撑"。我认为,如果这些想法得以贯彻,"通鉴"一定能够对"一带一路"战略在理论上有较大推进,且为"一带一路"的实施提供有价值的智力支持。

专注于研究"一带一路"的"丝绸之路通鉴"丛书的撰写,需要多种学科的通力合作。"通鉴"正是从丝路的历史、政治、经济、文化、社会、生态等多个领域来进行研究,带有鲜明的系统性特点。作者聚焦"一带一路"一些重大理论和现实问题,尤其是"一带一路"建设中的一些突出的矛盾和问题,提出了各自的看法、观点,可供参考。该丛书第一批出版的著作,就很有分量,既有学术性,又有实践性。其中《英雄在线:丝绸之路的开辟者和捍卫者》《丝绸之路与文明交往》《丝绸之路最早的东方起点:西汉长安城》《天山廊道:清代天山道路交通与驿传研究》等,从不同角度探讨了丝绸之路的历史;《西北丝绸之路上的汉字流传史》则属于丝绸之路的专门史研究;还有一些是专门研究丝绸之路经济战略的著作,如《打造丝绸之路经济带上的战略高地——陕西经济发展研究》《丝绸之路经济带产业集群价值网络的演化与重构》《丝绸之路经济带上生物多样性的经济价值识别、展示与捕获研究》;而《文化集聚·文化街区·文化地域:重塑丝绸之路的新起点》《丝绸之路上的遗址美术》《汉唐丝绸之路漆艺文化研究》《丝绸之路上的体育交流与发展》《丝绸之路经济带沿线国家体育文化交流问题研究》,则是关于丝绸之路文化交流、文化交流史的专门性著作。

相信该丛书的出版,一定能对"一带一路"的理论深化有所推进,一定能对助力"一带一路"国家战略的实施发挥积极而重要的作用。

《丝绸之路通鉴》序二

2000多年前,丝绸之路从长安发端,或从秦岭脚下穿越荒漠、草原,横贯欧亚大陆,或扬帆太平洋、印度洋沿岸众多港口和岛屿并蜿蜒至欧洲,跨越不同文化区域,推动华夏文明、印度文明、伊斯兰文明、欧洲文明的汇通,实现中西方物质特产和精神智慧的大融合。其波澜壮阔与坚韧竞合的画卷,展现了历史的宏伟与多彩。

千百年来,丝路精神薪火相传,成为促进沿线各国繁荣发展的重要纽带,推进了人类文明进步。进入21世纪,世界步入全新阶段,丝绸之路被赋予新的内涵和期望,焕发出新的生机与活力。在这一重要时点,国家提出"一带一路"战略构想,并迅速从规划落地为行动,成为重塑中国未来发展路径与发展空间的战略支点。

经世致用,服务国家,"丝绸之路通鉴"丛书应运而生。

一、古丝绸之路是人类历史最珍贵的遗产之一

1868年,德国地理与地质学家李希霍芬对中国地貌和地理进行了规模宏大的考察,发现在古代中国的北方曾经有过一条横贯亚洲大陆的交通大动脉。1910年,德国历史学家赫尔曼《中国和叙利亚之间的古代丝绸之路》一书,完成了对丝绸之路的学术认证,丝绸之路为世人所熟知。1927年,中瑞西北科学考察团到中国西部地区进行综合考察,第一次实现了对丝绸之路沿线珍贵文物的发掘、搜集、整理与保管,古丝绸之路的面貌得以较全面地复原。

丝绸之路因运输西方视同珍宝的中国丝绸而得名。考古资料证明,

丝绸之路早已存在,商周至战国时期,中国的丝绸就经西北各民族之手少量地辗转贩运到中亚和印度。

建元二年(前139),奉汉武帝之命,由匈奴人甘父做向导,张骞率领一百多人出使西域,打通了汉朝通往西域的南北道路,即丝绸之路。神爵二年(前60),汉置西域都护,屯田于乌垒城,以保西域通道通畅。魏晋时期,东西商业往来不断,位于丝绸之路咽喉重地的敦煌成为往来客商的聚集地之一。5—6世纪时,南北朝分立,但沿丝路的东西交往却进一步繁荣。隋炀帝时曾派黄门侍郎裴矩到张掖招徕西域商人。唐时则在伊州、西州、庭州设州,在龟兹、于阗、疏勒、碎叶等安西四镇驻兵,保证丝绸之路畅通。

9世纪末到11世纪,随着中国政治、经济、文化中心向东南沿海转移,及阿拉伯世界的兴起,东西方的海上往来逐渐增多。同时,中国西北地区政权分立,丝绸之路安全难以保障,陆上通道的重要性大大降低。蒙元时期,蒙古西征和对中亚、西亚广大地区的直接统治,使东西驿路再度通畅,丝绸之路又繁荣一时。明清采取闭关政策,虽出嘉峪关经哈密去中亚的道路未断,但陆上丝绸之路已远不如海上丝绸之路重要了。

虽有诸多争论,但大体来看,古丝绸之路主要包括四条路线。第一条是沙漠绿洲丝绸之路。从中国洛阳或长安出发,经甘肃河西走廊,至敦煌,沿昆仑山北麓和天山南北麓分三道,越葱岭通往中亚、欧洲和非洲,兴盛于汉唐时期。该路核心段因位于干旱缺水的亚洲内陆沙漠绿洲之间,故被中外学者称为"沙漠绿洲丝绸之路"。第二条是海上丝绸之路,分东海丝绸之路和南海丝绸之路。历史上有三大航线:东海航线由中国沿海海港至朝鲜、日本;南海航线由中国沿海海港至东南亚诸国;西洋航线由中国沿海海港至南亚、阿拉伯和东非。海上丝绸之路始于周,兴盛于宋元时期。中国通过海上丝绸之路往外输出的商品主要是丝绸、瓷器、茶叶等,运回国内的主要是香料、花草等,因此,亦称"瓷器之路"

"香丝之路"。第三条是西南丝绸之路。从中国四川成都,向西南到印度,再通往南亚、中亚、欧洲国家。因沿途山道崎岖,又称"高山峡谷之路"。第四条是草原丝绸之路。由中原地区向北越过古阴山(今大青山)、燕山一带的长城,西北穿越蒙古高原、南俄草原、中西亚北部,直达地中海北部的欧洲地区。因途径之地主要为游牧地区,故称"草原丝绸之路",又因往来贸易的主要商品是毛皮、金银和茶叶,又称"金银之路""皮毛之路"。

丝绸之路各线尽管起始时间不同,贸易货品不一,却将不同文明由隔绝孤立推向开放交融,成为东西友好交往的象征。它是人类文明竞合融汇的"搅拌器",是世界多样性发展的"分离机"。西方的音乐、舞蹈、绘画、雕塑、建筑等艺术,天文、历算、医药等科技知识,佛教、祆教、摩尼教、景教、伊斯兰教等宗教,通过此路先后传来中国,并在中国产生了很大影响。中国的纺织、造纸、印刷、火药、指南针、制瓷等工艺,绘画等艺术,儒家、道教等传统思想,也通过此路传向西方,产生了持久影响。

丝绸之路给中国和其他沿线国家留下了丰厚的文化遗产。在中国多年引领和推动下,包含中、哈、吉3国33处遗迹的丝绸之路跨国联合申遗在2014年取得成功,成为世界上第一个以联合申报的形式成功列入世界遗产名录的丝绸之路项目,也是联合国教科文组织确定的丝绸之路54个廊道中第一个成功申遗的项目。国家文物局局长刘玉珠2016年9月20日在甘肃敦煌首届丝绸之路国际文化博览会"丝绸之路文化遗产国际论坛"上介绍,在此前陆上丝绸之路申遗成功的基础上,中国正推动海上丝绸之路申遗。

二、新丝绸之路在21世纪焕发出新的生机

作为经济全球化的早期版本,2000多年前兴起的丝绸之路被誉为全球重要的商贸大动脉。岁月变迁,20世纪末21世纪初,贸易和投资在古丝绸之路上再度活跃。如今,旨在强化东亚和中亚联系的"新丝绸之路"(New Silk Road)概念已经成型,并引起了中、美、印、俄等国的重视。

1990年9月12日,中国北疆铁路与苏联土西铁路胜利接轨。这是继苏联西伯利亚大陆桥之后,第二条连接亚欧大陆的通道,沿途连接40余国,是一条名副其实的国际大通道。新亚欧大陆桥的贯通,成为丝绸之路焕发生机的标志性事件,使传播过古老文明和象征传统友谊的丝绸之路再一次焕发光彩。

2013年9月7日,习近平主席在哈萨克斯坦纳扎尔巴耶夫大学发表重要演讲,首次提出了加强政策沟通、道路联通、贸易畅通、货币流通、民心相通,共同建设"丝绸之路经济带"的战略倡议。2013年10月3日,习近平主席在印度尼西亚国会发表重要演讲,明确提出,中国致力于加强同东盟国家的互联互通建设,愿同东盟国家发展好海洋合作伙伴关系,共建"21世纪海上丝绸之路"。"一带一路"战略赋予了丝绸之路崭新的含义,新丝绸之路概念一经提出,便引起全球高度关注和沿线国家的积极响应,亚太主要地区国家也纷纷提出了各自的新丝绸之路构想。

美国的新丝绸之路战略是对2014年后阿富汗和中亚地区的主要战略规划,继承和沿袭了美国历届政府的中亚战略,背后隐藏着美国在中亚地区巨大的地缘政治目标和利益,即在中亚地区排除俄罗斯、中国和伊朗的影响,将中亚国家引向南亚。2011年7月,时任美国国务卿的希拉里在美国学者弗雷德里克·斯塔尔新丝绸之路构想的基础上,提出了新丝绸之路战略,力图在美国主导下形成以阿富汗为中心的"中亚—阿富汗—南亚"交通经贸合作网络,实现这一区域的商品北上和能源南下。这一战略是美国"亚太再平衡"战略的补充。新丝绸之路战略提出后,美国即着手实施该战略并取得一定进展,但由于阿富汗安全形势不佳以及融资、地区国家间的竞争、美国地区战略本身的矛盾性以及气源等问题,美国新丝绸之路战略仍然充满了不确定性。2014年,美国常务副国务卿威廉·伯恩斯在一份政策报告中称,美国新丝绸之路战略的一大核心是为中亚建立一个区域能源市场,重点推进"土库曼斯坦—阿富汗—巴基斯坦—印度"天然气管道建设,打造"中亚—阿富汗—南亚"电力网络,打通中亚通往南亚的能源通道。

印度迄今为止还没有清晰的新丝绸之路战略,并在一定程度上有追随美国的意思。印度是美国中亚战略的重要支持者,作为阿富汗重建的第五大援助国,过去10年的花费超过20亿美元。从印度自身来讲,其新丝绸之路规划相对单纯,主要着眼于能源保障和贸易通道。2012年,印度经历了人类历史上最大的断电事件,6亿多人受到影响,却无法利用近在咫尺的中亚能源。印度总理莫迪自2014年上任以来,与存在历史恩怨的国家开始了前所未有的合作。印度是亚投行的创始成员之一。2015年5月,印度与孟加拉国签署了已搁置40余年的《陆地边界协议》。印度参与新丝绸之路建设的实质动作也越来越多。

2002年,俄罗斯与印度、伊朗联合推出"南北走廊计划",打算建设起始于印度,途径伊朗、高加索、俄罗斯,最后直达欧洲的铁路、公路和海运等。2010年1月1日,俄罗斯、白俄罗斯、哈萨克斯坦三国共同启动建立推动欧亚经济一体化的"俄白哈关税同盟",拟建立统一的关税制度。该同盟对"欧亚联盟"起到了重要的推动作用,一方面有利于欧亚地区经济基础设施的建设,另一方面有利于各地区安全合作框架的构建。2011年10月,俄罗斯总统普京正式提出"欧亚联盟战略",要同独联体国家一同建立关税联盟和欧亚经济共同体,从而推动更高层次的、更广泛内容的一体化组织。这一战略被看作俄罗斯版的新丝绸之路战略。

另外日本、韩国也基于亚欧经济合作提出了丝绸之路构想。主要亚太国家纷纷推进新丝绸之路战略,一方面预示中国的"一带一路"战略将面临全新的博弈与竞争,另一方面也表明新丝绸之路具有巨大的潜力和活力。

三、"一带一路"将重新定义中国未来发展空间

2015年3月,国家发展改革委、外交部、商务部经国务院授权发布《推动共建丝绸之路经济带和21世纪海上丝绸之路的愿景与行动》(以下简称《愿景与行动》),阐述了"一带一路"建设的时代背景、共建原则、框架思路、合作重点、合作机制等,为"一带一路"建设指明了方向。仅仅2年多时间,"丝绸之路经济带"和"21世纪海上丝绸之路"就已经从倡议变成实践,从国家战略落地为国家行动,进入务实合作阶段。从筹建亚投行到成立丝路基金,再到国家开发银行的近千个项目,"一带一路"建设取得明显进展,获得多方积极响应,不仅为各方在投资、贸易、金融、文化和旅游等领域的深化合作奠定了坚实基础,也给沿线各国民众带来了实实在在的好处。

从战略上看,"一带一路"将重新拓展和定义中国未来的发展空间。众多学者对此多有著述,可概括为以下几个方面:

首先,"一带一路"将加速亚洲和亚太经济一体化进程,中国将成为推动世界持续发展的新重心。"一带一路"战略将成为亚洲经济一体化的"两翼",有效连接中亚、西亚、东南亚、南亚、东北亚等地区,显著改善区域内的整体基础设施互联互通状况和营商环境。作为世界经济增长的重要引擎,亚洲已日渐成为经济全球化的中坚力量。"一带一路"战略涵盖亚洲26个国家和地区,拥有44亿人口和20多万亿美元的经济规模。在后国际金融危机时代,作为世界经济增长火车头的中国,将发挥自身的产能优势、技术与资金优势、经验与模式优势、市场与合作优势,通过"一带一路"建设促进亚洲国家分享中国改革发展红利,夯实亚

洲经济一体化的基础,成为推动世界持续发展的新重心。

其次,"一带一路"将打破亚欧大陆长期封闭的状态,中国在推动世界均衡发展的同时将获得新的战略发展空间。亚欧大陆是世界上最大的陆地,面积近5000万平方千米,占全球陆地面积的1/3,东西跨度超过1万公里,是世界上最具潜力的经济带。"一带一路"将通过打破亚欧大陆长期封闭的状态,带动内陆国家加快开发开放,实现均衡发展,改变历史上中亚等丝绸之路沿途地带只是作为东西方贸易、文化交流的过道而成为发展洼地的状况,将超越欧美主导全球化造成的贫富差距、地区发展不平衡,形成推动全球均衡发展的新格局。

再次,"一带一路"将打造利益共享的全球价值链,中国将在共同打造全球价值链的过程中获益。当前,世界经济仍处于深度调整期,低增长、低通胀、低需求同高失业、高债务、高泡沫等风险交织,气候变化、能源安全、粮食安全等全球性挑战不断增多,不仅发展中国家需要实现可持续性的经济转型,发达国家也需要促进经济转型。"一带一路"沿海国家多数精于制造业,而内陆国家资源丰富,能源供给充足,庞大的"中国市场"将为沿线国家经济持续增长提供新动力。随着"一带一路"的发展,沿线会形成发达的经济中心、文化中心,通过全方位的国际合作解决自身的问题,更有效地融入全球经济。

最后,"一带一路"将促进人类建设命运共同体,中国将成为推动世界和平发展的重要力量。"一带一路"继承了古丝绸之路开放兼容的历史传统,同时也吸纳了亚洲国家"开放的区域主义"精神,体现了世界各国谋求发展的现实需求。无论从历史还是现实来看,"一带一路"都为人类命运共同体建设提供了重要的路径和战略支撑。"一带一路"不是单一国家的战略,不是把一国利益凌驾于他国利益之上甚至全球利益之上的战略。"一带一路"坚持共商共建、共创共享原则,不搞封闭机制,有意愿的国家和经济体都可参与,成为"一带一路"的支持者、建设者和受益者。"一带一路"将加速人类命运共同体建设,构建各方融合发展的新格局,为各方带来更大发展机遇,共同建造和平、增长、改革、文明的未来世界。

"一带一路"战略是我党十一届三中全会以来,中国对外开放由点到线、由线到面、由面到系统的和平发展战略方针,它将不仅促进经济要素在全球的有序流动和市场的深度融合,而且推进沿线各国的经济政策协调,实现更为和谐的区域经济合作。更为重要的是,"一带一路"战略打开了中国的经贸合作圈、文化合作圈,将大大拓展中国21世纪的发展空间。

四、"一带一路"机遇与挑战并存

"一带一路"战略勾画出了中国走向综合性全球大国的路线图,在带给中国和沿线国家重大福利和机遇的同时,在实施过程中也面临诸多挑战,同时也充满了政治风险、经济风险、安全风险、企业经营风险、文化冲突风险。

政治风险。首先,政治体制差异大,一些国家政局不稳。"一带一路"战略涉及60多个对象国、40多亿人口,参与国既有社会主义国家,也有资本主义国家,还有君主制的阿拉伯国家,意识形态上的相互理解不一定成为根本性的障碍,但从历史看确实会成为影响国家间关系的重要因素。其次,沿线的东南亚、南亚、中亚、西亚地区政治形势复杂,政局不稳,对政策的连续性有很大影响。此外,一些国家的政治势力出于自身政治目的,有意煽动"中国威胁论",以阻止或延宕中国战略的实施。再次,大国博弈风险。在"一带一路"的战略布局当中,不同国家基于不同诉求都有其各自的国家战略,这其中甚至还涉及"一带一路"以外的一些国家的战略利益问题。美国、印度、俄罗斯、日本、韩国等与"一带一路"都有一定的竞争关系和利益冲突,如何处理好这些关系事关重大。同时,"一带一路"沿线一些国家其国内始终存在着反华势力,如印度尼西亚、越南等国。随着社交媒体的广泛运用,这些国家的政治越来越受底层民众民粹意识的裹挟,其中一些领导人可能会以中国因素来解释经济失败,以排华的方式来谋求个人政治利益。如果地区安全得不到保证,欧亚地区国家相互之间不能理解,"一带一路"建设就可能付之东流。

经济风险。实施"一带一路"战略存在着众多经济风险或潜在经济风险。首先,经济发展水平不平衡,对接耦合难度大。沿线国家中,一些国家法律较为健全,市场经济程度较高;一些国家较为封闭,主要为传统经济;还有一些国家处于两者之间,这在一定程度上加大了合作的难度和力度。其次,债务违约风险。"一带一路"沿线国的投资环境整体上不如中国与欧美发达国家,部分参与"一带一路"计划的国家存在着巨额的经常项目赤字、较差的经济基本面,这使其成为高风险债务人。第三,项目泡沫化风险。据有关研究,2015年中国各省"两会"政府工作报告中关于"一带一路"基建投资项目总规模已超过1万亿元人民币,涉及项目近1000个。如此庞大的投资能否落地,众多项目投资资金从何而来,通过何种方式去融资,如何保证海外投资的安全等,值得警惕。

安全风险。"一带一路"战略面临着巨大的传统安全风险与非传统安全风险。传统安全风险方面,如大国地缘政治的博弈,领土、岛屿争端,区域内个别国家政局动荡,等。非传统安全风险方面,如经济安全、金融安全、恐怖主义威胁、跨国有组织犯罪等。中国"一带一路"战略与美国的全球战略相比,其根本区别在于中国更侧重于经济、文化的交流,而非谋求军事霸权。这也意味着"走出去"的中国企业与公民很多时候缺乏国家直接的强力保护。

企业经营风险。当前,中国在"一带一路"沿线国家的资本输出,基本上是以企业投资海外基础工程建设为主要途径。与高技术含量、高回报率的经济领域相比较,基础建设存在着投入大、周期长、不确定因素较多等问题。在一些比较落后的区域,铁路、港口等基础建设实际上很难在短时期内见到效益,甚至将在很长一段时期内面临亏损运营的局面。另外,由于不熟悉国外商业习惯和法律环境,一些中资企业往往要承担商业风险。大批"走出去"的中小型民营企业既缺乏信贷、保险方面的制度安排,也往往难以得到有关管理部门的政策指引、信息服务,其在"走出去"过程中面临的信息问题、安全问题都十分严峻。

文化冲突风险。"一带一路"沿线文化繁杂多样,民族宗教问题复杂多变。丝路沿线是世界主要宗教基督教、佛教、伊斯兰教、印度教共生共存的地区,历史上的宗教争斗延续至今,使中东、中亚、东南亚等地区的国际恐怖主义、宗教极端主义、民族分裂主义势力和跨国有组织犯罪活动猖獗,地区局势长期动荡不安。同时,宗教问题时常与民族问题交织叠加,既恶化了当地环境,又增加了沿线各国相互合作的难度。

面对"一带一路"的种种风险,我们应树立防范意识,未雨绸缪,做好预案,采取有效措施,积极应对挑战。

五、"丝绸之路通鉴"宗旨与使命

自古以来,我国知识分子就有"为天地立心,为生民立命,为往圣继绝学,为万世开太平"的志向和传统。历史经验告诉我们,知识分子对民族和国家的使命担当,是中华民族实现伟大复兴的希望所在。

2016年5月17日,习近平主席在哲学社会科学工作座谈会上的讲话中指出,当代中国正经历着我国历史上最为广泛而深刻的社会变革,也正在进行着人类历史上最为宏大而独特的实践创新,我们不能辜负了这个时代。习近平主席指出,构建开放型经济新体制,实施总体国家安全观,建设人类命运共同体,推进"一带一路"建设,是党和国家根据新的实践提出的具有原创性、时代性的概念和理论。我国哲学社会科学应该以我们正在做的事情为中心,提炼出有学理性的新理论,概括出有规律性的新实践。

习近平主席的讲话深刻解答了事关我国哲学社会科学长远发展的一系列根本性问题,是指导哲学社会科学工作的纲领性文献,也是发展繁荣哲学社会科学的基本原则和行动指南。围绕国家重大需求,重视应用研究,推进智库建设,着力提升解决重大问题的能力和原创能力,既是陕西师范大学繁荣发展哲学社会科学行动计划(2013—2020 年)的核心部分,也是陕西师范大学"十三五"发展规划的重点内容。

近 10 年来,陕西师范大学在围绕丝绸之路的哲学社会科学研究方面发展迅速,成绩斐然,主要体现在以下几个方面。一是以丝绸之路上的重大理论和现实问题为重点,在不同学科交叉协同的基础上,先后获批并建设了陕西省协同创新研究中心"国际长安学研究院"、陕西省哲学社会科学重点研究基地"一带一路与中亚区域协同创新研究中心"、教育部人文社会科学重点研究基地"西北历史环境变迁和经济社会发展研究院"、陕西省哲学社会科学重点研究基地"中国西部边疆研究院"等一批省部级学术创新平台,已经成为国内外在研究丝绸沿线历史发展与环境变迁、西部国家安全、西部边疆、西北民族与宗教、西夏学、语言学、基础教育发展等重大历史与现实问题的重镇。二是在丝绸之路研究的方面取得了丰硕的成果。早在 2006 年,陕西师范大学就编纂出版了《丝绸之路大辞典》,收录词目 11607 条,总字数达 230 多万,是迄今出版的同类书籍中体系最完整、词目最全面、内容最丰富的一部有关丝绸之路的百科全书,也是一部集学术性、知识性、资料性、实用性为一体的大型工具书。其后,陆续出版了《西北丝绸之路的历史文化研究》《中国丝绸之路经济带生态文明建设评价与路径研究》《丝绸之路经济带建设中的国家形象传播研究》等近百部学术著作,承担国家级、省市级有关丝绸之路的课题 30 余项,获得资助经费 1000 余万元。其中《丝绸之路戏剧文化研究》获得教育部第六届高等学校科学研究优秀成果奖,《推进丝绸之路经济带战略实施和区域合作共赢空间发展战略研究》的调研报告获得陕西省第十二次哲学社会科学一等奖等。三是将丝绸之路研究的成果积极服务于国家战略、经济与文化发展。陕西师范大学提交的《推进丝绸之路经济带战略实施和区域合作共赢空间发展战略研究》《关于丝绸之路经济带建设的问题与挑战》《俄美在乌兹别克斯坦的博弈及其影响》《边疆热点地区城市民族关系发展态势与对策研究》《关于喀什"南达经验"的总结报告》《新疆城市居民的社会交往空间:利益机制与民族关系》得到国家领导人及中办、国办和国家有关部委批示和采纳。四是陕西师范大学首次倡导并共同参与成立了"丝绸之路大学联盟"。积极推进阿富汗、乌兹别克斯坦两个国别研究中心的建设,研究与"新丝绸之路经济带"沿线国家的双边、多边人文交流机制,开展民间人文交流活动。其中,2013年9月,在习近平主席和阿富汗时任总统卡尔扎伊的见证下,陕西师范大学与阿富汗喀布尔大学在人民大会堂签署合作谅解备忘录,较好地服务了国家战略层面上的国际合作与交流。

新的历史时期,陕西师范大学积极响应国家建设"丝绸之路经济带"的战略构想,切实推进陕西省"服务国家发展战略,促进互利共赢"的共建思路,以教育合作与文化交流为重点,与"丝绸之路经济带"沿线国家与地区,不断创新合作、扩大开放、共同发展。

"一带一路"战略是一项长期、复杂而艰巨的系统工程,推进过程中必然面临诸多机遇和挑战,其中的许多问题需要学界、政府、企业界、民间、文化界等的高度重视和思考。古代丝绸之路的起点在西安,陕西师范大学具有独特的地缘优势,也给我们发挥智库功能,服务区域社会发展和国家建设,提供了难得的历史机遇。

有鉴于此,陕西师范大学组织一批专家编纂了"丝绸之路通鉴"丛书。本套丛书以丝绸之路为本体对象,聚焦"一带一路"这一重大现实问题和战略问题。取名"通鉴",则意在借鉴历史,透析现状,着眼未来,贯穿千年时域,探求发展趋势;意在立足中国,深入沿线,胸怀全局,经略万里空间,厘清错综关系;意在研究战略,丰富内涵,解决问题,横跨宏观、中观与微观,打通理论与实践;意在聚焦经贸,关注人文,促进合作,智慧应对世界形势变换,为"一带一路"国家战略的推进提供全领域、全视角、体系化的智力支撑。

期望"丝绸之路通鉴"丛书坚持以下标准:

第一,体现继承性、民族性。丝绸之路是人类文明交融互鉴的珍贵遗产,蕴含着取之不竭、用之不尽的物质财富和精神财富。如习近平主席所说:我们要坚持不忘本来、吸收外来、面向未来。既向内看,深入研究关系国计民生的重大课题,又向外看,积极探索关系人类前途命运的重大问题;既向前看,准确判断中国特色社会主义发展趋势,又向后看,善于继承和弘扬中华优秀传统文化精华。期望本套丛书的出版,能更好地传承丝路文明,促进全新历史条件下丝绸之路的政治与经济、民族与宗教、文化与生活、自然与文脉等等的发展。

第二,体现原创性、时代性。理论的生命力在于创新,理论思维的起点决定着理论创新的结果。本书的课题确定与编撰,均应专注"一带一路"建设的突出矛盾和问题,突出主体性、原创性、时代性,不追随他人亦步亦趋,不迷信权威人云亦云,力争形成一系列原创性成果,解决丝路建设的重大现实问题。

第三,体现系统性、专业性。希望本套书能全方位、全领域、全要素地研究丝路历史、政治、经济、文化、社会、生态等领域,打通传统学科、新兴学科、前沿学科、交叉学科等诸多学科,构建"丝绸之路学"基本蓝图、学理逻辑、主要架构与核心内容,推进具有中国特色的丝路研究学科体系、学术体系、话语体系建设,助力"一带一路"国家战略的实施。

出版本套丛书是一项巨大的系统工程。第一批陆续出版的著作涉及丝绸之路历史、丝绸之路专门史、丝绸之路经济、丝绸之路文化交流等,大致勾勒出了本套丛书的面貌,包括《英雄在线:丝绸之路的开辟者和捍卫者》(朱鸿)、《丝绸之路与文明交往》(李永平)、《丝绸之路最早的东方起点:西汉长安城》(肖爱玲)、《西北丝绸之路上的汉字流传史》(冯雪俊)、《打造丝绸之路经济带上的战略高地》(王琴梅)、《丝绸之路经济带产业集群价值网络的演化与重构》(雷宏振、贾妮莎、兰娟丽等)、《丝绸之路经济带上生物多样性的经济价值识别、展示与捕获研究》(裴辉儒、宋伟)、《文化集聚·文化街区·文化地域:重塑丝绸之路的新起点》(薛东前、马蓓蓓)、《丝绸之路上的遗址美术》(高明、王晓玲、程玉萍、朱生云、李慧国)、《汉唐丝绸之路漆艺文化研究》(胡玉康、潘天波)、《丝绸之路上的体育交流与发展》(黄聪)、《丝绸之路经济带沿线国家体育文化交流问题研究》(史兵、崔乐泉、李重申等)、《天山廊道:清代天山道路交通与驿传研究》(王启明)等。

限于编著者能力与水平,书中难免有疏漏不足之处,恳请各位方家与读者批评指正。

学术研究的意义不仅在于解释现实与反映现实,更在于改造现实与塑造未来。希望本套丛书所有编撰者筚路蓝缕、创榛辟莽,有淡泊名利、耐得住寂寞的定力,有敢立潮头、勇于创新的勇气,有忧国忧民、为民鞠躬的情怀,积极努力,为实现"两个一百年"奋斗目标与实现中华民族伟大复兴的中国梦做出新的贡献!

是为序。

2016 年 9 月 28 日

前　言

当今世界存在许多种文字,总的来说,可以将其分为表意文字和表意文字两个大类。汉字属于表意文字(也有意音文字说),是商代中晚期出现(距今约有三千多年)后长期持续发展起来的一种文字符号系统。

丝绸之路在语言、文化和宗教的传播中起到了至关重要的作用。笔者旨在尝试探究西北丝绸之路正式开辟之后,汉字在这条道路上的流传历史,希冀从中寻找出汉字流传过程中限制或推动汉字流传的规律与特点等,为今后我国文字政策的制定、汉字自身的进一步完善与成熟以及当前汉语国际教育事业的推动等提供一定的借鉴和帮助。

本书共由十章内容构成。第一章,汉字的形成和发展。这部分内容主要介绍汉字的形成、构字方法、形体特点等与汉字有关的一些基本知识。第二章,汉字的统一。讲述秦始皇在建立庞大秦帝国的同时,在文化领域推行"书同文"的政策,使汉字从形体方面得以统一,同时,文中也阐述了"书同文"政策对后世的深远影响。第三章,丝绸之路的正式开辟。主要讲述从汉武帝开始,由于汉匈战争需要,汉武帝派出张骞到遥远的西域寻求军事帮助,张骞出使西域,虽然未能为西汉政权寻找到强有力的国际军事同盟,但是丝绸之路却得以正式开辟。此后丝绸之路成为中西方交通的主要路线,也成为中西方在政治、经济、文化等方面交流与交往的桥梁。第四章,两汉时期汉字在西北丝绸之路上的流传。首先,本章主要从西方探险家19世纪末到20世纪初在中亚、新疆等地区的考古发现,梳理出他们在考察过程中相关汉字的考古发现,而这是此前人们所没有专门关注的。同时,本章也从中国国内学者和机构的考古活动入手,搜集、整理了他们在新中国成立前及之后发现的汉字实物及汉文资料,并尝试分析汉字在这一时期的流传特点。著者认为,这个时期,汉字的流传并未能真正进入丝绸之路沿线人民的生活当中,汉字的流传始终处于最原始状态,且仅局限于两汉政府的政治、军事两个层面。出土的大量汉文资料及实物主要以政府文件、官员印信等与政治、军事紧密相关的形式表现出来,是两汉时期汉政权直接控制西北丝绸之路中国段的集中反映。因此,汉字得以流传的原因主要与当时两汉政府的强大、汉文化的先进、汉字传播技术的改进、汉民族沿丝绸之路的迁徙等因素有关。最后,两汉时期四百多年间汉字在西北丝绸之路上的流传,使得汉字最终成为两汉时期西北地区通行的一种重要文字系统,为此后汉字在这些地区的进一步流传打下了坚实的基础。第五章,三国两晋南北朝时期汉字在西北丝绸之路上的传播。文章仍然主要从西方探险家的考古发现、国内的考古发现等考古学的角度搜寻汉字流传的规律与特点。同时,因为这一时期,纸张的应用已经越来越普遍,以汉字为代表的汉文书、汉籍在丝绸之路沿线的流传呈加速的态势,尤其是高昌地区。因为汉人在这一地区分布较多,汉文化的发展有着雄厚的群众基础,吐鲁番文书成为人们研究这一时期新疆地区的重要出土文献资料。当然,由于这一时期的中国处于大分裂时期,也是各民族之间的大融合时期,中原沿丝绸之路与西北地区、中亚、南亚、西亚之间的交流与交往更多表现为佛教的东传。西北丝绸之路上沿途的国家和地区中,西段、中段的国家相继变成佛教国家或佛教文化的中心,如于阗、龟兹、焉耆等。西北丝绸之路东段的民族,由于地处东西文化交流的中间,因而二者对其的影响同时存在。汉字作为汉文化的表现形式之一,在今天的河西走廊、青海地区仍然有重要的影响,只是,在不同地区呈现出不同的特点。如吐谷浑,这个鲜卑族建立的国家,更多表现出草原民族的特点。虽有文献记载,吐谷浑"颇有文字",但是出土的汉字实物及资料目前为止几乎未有发现,令人遗憾。最后,需要指出的是,西北丝绸之路东段末端的楼兰、高昌地区汉字的流传范围要稍大于西域其他地区。这应该与其地理位置以及地方政府的文化选择有一定的关系,因此他们保有更多汉文化的因素。第六章,隋唐时期丝绸之路的全面繁盛。由于国力强盛,西北丝绸之路在隋唐时期呈现出全面繁盛的局面。首先,隋唐政府积极开拓西北地区,重新全面打通丝绸之路。其次,丝绸之路的路线更加密集、通畅。这个时期的丝绸之路不管是在东段、中段还是西段,都更加细密、畅通、易行,行走在这条道路上的商人、僧侣、使节等往返不绝。最后,本章也介绍了当时丝绸之路沿线的主要少数民族及国家,并且指出,这些活跃在丝绸之路沿线的民族和国家在与隋唐政府保持密切联系的同时,既有亲密也有仇视。

第七章,隋唐时期汉字在西北丝绸之路上的流传。由于隋唐政府国力强势,在西北地区也实行了积极的扩张政策,这一时期隋唐势力遍及中国西北的甘肃、青海、新疆及中亚、西亚部分地区,汉字也沿着丝绸之路在这些地区留下了浓厚的身影。隋唐时期汉字的流传也有自己的特点,主要的表现是其流传范围远胜于前。两汉时期的汉字流传就其考古发现来看,向西基本没有超出新疆,到了隋唐时期,汉字在中亚、西亚也有了流传。这一时期的汉字流传是以隋唐时期国力强盛作为前提的,强大的国力大大增强了汉字、汉文化的吸引力,使汉字的流传更为广泛。除上述两点之外,著者还认为,隋唐时期汉字的流传特点与佛教的流行、纸张及雕版印刷等传播技术的发展有莫大的关系。

第八章,宋元时期汉字在西北丝绸之路上的传播。在这一历史时期,少数民族在中国的历史舞台上扮演着非常重要的角色。西北丝绸之路上的西夏、回鹘、吐蕃等少数民族建立的割据政权相继出现,并雄霸一时。它们在面对以汉字为代表的强大的汉文化时,纷纷采取了一些措施和方法来与之抗衡,以求得自己文化的发展空间,其直接表现就是回鹘、西夏、吐蕃都创制了自己的民族文字,并在境内推行自己的文字。但是,尽管如此,汉字的影响仍然不容忽视,这些少数民族政权仍然受到了汉文化的深刻影响。像西夏,这个地处西北的割据政权,虽然创制了自己的民族文字——西夏文字,但其境内仍然有大量的汉字文献资料在流传,汉字对其的影响可想而知。至于回鹘,因为地处新疆,离中原地区较远,受汉字影响较小,加之回鹘受到西方表音文字的影响,创制出的回鹘文字,完全不同于汉字,汉字在新疆的流传受到极大限制。元朝时期,丝绸之路再次繁荣,但是由于长安首都地位的丧失,西北丝绸之路的东段中心城市变成了北京而非长安。幸运的是,这时的新疆、青海、甘肃因为都处在同一个政权的领导下,政府的官方文字又是汉字,这使得汉字在我国西北地区的流传没有受到明显的影响。当然,还有一个重要原因就是随着青海、甘肃、新疆等地区汉字使用的时间越来越长,接受其他文字的可能性就越来越低,因而汉字的流传在丝绸之路的东段和中段影响巨大。第九章,明清时期汉字在西北丝绸之路上的流传。这一时期,明清政府对中国西北地区的控制力更加强大。在移民、贸易以及朝贡体制下各国与中国的交往中,汉字成为正式的通用文字之一,汉字在西北丝绸之路上的影响力进一步扩大。但是,汉字在中亚、西亚的影响力却在降低,汉字最终成为我国西北地区流通的官方文字之一,甘肃、青海、新疆地区成为我国的"西北"地区。第十章,21世纪的汉字。第一节,历史上汉字的流传情况概述。书中将汉字的流传按照区域进行了简单的概述,并指出,新疆、甘肃、青海的汉字流传不可一概而论。就目前的考古发现来看,甘肃的汉字流传最为广泛,其次是新疆,在时间上主要集中在两汉、隋唐时期。新疆的汉字流传在地域上以新疆东部,尤其是吐鲁番盆地为主,说明了汉字背后汉文化在新疆的影响是由东及西的,这与新疆境内各地区与中原地区汉文化的距离远近有一定的关系。青海地区的汉字流传最为微弱,著者认为,这与历史上青海地区先后出现的众多强大的少数民族有很大的关系。两汉时期,青海为羌族的栖息地,羌文化有自己的特点,并没有完全接受汉文化。其后的吐谷浑,统治青海地区300多年,但是,根据目前出土的考古资料看,其对文字的使用情况并不是很清楚,汉字实物及材料的发现也很少,难以证明汉字是否在此处流传。吐蕃兴起后,为了抵制汉文化的强大影响,创制了藏文,藏文在青海地区的长期流行,也影响了汉字在青海地区的流传。总之,汉字的流传在西北地区呈现出明显的地域差异。第二节对历史上汉字的流传特点进行了梳理与总结,并指出,汉字的流传与国力、民族、文化、贸易、传播技术、宗教都有着一定的联系。今后国家在西北地区加强政治、军事管理的同时,应允许这一地区的文化呈现"多元性"的特点,并积极促进各民族的文化交流与交往,推动各民族的共同繁荣,保证国家的和平与稳定。第三节讲述了丝绸之路对汉字的影响,指出,汉字因为丝绸之路的开辟,一方面,被注入了大量的新鲜血液,汉字为载体的汉文化得以更加丰富与成熟。另一方面,汉字在西北丝绸之路上的流传也对丝绸之路沿线产生了深远的影响。书中指出,首先,中原王朝长期控制的地区,汉字流传迅速并最终成为当地的正式文字而得以长存。比如河西走廊地区,随着两汉政权长期对这一地区的控制,汉字成为官方的正式文字,反之则呈现相反的情况,如新疆地区,因为这一地区离中原地区距离较为遥远,中原王朝对这一地区的控制时强时弱,导致汉字在这一地区的影响也时强时弱。其次,从汉字的影响来看,历史上凡是使用或者使用过汉字的民族,虽然后来大多也自创了各自民族的文字,但也没有切断与汉字的联系,西夏就是如此。汉字在西夏境内仍然被大量使用,许多重要的文献也使用汉字进行记载和保存。另外,汉字是一种形意文字,因此,汉字与汉文化互为表里,汉字的传播以中原文化为核心,中原的政治制度、礼仪风俗、生活方式都随着汉字的传播而流入西北丝绸之路沿线的民族和国家,汉字文化圈内的民族与汉民族在文化上的认同感远远大于其他民族。最后,西北丝绸之路上汉字的流传不同于其在朝鲜半岛、日本的流传。西北地区很早就有西方表音文字的流传,因此,汉字在西北丝绸之路上的流传受到了西方表音文字的限制,这也是汉字在西北丝绸之路上的流传进展缓慢的重要原因之一。书中最后对汉字的将来进行了简单的展望。指出 21 世纪的中国是世界大国之一,汉字作为其唯一的官方文字仍将发挥重要的作用。同时,由于大量孔子学院的成立、世界范围内汉语教学的展开,汉字的流传进入到一个新的历史阶段,总结历史,展望未来,汉字将在新时期发挥更大的作用。

  本书的观点主要包括以下几个方面。第一,历史上不同时期西北丝绸之路的繁荣、衰败对汉字的流传影响甚大。从历史上可以看出,丝路通则汉字在这条道路上的流传畅通,丝路断则汉字沿丝绸之路的流传几乎下降为零,因此,本书重点分析丝绸之路繁荣背景下汉字的流传。第二,汉字沿西北丝绸之路的流传史,其实就是中国国家实力以及影响力的消长史。中原王朝强大,则汉字通行于西北丝绸之路,中原王朝弱小,则汉字基本绝迹于西北丝绸之路。第三,西北丝绸之路上先后出现的影响较大的少数民族的活动,以及少数民族建立的政权的语言文字政策也是影响汉字流传的重要方面。西北丝绸之路连接了中国内地与西北边疆少数民族地区,也连接了中国与中亚、南亚、西亚各国。由于桥梁的作用,西北丝绸之路上始终存在着汉字与其他来自西部的表音文字之间的交融与对峙。生活在西北地区的少数民族以及少数民族政权的语言文字政策也是影响汉字流传的重要因素。第四,移民活动对汉字流传所产生的影响。汉字是汉民族的文字,汉族向西北方向的迁徙也将汉字带向了这一地区,因而移民也是探索汉字流传的重要方面。第五,汉字自身的特点对其流传所产生的影响。人类从诞生起,先后经历了以语言媒介、文字媒介、印刷媒介以及电子媒介为主的四个信息传播阶段。汉字是一种形意文字,需要长时间的学习才能掌握。这一特点,使得汉字在西北丝绸之路上与西方标音文字相遇时没有多少优势,因此,汉字的西传相比东传(东部的朝鲜半岛、日本列岛没有自己的文字,汉字是他们所能接触到的唯一的一种成熟的文字系统)是不如人意的。

  本书的研究方法主要是二重证据法。即利用考古发掘的资料和历史文献对本课题进行研究。具体来说,就是利用沿丝绸之路的考古发掘资料,并结合历史上的文献记载,探求汉字沿丝绸之路的流传过程、历史脉络以及其所蕴含的有关文字流传方面的特点、规律等问题。因此,与其他主要关注艺术、宗教、器物等方面的丝绸之路专著不同,本书选择以丝绸之路上汉字的流传为具体的研究对象,这是因为汉字不但可以告诉我们中国在丝绸之路上的活动,也能告诉我们中国在丝绸之路上所扮演的角色,以及其产生的影响等问题。

  根据丝绸之路上的考古发现可知,并非所有的汉字都书写在纸上。汉字在不同时期书写在不同的材料之上。像两汉时期,汉字更多是书写在木片、竹片、石头、丝绸之上的。纸发明后,则主要是写在纸张上面。汉字主要是在古墓、废弃的驿站、佛堂、民宅等地方发现的。干燥的沙漠环境很好地保护了这些文字资料。

19世纪末以前,没人知道新疆的沙漠之下保存着数量巨大的汉字资料。但是,随着各国探险家的探险发现,这些资料逐渐被世人所了解。研究发现,这些汉字资料出自当时社会各阶层之手,而不仅仅只是受过教育的富有者和掌权者。这些汉字资料为后世展现了汉字丰富多彩的过去,具有正史资料所不具备的更为原始、真实的一面。

依据实物资料和文献记载,得以推知遥远的过去文明。通过探索人类各种技术、知识发展的轨迹,对其进行客观的分析,综合的研究,能够再现古代的文明状态。这一过程中的关键问题在于,我们所依据的资料对于所论证的问题是否具有充分的广度和深度,而许多时候是有疑问的。[1]

中亚没有自己的历史,所以对这一地区的研究,大体上分两种:一种是中亚地区与周边地区有交往的时候,在其他地区的文献资料中被记载下来,可据此进行研究;另一种是根据这块土地自身埋葬的文物,进行论证研究。出土文物,是有力的证据。依据出土文物的地点,可以看出这一地区受中国文明的影响有多少、有哪些。大体来说,库车以西地区受汉文化的影响小一些,库车以东地区受汉文化的影响大一些。[2]

研究历史上汉字的西传对当前我国的西北边疆安全是至关重要的。由于我国西北地处偏远、民族众多、文化迥异,长期以来,国家对这一地区的统治显得相对薄弱。研究历史上汉字在这条道路上的消长不但可以为当前国家维护西北地区的稳定与团结提供一些历史借鉴,也可以为今后中国与中亚、西亚、南亚地区的陆上合作与发展提供一些帮助。

本书与其他研究汉字传播方面的著作明显的不同表现在两个方面:第一,学界在研究汉字的流传时,多集中在日本、朝鲜半岛、越南这些地区,但对西北方向的流传涉及较少,主要是因为考虑到汉字的流传主要集中在今天我国的甘肃、宁夏、青海、新疆地区,而中亚地区和国家的汉字流传相对较少,没有出现如日本、韩国、越南等国家大规模、长时间使用汉字的历史。但是,著者认为,汉字的西传,取得的成就同样巨大。首先,在"西域"变为"西北地区"的历史过程中,汉字发挥了至关重要的角色。其次,虽然汉字未能在中亚、西亚得以广泛流传,但是,汉字与其他文字的接触(接受、冲撞),不仅为汉字的发展注入了大量新鲜的血液,也为今后中国的汉语国际教育事业提供了很多可供借鉴的经验。因此,著者认为,整部汉字的西传历史不仅为汉字的流传提供了成功的经验,也让我们总结出了许多失败的教训,对当前我国文字政策的制定、文化教育事业的发展,以及汉语国际教育事业在海外的开拓都有着重要的现实借鉴意义。第二,将道路与汉字的传播进行直接联系,并以此形成专著形式的研究成果目前还尚未问世。但是,L. R. 帕默尔曾经说过,"言语形式沿着河谷、要道这样的交通路线传播的距离最远,速度最快。"因此,本书旨在借用帕默尔的观点,进行一次大胆的尝试。

最后,由于本人的学识有限,加之时间仓促,文中肯定会存在着不少问题和不足,希望今后能有机会做进一步的完善和补充。

注 释:

[1][日]橘瑞超:《橘瑞超西行记》,柳洪亮译,新疆人民出版社,2013年,第166页。
[2][日]橘瑞超:《橘瑞超西行记》,柳洪亮译,新疆人民出版社,2013年,第129页。

目 录

第一章 汉字的形成和发展 ………………………………………… 1
第一节 汉字的形成 …………………………………………………… 1
第二节 汉字的构字方法和形制 ……………………………………… 5
第三节 汉字的性质 …………………………………………………… 7
第四节 汉字的早期流传及其出现的问题 …………………………… 11

第二章 汉字的统一 ………………………………………………… 18
第一节 秦始皇统一中国 ……………………………………………… 18
第二节 秦始皇"书同文"政策的全面推行 ………………………… 22

第三章 两汉时期丝绸之路的开辟 ………………………………… 26
第一节 西汉武帝时期丝绸之路的正式开辟 ………………………… 26
第二节 两汉时期丝绸之路的主要路线 ……………………………… 29
第三节 两汉时期丝绸之路上的主要少数民族 ……………………… 36
第四节 两汉政府对丝绸之路的经营 ………………………………… 42

第四章 两汉时期汉字在西北丝绸之路上的流传 ………………… 52
第一节 西北汉简概述 ………………………………………………… 52
第二节 外国探险家的汉字考古发现 ………………………………… 56
第三节 国内学者及机构的汉字考古发现 …………………………… 63
第四节 两汉时期丝绸之路上汉字的流传特点 ……………………… 77

第五节 两汉时期汉字在丝绸之路上得以流传的主要原因
及其影响 …………………………………………………… 82

第五章 三国两晋南北朝时期汉字在西北丝绸之路上的传播 …… 93

第一节 三国两晋南北朝时期西北丝绸之路的发展演变
与衰落 …………………………………………………… 93
第二节 西北丝绸之路上的主要少数民族及国家 …………… 97
第三节 中原王朝对丝绸之路的经营 ………………………… 101
第四节 汉字在西北丝绸之路上的流传 ……………………… 104
第五节 汉字的流传特点 ……………………………………… 116

第六章 隋唐时期丝绸之路的全面繁盛 ………………………… 125

第一节 丝绸之路的全面重新开通 …………………………… 125
第二节 隋唐时期中央政府对丝绸之路的经略 ……………… 139
第三节 西北丝绸之路上的主要民族及国家 ………………… 146

第七章 隋唐时期汉字在西北丝绸之路上的流传 ……………… 152

第一节 19世纪末20世纪初外国探险家的汉字考古发现 …… 152
第二节 国内学者和机构发掘出土的汉字实物及资料 ……… 163
第三节 中亚、西亚地区发现的汉字实物及文献资料 ……… 171
第四节 隋唐时期丝绸之路上汉字的流传特点 ……………… 175

第八章 宋元时期汉字在西北丝绸之路上的传播 ……………… 187

第一节 宋元时期的丝绸之路 ………………………………… 187
第二节 西北丝绸之路上的主要民族与国家 ………………… 189
第三节 考古发现宋元时期西北丝绸之路上的汉字 ………… 193
第四节 汉字在辽、西夏、金境内的传播 …………………… 198

第五节　宋元时期西北丝绸之路上汉字的流传特点 ………… 207

第九章　明清时期汉字在西北丝绸之路上的流传 ……………… 213

第一节　明清时期的西北丝绸之路以及沿线主要民族
　　　　与国家 ……………………………………………… 213

第二节　明清时期对西北丝绸之路的经营 ………………… 218

第三节　丝绸之路上考古发现的汉字实物及文献资料 …… 222

第四节　丝绸之路上汉字的流传特点 ……………………… 227

第十章　21世纪的汉字 ……………………………………………… 230

第一节　汉字在丝绸之路上流传情况概述 ………………… 230

第二节　汉字在丝绸之路上的流传特点 …………………… 232

第三节　丝绸之路对汉字的影响 …………………………… 242

第四节　汉字在丝绸之路上流传产生的影响 ……………… 246

第五节　汉字的未来 ………………………………………… 247

参考文献 …………………………………………………………… 255

第一章　汉字的形成和发展

第一节　汉字的形成

一、汉字的起源[1]

1. 有关汉字起源的各种传说

文字是在语言的基础上诞生的,是社会发展到一定阶段的产物。文字的创造,要有充分的社会条件,即必须在社会发展到迫切需要文字,并有能力创造文字的时候。因此,摩尔根说:"文字的使用是文明伊始的一个最准确的标志。"[2]

汉字的由来,有四种不同的说法。一、伏羲创制汉字说。此种说法认为,汉字是由八卦符号演变而来的,是伏羲创造的。东汉许慎《说文解字·叙》论汉字的起源时说:"古者庖牺氏之王天下也,仰则观象于天,俯则观法于地,视鸟兽之文与地之宜(仪),近取诸身,远取诸物,于是始作易八卦,以垂宪象"[3]。许慎这里所提的"庖牺氏",即伏羲。现在的人们多认为,八卦的卦爻与数字有关,但八卦只不过是三个奇数或偶数的排列符号,与汉字的起源是没有关系的。另外,汉字中,跟原始占筮术有关的一些文字,也采用了原始记数符号。例如"爻"字甲骨文作"爻",由两个"五"构成。说明汉字中确有个别文字采用了原始八卦符号作为构字偏旁。但绝不能因此认为汉字起源于八卦,因为八卦与汉字是两种性质完全不同的符号系统。因此,伏羲造字说是立不住脚的。二、汉字起源于神农氏的结绳记事。结绳记事，历史久远。《易·系辞》上也说："上古结绳而治，后世圣人易之以书契。百官以治，万民以察。"东汉许慎《说文解字·叙》也说："及神农氏，结绳为治而统其事，庶业其（綦）繁，饰伪萌生。"唐朝李鼎祚《周易集解》引《九家易》："事大大（结）其绳，事小小（结）其绳，结之多少，随物众寡，各执以相考，亦足以相治也"。说明，结绳记事，不仅可以记录事物的大小轻重，还可以记录事物的数量多少。三、刻契起源说。刻契为约的办法，产生于原始时代文字发明之前。那时候人们在木块上刻画一些简单的纹路或缺口以帮助记忆。其作用与结绳相似，从这点说，刻契在促进文字产生方面，比八卦和结绳的作用都大。现在看来，结绳、刻契只能起帮助记忆的作用，不能算是文字，但这种形式却可能是最早的文字书写形式之一，是促进文字产生的条件之一。四、仓颉造字说。关于仓颉造字之说，在古代的一些著述中多有提及。《世本八种》云："沮诵、仓颉作书，并黄帝时史官。"（《世本八种》秦嘉谟辑补本）或云："黄帝之时，始立史官，仓颉、沮诵居其职矣。仓颉作书，仓颉作文字。"《荀子·解蔽》："好书者众矣，而仓颉独传者，一也。"《吕氏春秋·君守篇》说："奚仲作车，仓颉作书，后稷作稼，皋陶作刑，昆吾作陶，夏鲧作城，此六人者所作，当矣。"《韩非子·五蠹篇》说："仓颉之作书也，自环者谓之私，背私谓之公。"把前人传说吸收后加以整理，正式写入早期汉字史的是东汉的许慎。他在《说文解字·叙》里说："黄帝之史仓颉，见鸟兽蹄迒之迹，知分理之可相别异也，初造书契。"又说："仓颉之初作书，盖依类象形。"《文心雕龙·练字》沿袭许慎的说法，才有了"文象立而结绳移，鸟迹明而书契作"的名句。

伏羲创制汉字说、神农结绳说和仓颉造字说都将汉字的创制与某个历史人物联系起来，但历代研究文字的学者对此比较一致的看法是：汉字不可能是某一个人造出来的，而是汉族先人集体创造的结果。换言之，不管是伏羲、神农、还是仓颉，都不可能是汉字的真正创造者，最多是一个整理者罢了。[4]

2. 图画记事

大量的考古发现证明,图画的产生比文字早得多。世界上几种古老的文字,如苏美尔人的楔形文字、古埃及的圣书字、古印度的文字,其字形的原始形式都和汉字一样,是图画性的。这是因为,图画不仅可以帮助记忆,而且在一定程度上可以帮助思想交流。

图画不是文字,它与文字有着本质的区别。大量研究表明,人类完成从图画到文字的演变过程,经历了一个非常重要的过渡阶段——图画文字。图画文字,并不是真正的文字,它的个体图形和符号,不能和相关的词语完全对应起来。图形和符号的组合排列,也不和相关的词语在句子里的语法序位相一致。但是,图画文字的记忆功能,采用了以事物的形象代表事物本身的方法,对真正文字的产生起到了启发、诱导的作用。

3. 刻画符号

考古学上陆续发掘出土的我国新石器时代中晚期的遗址和墓葬中,有不少的刻画符号,20世纪50年代,在陕西西安半坡遗址发掘出的文物中,考古学家发现了大量的陶器和陶器的碎片,其中许多陶器上面都刻画有简单的符号,从刻画的部位看,大多分布在陶器外口沿的黑色带纹和倒三角纹上,通常每件器物上都只刻了一个符号,基本上没有两个以上的符号相连出现的情况。之后,考古学家们又在临潼姜寨的仰韶文化遗址、青海乐都柳湾的马家窑文化墓葬、云南洱海新石器文化遗址、大汶口文化遗址等处出土的陶器上,发现了或多或少的简单象形刻画或不规整的几何图像。学者们研究认为,这些符号,形体各异,意义不一,没有音读,多方喻解。不少专家和学者认为,这些符号更符合早期原始文字的特点,被认为是汉字的前身。在经过许多世纪的酝酿,遵循统一和衍化的原则,遵循不断反复和约定俗成的原则,逐渐形成了商周秦汉以来的汉字系统。[5]

二、甲骨文是成熟的汉字

汉字作为华夏族的文字，人们一致认为，它是在黄河流域中部的中原文化区诞生的。但是对于汉字的具体形成时间却众说纷纭。当前学界主要有三千多年说、四千多年说、六七千年说和八千年说。究其原因，分歧主要集中在界定汉字产生的标准方面。[6]

1. 三千多年说

安阳殷墟的发掘是十分激动人心的。起初，在当地的药店里，人们将地下挖掘出的龟甲碾碎后作为一味中药售卖，这味药被人们称为"龙骨"。1899年，部分学者开始注意到龙骨碎片上刻有一些类似古文字的东西。经过他们锲而不舍的搜寻，学者们发现龙骨来源于安阳附近，从此开始了对甲骨文的发掘。安阳殷墟的发掘始于1927年，至今发掘工作仍在继续。随着发掘工作的开展，越来越多的甲骨文被发现。经过研究这些甲骨文后，人们发现这是一种比较成熟的文字。因为，从构成文字的要素来看，甲骨文的每个字都有较为固定的字形、统一的读音和确切的意义，是形、音、义三者完备的结合体；从构成文字的方法来看，甲骨文已有"象形、指事、会意、形声、假借"等各种构字法，具备了后世总结的"六书"中除"转注"以外的所有方法；从文字的数量上来看，甲骨文的单字约有4500个，已形成了一个庞大的文字体系；从文字的组词造句功能上来看，甲骨文也已具备了较为严密的规律和规则。这些特点在文字的发展进程中，都是跨入成熟阶段的重要标志。因此，甲骨文的出现表明，一种自成体系且成熟的文字系统——汉字，已经正式形成。学者们经过研究认为，甲骨文的出现时间应为商朝晚期，时间大概在公元前12世纪，距今有3000多年的历史。

2. 四千多年说

1959年，在山东莒县凌阳河等地发现一些属于大汶口文化晚期的陶尊,人们发现陶尊上有一些刻画符号,唐兰、于省吾等就认为,山东大汶口文化晚期出现在陶尊上的约四千年前的这些刻画符号就应该已经是原始文字了,属于早期汉字,因此提出汉字形成时间为四千多年的说法。

3. 六七千年说

20 世纪 50 年代开始,大量的原始陶器在国内被发掘出来,这些陶器上的刻画符号成为人们讨论的焦点。主张这些刻画符号就是早期汉字的学者有郭沫若、于省吾、王志俊等,这些陶器经过碳-14 技术的测定,其产生时代被认为在六七千年前。另外,1994 年,湖北考古工作者在宜昌杨家湾遗址出土的陶器上发现了 170 多种符号。专家们认为,这些符号是迄今为止发现的我国最早的象形文字。因此,基于上述发现,对汉字形成的时间又有了六七千年说的主张。

4. 八千年说

河南舞阳贾湖发现甲骨契刻之后,王忠恕、张居中在研究后认为,发现这些甲骨的遗址所处时代应该在八千年前,而甲骨上的契刻与殷墟甲骨文在符号的刻画、笔势、形态、组合等各方面都基本一致,因此,他们认为,贾湖契刻才是汉字的正源、始祖。提出了汉字形成时间为八千年的说法。[7]

第二节　汉字的构字方法和形制

一、汉字的构字方法

汉字的造字方法也称"六书"。即象形、指事、会意、形声、转注、假借。关于"六书",许慎在其《说文解字·叙》中说:"周礼八岁入小学,保氏教国子,先以六书。一曰指事,指事者,视而可识,察而见意,'上''下'是也。二曰象形,象形者,画成其物,随体诘诎,'日''月'

是也。三曰形声,形声者,以事为名,取譬相成,'江''河'是也。四曰会意,会意者,比类合谊,以见指㧑,'武''信'是也。五曰转注,转注者,建类一首,同意相受,'考''老'是也。六曰假借,假借者,本无其字,依声托事,'令''长'是也。"许慎在这里比较清楚地讲明了"六书"的含义。此后,人们所谓的"六书"即指前面所述的象形、指事、会意、形声、转注、假借。

汉字的这六种构字方法是有层次性的。"象形"(表形)是第一层次。"会意"(表意)是第二层次。"假借"(表音)是第三层次。"形声"是会意和假借的结合。"指事"和"转注"属于会意性质。汉字在早期主要运用"象形"和"会意",中期主要运用"会意"和"假借",晚期主要运用"假借"。"六书"反映了汉字的发展水平。

随着汉字的演变和发展,现代汉字主要应用的是形声造字法和简化造字法。据统计,形声字所占比例在90%以上。现代汉字中简化字有2235个,占现代汉字总数的20%左右。[8]

二、汉字的形制

汉字是按照一定方式记录语言的书写符号系统,是辅助语言并扩大其作用的工具。因此,汉字除有字音、字义外,还有字形。

1. 汉字的字形

汉字的正式文字自甲骨文开始,汉字字体演变的过程可以概括为:甲骨文→金文→篆书→隶书→楷书。草书和行书属于辅助性字形。如果对这些字形进行归类,汉字的符号有三类:①图形体,包括甲骨文、金文、大篆、小篆;②笔画体,包括隶书、楷书;③流线体,包括草书、行书。

2. 汉字字形演变的规律

首先,汉字的形体从甲骨文到小篆、隶书、楷书,主要经历了由繁至简的变化。

其次,汉字形体的演变包括字体和字形两个方面。字体经历了古文字和今文字两个阶段。甲骨文到小篆属于古文字类,隶书到楷书属于今文字类。字形方面,隶书的出现,使汉字的字形发生变化,从字形上看,通过合并、省略、省并等方法,汉字结构大大简化。

第三节 汉字的性质

汉字作为汉民族的文字系统,同样带有其他文字所具有的普遍特质。

一、祭祀

夏商周时期是我国的青铜时代。这时,铸造青铜器的技术日益成熟,铸造技术被当权者控制,他们通过将刻有铭文的青铜器赠予各诸侯国来显示自己的强大。这是因为,回忆形象需要一个特定的空间使其被物质化,需要一个特定的时间使其被现实化,所以回忆形象在空间和时间上总是具体的。如"青铜器",它们是回忆的空间框架,它作为"物质随从",给予商周贵族们持久和稳定之感,它成为群体成员间身份与认同的象征,是他们回忆的线索。同时,统治者不光记录过去,还试图召示未来,他们希望被后世忆起,于是将自己的功绩镌刻在纪念碑上,并保证这些功绩被讲述、歌颂、成为不朽,或者至少被归档记录。我们目前看到的所有历史资料,基本都是官方的、政治性的和带有意识形态作用的。青铜器中的部分内容其实就是这种的现象的最真实反映。《左传》宣公三年记楚庄王陈兵于周郊,周定王使王孙满慰劳楚庄王,楚庄王询问九鼎的大小轻重,意欲代周以取"天下",王孙满答道:"在德不在鼎。昔夏之方有德也,远方图物,贡金九牧,铸鼎象物,百物而为之备,使民知神、奸。故民入川泽、山林,不逢不若。螭魅罔两,莫能逢之,用能协于上下,以承天休。"夏代初年是否具备铸造这些青铜"九鼎"的工艺技术,暂且不论,但是,夏代应该属于青铜时代,是可以肯定的。另外,《左传》桓公二年也记载,"武王克商,迁九鼎于洛邑。"古代青铜为"美金",铜鼎为"宝器"或"重器",作为政权象征,是可能的。最后,仪式一致性的需求。在中国,仪式被认为事关重大,那些负责筹备举行仪式的人要确保借助仪式与理想达到一致性。举行仪式时念诵神圣经文的过程中,知识获得了展现的机会。此后,阐释具有奠基意义的文本的过程就是储存和再现知识的过程。从文化史的角度来看,这是一种具有典型意义的转移,可以将之称为从仪式一致性向文本一致性的过渡。

二、记忆

苏格拉底讲述的埃及透特神的故事,可以证明古代人们对文字的记忆功能的具体看法。透特发明了文字,去觐见法老,希望法老赐福于他,并祝贺他开启心智的发明。法老告诉他:"你是文字之父,出于爱把相反的力量归之于文字,……你发明的不是记忆的长生不老药,仅仅是帮助记忆的手段。"

确实,文字的出现便利了人与人之间记忆的传送。于是,人就有了可以确认人为拓展的记忆。记忆之中的物体和事件不必目力所及,也不必处在回忆之中。人思考的时候,用的是符号而不是物体。思想过程超越具体的经验世界,进入概念的关系。在这个观念的世界中,时间和空间均已被放大。概念的关系就是这个世界创造的。时间的世界超越了记忆中物体的范围,空间的世界超越了熟悉地方的范围。文字极大地提高了抽象思维的能力。口头传统中语言的发展,显然说明了这个问题。名字本身就是抽象的结果。人的活动和力量的拓展,大体上与文字记载的使用和完善成比例。老的口语魔力转化成为新的更加有力的文字记载。僧侣与书记员诠释一个缓慢变化的传统,给既定的权威提供合法的解释。拓展的社会结构加强了领袖的地位,拥有军权的领袖又给其代理人发出指令,由他们去执行。剑和笔携手合作。权力集中在少数人手里,因而得到加强。功能的专业分化开始实行。书记员有余暇去保存和研究文字记载,这就有利于知识和思想的进步。文件的签署、漆封和传送,是军权之必需,也是加强政权治理能力之必需。文字使小型社区成长为大型的国家,又使国家强化成帝国。

三、文化传播的需要

"传播是信息或讯息交换,是一种活动。大约在十万年前,我们的祖先用非语言的手势进行交流,又通过进化用语言交流。他们所处的世界日渐复杂,群体共享的记忆就难以帮助回忆重要的事情了。他们还需要所谓的超身体记忆(Extrasomatic memory),即储存在体外的记忆。于是,'传播'(communication)量的增加就促生了传播媒介(communications)的出现。"[9]

汉字的产生是文化传播的需要。文化的传播以文字为载体,这就在一定程度上打破了时空的局限,使一代代的文化积累可以连绵不断地流传给后人,使一部分人的思维成果可供全社会的人们分享。青铜器中的礼器是地位和权力的象征,不同地位的贵族拥有与自己等级相称的礼器。礼器上铸刻的铭文,体现了商周时期贵族利用礼器铭文炫耀祖先的目的,贵族利用青铜器上的铭文不仅维护自身的权威,也用来威慑和镇压奴隶的反叛。春秋时期,郑国大夫公孙侨把国家的法律条文铸刻在鼎上面,公之于众,让大家都必须遵守,也是传播文化的目的。至于后来,西汉后开设太学,要求学子研习儒家经典,政府甚至将儒家经典的经文刻写在石头上,以便学子们学习。

需要指出的是,汉字的文化传播作用,受到了书写材料和书写方法的约束与阻碍。中国人使用的书写材料,经历了从兽骨、青铜器到竹木、纸张的过程。其中,从将汉字由书写在兽骨、青铜器到将汉字书写在竹木上,是文化传播史上第一个巨大的进步。古人所用的竹木,因为材料的不同,也有牍(木)、简(竹)之别,所以又称木牍、竹简。其中,木牍又称"版""方"。版长一尺,所以又称"尺牍"。小的称"札",也称"牒",大的称"椠",椠长三尺。方而有八角,有六面或八面可写的,称"觚",又称"棱"。刻木以记事谓之"契"。把它分成两半,称"契"或"券"。竹简又称"策"。除了竹简,也有用缣帛的,即使用丝织品进行书写的。但是因为丝织品过于贵重,因此使用范围狭窄。战国时竹帛的使用逐渐普遍,以往口耳相传的东西也开始著录。我们不可否认,书写工具的改进,在一定程度上也给先秦文化的传播带来了便利。[10]

早期的书写工具还有墨和毛笔。墨的发明者有田真说和邢夷说两种,但都认为时间应该在西周时期。毛笔到了战国末期也有进一步的发展,最为流行的一种说法是蒙恬改良毛笔的故事。总之,早期因为书写材料和书写工具的局限,文化传播不甚明显。

东汉蔡伦改进了造纸术之后,纸的大量生产成为可能,此后的中国逐渐使用纸来代替木简。也是自造纸术出现之后,纸张开始广泛使用,汉字在文化传播方面才发挥了巨大的作用。中国历史上用汉字书写的书籍可以用不计其数来形容。

四、汉字是汉民族的文字系统

徐杰舜认为:"民族语言文字,在一个民族的心理中是一个极为敏感的因素,因为它是一个民族本质的标志和表现,是一个民族最有活力的纽带"。[11]汉字作为汉民族的文字系统,其民族性主要有以下表现:

1. 稳定

从古今用字情况来看,《十三经》累计589283个字,但不重复的单字只有6544个,这基本上可以反映古代用字的最高约数。北京新华印刷厂等单位编的《汉字频度表》,是根据21629372个字的材料统计的(其中包括86本书,104本期刊,7075篇文章),不重复的单字也只有6335个,这也基本上代表了现代用字的最高约数。[12]

2. 简明

汉语可以分为古代汉语和现代汉语,同时,由于使用范围的不同,汉语又有书面语和口语之分。由于受书写工具和书写材料等因素的限制,古代汉语里的书面语习惯上被我们称之为"文言文"。文言文最大的特点就是简明扼要,极短的文字,往往包含着极为丰富的信息。

3. 方块形

汉字区别于其他文字的最大特点,就是其字形呈方块形。方块汉字不同于字母文字,其字形别具一格,独树一帜。

汉字稳定、简明、方块的特点,使其在使用这种文字的人们内心形成了一种认同感,也使得今天汉字文化圈内的国家和地区的人们在这种文字的影响下更易于交流、沟通、团结。

五、汉字的公用性[13]

中国作为一个多民族国家,汉字不仅是汉民族的文字,后来甚至具有了一定的公用性。古代中国其他的少数民族基本都没有自己的文字,因此,中国历史上出现了一个独特的现象,即所有无文字的少数民族均使用汉字进行交往(也有少数民族在建立自己的民族政权后创制出属于本民族的文字,但是汉字仍然被大量使用)。于是汉民族所使用的汉字自古代开始就具有了一定的公用性。

第四节　汉字的早期流传及其出现的问题

到秦始皇建立秦帝国之前,汉字的传播主要有以下几个途径。

一、青铜器是汉字得以传播的重要载体

汉字在早期是凭借青铜器铭文的方式传播开来的。商周时期,铸

造青铜器的技术被当权者控制,同时,正如前文所述,商周当权者通过将刻有铭文的青铜器赠予各诸侯国来显示自己的强大。目前所知刻有铭文的青铜器根据其内容可分为几种。第一种,记功赏。其内容多数是说王或某个地位较高的人由于某事而赏赐该铜器的主人,器主因此作某先人的祭器以为纪念。如河南安阳出土的商辛四年商王赏赐亚貘家族的酒器—商四祀铋其卣(壶),上面就记载了商王赏赐亚貘家族之事。还有如北京故宫博物院藏小臣午鼎。这是一件属于商代晚期的小型方鼎。器内铸有铭文,铭文内容为小臣午感谢商王赐予其渪地五年的租税,而在鼎内篆文纪念的历史。第二,记册命。册命,古籍中常写作"策命",就是周天子以书面形式向臣工们发布的命令,包括任职令、赏赐令、军令等。得到的册命的贵族往往将其视为一种巨大的荣耀,因此长城作器纪念。如大盂鼎铭文,讲述周王册封盂的历史史实。西周晚期制作的毛公鼎,讲述周王了对毛公的封赐。第三,记契约。因铜器比较耐久,西周贵族们常常将重要的契约刻录在铜器上予以保存。有名的如《矢人盘》(也称《散氏盘》),记载的就是有关买卖土地的契约。

二、文书行政形式下汉字的传播

由于春秋中期以后铁器开始普及,整个社会结构发生了前所未有的变化。

铁器的普及使得耕地面积迅速扩大,城市不断增多,并且导致城市中人们的社会秩序发生了巨变。在过去,自周王朝传流下来的文字一般通过文字记录者"史"发挥作用,通常被用于诸侯之间互相缔结协定等场合,但是到了战国时期,文字却开始成为地方与中央沟通的工具。伴随城市国家的灭亡,中央开始派遣官僚统治各地,与此同时,"史"也被重新洗牌,变成了隶属于中央或者地方的官吏。随着由官僚主宰的文书行政的不断发展,作为其支撑的法律整备(律令的编撰)也

第一章　汉字的形成和发展

得到了极大的发展。

春秋时代是"史"的时代,"史"是主管祭祀的官员,负责文字记录。但是战国时代却是官僚的时代。"史"的职能发生了改变,变成了支撑文书行政的官吏或属吏。在战国时代的官僚当中,出现了一批掌控国内舆论的人,这便是"诸子"。

2000年秦始皇陵园六号陪葬坑出土了八尊文官俑。文官俑手藏袖中,交叉于身前,头戴长冠,腰挂小刀、砺石。他们在竹简上写字,修改时用小刀削去竹简表面,小刀在砺石上研磨,由此象征文书行政的文官。

三、城市的发展是汉字传播的又一种途径

城邦基本上是文字的产物。人口稠密的地区,活动的范围被拓宽,因而需要文字记载。反过来,文字记载又支持活动范围的拓宽。权力集中和拓展之后,政治结构不稳和冲突又接踵而至。于是,超越个人经验范围的、共同语言的理想形象,就强加在分散的社区头上,并被其接受。有人说,越来越多的文字记载不仅使拓宽的社会结构凝聚,而且使之更加能够改变生活方式。文字发明之后,口头传统和集体社会中那种升华的语言形态,让位于个人的写作。记录和信件取代了集体的记忆。诗歌用文字记录下来,从集体节日里分离出来。文字使神话和历史、使熟悉和不熟悉的创作被记录下来,使人能够评估玩赏。事物的观念从事物本身分离出来。事物和观念的二元分割要求思索和协调。生命和永恒宇宙形成强烈的反差。于是,调和个人和宇宙精神的尝试随之而起。

四、移民

迁移是人类延伸活动范围、传播文化的一种主要方式。迁移一方面使传播主体——人实现了跨地区流动,另一方面也推动了文化的跨

地区传播。

商周时期,大量移民已经存在。据《路史·国名纪》载,商王朝所封的商氏侯国共有81国,商世侯伯之国共有56国,这些侯国遍及中原及周边地区。可见,商朝利用分封制将诸侯封往各地,移民活动必然伴随其间。西周延续了商王朝的分封制,大量分封他们的亲戚,作为王室的屏藩。据荀子说,周初分封了71国,姬姓之国共有53个[14],占了其中的绝大部分。据《左传》记载,鲁公伯禽受封时,朝廷"分鲁公以祝宗卜师,备物典策,官司彝器"[15]。说明鲁国建立时,包括一些巫祝史官和手工技术工人被迁往鲁国。

五、思想、文化教育事业的发展也对汉字的传播意义深远

春秋战国时期,文化教育事业获得迅速发展。主要表现在以下几个方面。①官学的衰落。秦以前的书籍因为数量有限,主要收藏在王室。但是,春秋战国时期,由于周王室的日益衰微,王室藏书散佚,官学走向衰落。《左传·昭公十七年》:"天子失官,学在四夷"。即指周王室丧失了对书籍、文化教育事业的垄断能力。②各诸侯国开始积极设立学校,注重人才的培养。如齐的稷下学宫,就是齐桓公为了延揽人才,襄助霸业,于国都稷门之下设立学宫,招揽天下贤士,给予种种照顾,鼓励学者著书立说。③私学的出现和兴盛。孔子之所以被称为中国著名的教育家,主要因他一生曾招收了3000多名弟子,其中的72个学生更成为当时社会的精英。而他对教育的很多认识,如"诲人不倦""因材施教"等观点更是影响了中国几千年。除了孔子,其他很多人也纷纷招徒授学,如墨子等。因此,文化教育事业在春秋战国时期获得了长足发展,这使得学习汉字的人数大大增加。④教育的发展需要教材。孔子为了教育学生,开设"六艺",其使用的课本据说就是《诗经》《尚书》《礼记》《易经》《春秋》《乐经》。使汉字的传播速度加快。⑤春秋战国时期,出现了众多学派。著名的有儒家、墨家、道家、

第一章　汉字的形成和发展

法家等。这些学派之间也各抒己见,发表各自的见解、主张以及参与争论。因为他们发表观点和参与争论的手段主要是著书立说,因此,一大批著作问世。

总之,思想、文化教育事业的发展大大促进了汉字的发展。

六、形体各异的汉字

汉字在商王朝开始被使用,被周王朝继承,到了春秋时代又被传播到了各国。从商王朝到周王朝,统治阶级独占了文字的使用权,所以并没有形成国与国之间的差异。即便如此,在商王朝和周王朝创制的文字当中,也可以看出多种文字不同的风格。

春秋时代是刚开始继承周王朝汉字的时期,并没有形成各国独特的文字风格。越国等创造的鸟篆书体除外。鸟篆是将从西周继承的金文书体的笔画末端加以延长而形成的,再附加上以鸟形为主的装饰成分,所以得名"鸟篆"。看上去鸟篆与金文完全不同,但如果将鸟状装饰部分去掉,就会发现它其实就是西周金文。

还有一种例外就是为了着重强调本国的传统,不愿与周代文字雷同,所以特意创造出新的汉字。当然,这种文字也不是仅仅创造国拥有、别国一定没有的,也并不意味着各国的文字互不相同。

此外,在刚刚继承了汉字的时期,由于使用上的不习惯等原因造成写出的文字的风格也有差异。当然,这种不太惯用的字并没有一直被使用下去。

最后,由于汉字是通过师承关系流传下来的,因此其中也有个人书写的差异。在同一语言"工房"中一般是不会产生个人差异的,但是商王朝和周代都有许多"工房",也有很多不太惯用的字。根据城市和工房的不同,含义相同但字形不同的汉字也在各地分别流传开来。意思相同但表现不同的说法也逐渐形成。到了战国时代,这些城市和工房都被收归中央直接管辖,这种语言表达上的差异也被集中到了中央。这样一来,到了战国时代,便形成了前代流传下来的多种文字风格和说法混杂存在的局面。

注　释:

[1] 如今,尽管大多数学者接受的假设是:文字起源于记账(古埃及、古中国和中美洲遗存的文字除外)。笔者关于汉字起源的论述主要依托于国内的已有研究成果。

[2] 也有学者认为,使文明成为可能的并不是文字本身,而是能够有效而全面地记录信息的媒介。详见[加]戴维·克劳利(David Crowley)、保罗·海尔(Paul Heyer)编:《传播的历史》,董璐、何道宽、王树国译,北京大学出版社,2011年,第2—4页。

[3]《易·系辞》则说:"古者庖牺氏之王天下也,仰则观象于天,俯则观法于地,观鸟兽之文,与地之宜(仪),近取诸身,远取诸物;于是始作八卦,以通神明之德,以类万物之情"。

[4] 吕思勉:《中国通史》,新世界出版社,2008年,第108—111页。

[5] 研究汉字起源,有突发说和过程说。突发说是语言学家从语言学定义出发,也称定义说。此说强调,文字是记录语言的符号,不经人为设计,制定听说读写的规则,不能成为文字;不经人为传授,不可能成为交流工具。过程说认为文字是复杂系统,不可能从无到有,一蹴而就,总得要有个从简单到复杂的准备过程。考古学家们多主张此说。目前,突发说主张成熟文字的出现代表了汉字的形成,过程说主张原始文字的出现标志了汉字的形成。笔者主张过程说。

[6] 笔者支持三千多年说,即殷商中晚期甲骨文的出现及其使用是汉字作为一种文字系统正式产生的时间。

[7] 周利璋:《汉字起源问题研究综述》,载《浙江海洋学院学报》(人文科学版) 2001年第2期,第38—40页。

[8] 李梵:《汉字的故事》,陕西师范大学出版社,2009年,第36页。

[9] [加]戴维·克劳利(David Crowley)、保罗·海尔(Paul Heyer)编:《传播的历史》,董璐、何道宽、王树国译,北京大学出版社,2011年,第2页。

[10] 张伟:《书写工具对春秋战国时期文明传播方式的影响》,载《学术交流》2008年第11期,第232—235页。

[11] 徐杰舜:《汉民族发展史》,武汉大学出版社,2012年,第307—309页。
[12] 徐杰舜:《汉民族发展史》,武汉大学出版社,2012年,第308页。
[13] 徐杰舜:《汉民族发展史》,武汉大学出版社,2012年,第305—307页。
[14] 据《荀子·儒效》。
[15] 杨伯峻:《春秋左传注》,中华书局,1995年,第1537页。

第二章 汉字的统一

第一节 秦始皇统一中国

一、秦始皇以前的秦诸侯国

1. 秦人的由来

司马迁在《史记》中说,秦人是五帝之一的颛顼的后代。"孙曰女修。女修织,玄鸟陨卵,女修吞之,生子大业。……大业生大费,……是为柏翳,舜赐姓嬴氏"。大业,《史记正义》据《列女传》说就是皋陶,柏翳就是益。他的后世,有一个叫造父的替周穆王御而西游,周穆王封他于赵城(今山西省临汾市),他就是战国时期赵国的始祖。还有一个叫非子的,替周孝王养马,周孝王将他封在了秦(今甘肃省天水市)作为附庸,这就是秦人的祖先。非子的曾孙,叫秦仲的,周宣王用他做大夫。后让他去伐戎,却被戎所杀。他有五个儿子,宣王又让他们带着七千兵再去伐戎,最后获得了胜利。这五个人中,年纪最大的就是庄公。宣王让他做西垂大夫,居于犬丘(今陕西省兴平市)。庄公的儿子是襄公,曾经在周幽王时的犬戎之乱中,保护周王室,发挥了很大的作用。周平王东迁,襄公又发兵护送,于是"平王封襄公为诸侯,赐之岐以西之地。曰:戎无道,侵夺我岐丰之地……秦能攻戎,即有其地。……襄公于是始国。十二年(前766)伐戎而至岐卒"。襄公的儿子,就是文公(前765—前716)。文公十六年(前750)"以兵伐戎,戎败,于是文公遂收周余民有之,地至岐,岐以东献之于周"。秦人占领岐西以后,很快就由游牧生活转向定居的农耕生活。史载秦文公卜居汧、渭之会,"即营邑之"。又载文公十三年(前753),"初有史以纪事"。文公二十年(前746),"法初有三族之罪"。这些记载说明了秦至文公时,即在周室东迁以后,已经开始营造城邑,并且有了文字和最初的法律。

2. 春秋时期的秦诸侯国

春秋时期是秦从一个游牧部落,发展成为一个强大的封建国家的时期。秦国的国君们继续扩大他们的势力,在不断的战争中,秦国并吞了它附近的一些部落,并将都城不断东迁。秦穆公(秦缪公)时期(前659—前621),秦发动了进攻西戎的战争,秦国获胜,"益国十二,开地千里",秦成为春秋五霸之一。

3. 战国时期的秦诸侯国

战国时期是秦国从一个被视为半开化的国家,发展成为一个当时最强大的诸侯国的时期。秦孝公(前381—前338)是首位需要提及的国君。他任用商鞅进行了变法,商鞅变法主要涉及秦国的政治、经济和军事等方面。尤其是他的土地改革,废除了周人留下来的贵族世袭的土地所有制,实行了土地的私有制,这使得秦国的经济得到迅速发展。

秦国的变法,使得秦国军事上的优势日益明显,秦国成为当时最强大的国家。在秦孝公之后,经过秦惠文王、秦武王、秦昭襄王,到秦王嬴政即位之年(前246),秦国已经拥有广阔的领土。《史记·秦始皇本纪》记载:"当是之时,秦地已并巴、蜀、汉中,越宛有郢,置南郡矣;北收上郡以东,有河东、太原、上党郡;东至荥阳,灭二周,置三川郡。"秦始皇一统中国的局面已经指日可待。

二、秦始皇统一中国

1. 秦始皇统一中国

公元前229年至公元前221年,秦始皇发动了长达十年的兼并战争,最终统一了中原,建立了强大的秦帝国。据史书记载,秦统一后疆域辽阔,"东至海暨朝鲜,西至临洮、羌中,南至北向户,北据河为塞,并阴山至辽东"[1],成为当时世界上最大的国家。秦帝国的建立,标志着我国第一个统一的中央集权的多民族国家诞生。

2. 秦帝国的统治(前221—前206)

为适应专制主义集权制的需要,秦王朝将战国以来的国家机构加以调整、完备,建立了一套从中央到地方的新的行政机构。其主要思路是:实行分级管理体制。即改"分封制"为"郡县制",全国行政机构分为中央、地方两级,地方行政机构又分为郡、县、乡三级。中央是集权专制的最高行政机构。中央设"三公九卿",其中九卿中的典客,"掌诸归义蛮夷",负责外交和国内少数民族之间的交往和各项礼仪等事务,主管异域、边疆及民族地区和外交方面的统计大业。

秦时我国西北地区生活的主要少数民族有匈奴、西戎、氐、羌等。当秦统治中国的时候,他们大多数尚处于历史上的氏族部落阶段,无文字、无国家。[2]

3. 秦帝国在西北地区的交通路线

崛起于六盘山东南西汉水、牛头河流域的秦,在被封之初就承担着抵御西戎,屏卫周室的任务。秦武公时,对渭河、清水河、牛头河区域的戎人,"伐邽、冀戎,初县之"[3]。"初县之"即指将该地区纳入国家行政体制管理之内,建立完整的政治军事组织,并征收赋税,征调兵役和劳役。秦穆公霸西戎,《史记·秦本纪》的记载:"三十七年,秦用由余谋伐戎王,益国十二,开地千里,遂霸西戎"。对此,学者们认为,这里的范围所指应该在渭河流域和现在的庆阳地区。当然,其后秦与戎人对这些地区的占领仍然有所反复,但是,却也说明秦与这些地区的交通已然较为清楚。秦昭王时,置陇西、北地郡,陕西西部、甘肃中部地区成为秦的一部分。

羌人作为河湟流域的土著民族,早期生活在青海、甘肃境内。早在春秋时期,秦穆公(前659—前621)"西霸戎狄"的时候,曾迫使羌人向西方及西南方大迁徙。这说明秦的活动早已与羌人产生了密切的联系。到战国初期,秦厉公(前476—前443)执政时,羌人无弋爰剑被拘为奴隶,后逃回湟中,给青海带来了内地的先进生产知识。无弋爰剑所走路线就是目前所知最早由内地通往河湟地区的河湟道。具体来说,就是由渭河流域,经过洮河、大夏河,再渡黄河到达湟水流域。随后,到了秦始皇统一中国,建立了我国历史上第一个统一的封建中央集权的秦王朝,青海与内地的联系才逐渐建立。

西域诸国主要分布在新疆地区。秦时的西域诸国已然受到了匈奴的统治,但是,对于当时的秦来说,西域显得过于遥远,因此未曾与之发生较为密切的联系。西域与中原地区的真正联系是从汉武帝占领河西走廊开始。

4. 秦与西北丝绸之路上的中亚诸国的关系

在秦王朝统治时期,今天的帕米尔高原以西,在马其顿帝国瓦解后,出现了亚历山大的部将塞琉哥在叙利亚和巴比伦建立的塞琉西王朝,阿萨息斯建立的安息(即帕提亚王国)和狄奥多德建立的巴克特拉。同时,孔雀王朝(约前321—前187)在印度建立了一个强大的奴隶制国家。秦始皇统一中国前夕,孔雀王朝处于其全盛时代的后期。统治这个国家的是有名的阿育王(约前268—前232),他几乎征服了整个印度。

在秦统治中国时期,中国和中亚诸国及印度有没有接触,现在还不能得到确切的证据。但是,秦的声威,已经远播中亚,特别是靠近中国西部边疆的一些国家。因为,直到汉武帝时,大宛国人仍称中国人为秦人。

第二节 秦始皇"书同文"政策的全面推行

一、秦始皇"书同文"政策出台的背景

1. 战国时期的汉字

汉字从甲骨文的出现到秦始皇统治时期,已经经过了千年以上"学者文人"的改进和加工,到东周末年已达到登峰造极的境界。就人类情感表达之深沉而言,《诗经》《楚辞》类的文学作品也已问世。就说理之透察、文法结构之严密、叙事之明白流畅,先秦诸子之成就,直到今天我们也未能超越,中国人那时对"方块字"和"文言文"的熟练,已达巅峰。

但就汉字的形体而言,正像前文所述,当时中国因为汉字的使用途径不同,又可以分为祭祀体和世俗体两大类。祭祀体,顾名思义,就是被用于祭祀的汉字。祭祀用的文字一般会花费很多时间来写成铭文(金文),巫术的色彩非常浓,字的笔画也很复杂。由于祭祀采用的是传统的金文字体,所以在各国并没有出现太多差别。

在行政性的文书文字出现以后,汉字开始出现分场合使用的不同书体。这是因为,行政文书用的汉字更加注重传达机能,有时还需要写很多字,所以它的文字笔画自然就会逐渐简略。笔画简略的情况根据时期不同也有所不同,所以即便是在同一国家,如果所处的时期不同,所用汉字的省略状况也不尽相同。紧接着,简略字通过天下的交通网络传到了各国。

秦国行政文书采用的则是特殊的方正体文字。墨和毛笔的改良也促进了这种方正文字的传播。其他国家采用的墨大多比较浓重,而毛笔则缺乏韧性。秦国对此加以改良,采用较淡的墨和有韧性的毛笔

来写字,这便促成了隶书的普及与发展。隶书是秦国行政文书使用的书体。

2. 建立统一的、强大的中央集权制度的需要

加拿大传播学家哈罗德·伊尼斯(Harold Innis)提出:"帝国自然而然禁不住诱惑,要用文字、纸张和官僚体制,来寻求空间上的扩张。"[4]秦帝国在建立之初,为了统治其广袤的国土与众多的人口,并且消除战国时期诸侯国各自为政的局面,必然要寻求新的办法来对国家进行管理,实现"黔首改化,远尔同度"[5],文字、度量衡、货币等方面实施统一的措施也势在必行。

3. 行政文书时代的需要

始皇统一六国之后,秦帝国作为一个农业大帝国,在进行军民两政的处理,法令的推行,军情的通畅,民间商旅的往来,政府文函的记录时,急切需要一种有效而又简便的文字。

秦始皇统一文字并不是指用一种文字代替所有分散的、不同的文字,他主要是突出了秦国的行政文书用书体,将隶书确立为天下共通的官方文字。秦朝文字统一的实质是统一了用于行政文书的文字——隶书,也间接地促使了隶书的普及。

二、秦始皇"书同文"政策的出台与推行

社会的力量可以对语言施加主观的和有意识的影响,包括主动地对社会的语言问题采取各种对策。社会和政府对语言文字问题所作出的有组织的、有意识的管理、调节和改进,一般称之为"语言规划"。如果语言规划具有国家的法律、法令或政令的形式,就又被称作"语言政策"。事实上,在语言的发展演变中,特别是在某一语言的统一过程中,某些带有主观意志的人为因素甚至是强制手段同样起着重要的作用。

《史记·秦始皇本纪》记载:"秦始皇二十六年(前221),一法衡石

丈尺,车同轨,书同文。"公元前221年,秦始皇下令以原秦国文字为标准,统一各民族各区域的形体不一的文字(一般也称为战国文字)。

参与当时文字整理工作的有时任丞相的李斯、太史令胡毋敬等。他们当日所做的工作首先是"罢其不与秦文合者",同时,也遵循了"篆字简化"的原则,把"大篆"简化成"小篆",作为标准文字,通用于公文法令。但是,这些简体字推行之后,还是不适用。程邈又根据当时民间流行的字体,整理出更为简便的新书体——隶书,作为日用文字在全国范围内推广。湖北云梦出土的秦简,证明秦朝的官方文件已经使用隶书书写。

今天看来,中国古代社会语言规划的重点大致可概括为三点:①以文字和书面语为主;②以官员、官场和官话为主;③以文人、考场与雅言为主。而从中国传统社会中语言规划的主体力量及效果方面来讲,社会语言规划是一种权力干预型的语言规划,因为语言规划的方式不是通过制定法令法规,而是按照统治者的意志实行的。因此,秦统治中国时,其语言规划的能力十分有限。普通民众掌握汉字的人仍然非常少。同时,语言资源没有得到充分的整合和利用,致使交际效率不高,交际效益不大。

三、秦始皇统一汉字的重大历史作用

秦始皇统一文字的功绩是不可磨灭的。秦始皇以小篆统一文字,结束了"文字异形"的纷乱局面,也使古文字、异体字众多情况有了相当大的改变。从商到秦统一以前,文字的结构随意性很大,形体参差不齐,笔画粗细不一。秦以平匀曲线和直线构成的规整小篆代替了过去参差不齐的文字,一般一个字只规定一种比较简易的写法,偏旁的部位固定,这就使演变了近两千年的古文字实现了空前的统一,成为古文字最进步也是最后的一个阶段。

香港实业家和著名学者安子介说:"我们有了方块字,教育愈普及,则民族愈团结;民族愈团结,则政治统一便愈容易推动。政治、文字、教育有其一致性,它也就限制了方言的过分发展。"秦统一了汉字,使全国"书同文",最终把我国黄河和长江两大文化中心统一起来。尽管各地的人对同一个字还是说不同的音,但汉字统一了全国的书面语,实际上也就是统一了古汉语和汉文化。同时,由于汉字符号的表意性特征,使汉字表示的语素意义长期稳定,从而使汉语记载下来的汉文化作品具有延续性,这就形成了长达几千年的高度发达和统一的汉字文化。而汉字文化反过来也使汉民族的语言在长期发展中一直保持其稳定的延续性。

汉字文化圈包括了从日本、朝鲜半岛、中国东南亚等几十个国家和地区,汉字在这些国家和地区一度流行甚至直到今天仍在发挥作用。所以,英国学者李约瑟认为,汉字这一伟大的发明就是中华民族对人类知识和力量的总和所做出的贡献。汉字所发生的影响,对推进世界文明进步的作用是全面的、永远的。

注 释:

[1]司马迁:《史记·秦本纪》,中华书局,1982年,第256页。

[2]这些少数民族的详细情况将在第三章中合并成秦汉时期西北丝绸之路上的主要少数民族进行讲述。

[3]《史记·秦始皇本纪》。

[4][加]哈罗德·伊尼斯(Harold Innis):《帝国与传播》,何道宽译,中国传媒大学出版社,2013年,第24页。

[5]司马迁:《史记·秦始皇本纪》,中华书局,1982年,第256页。

第三章 两汉时期丝绸之路的开辟

第一节 西汉武帝时期丝绸之路的正式开辟

一、西汉的建立

公元前202年，楚汉战争结束，项羽兵败自杀，而获得胜利的刘邦，建立了中国历史上的西汉政权，并定都长安（今西安）。西汉政权先后共有15位皇帝在位，历时214年。

西汉在建国之初，实行"无为而治"、与民休息的政策。同时，在各项制度上大多沿用秦制。值得注意的是，在对地方一级的行政管理方面，西汉政府初期总结秦朝迅速灭亡的教训后，认为秦朝迅速灭亡是因为秦朝没有分封同姓诸侯，导致秦朝的根基未能受到同姓诸侯们的强力保卫，因此西汉政府一反秦朝在全国推行郡县制的做法，而是像西周一样，实行了分封大量同姓诸侯、屏藩汉室的政策。但是，随着后来各诸侯国对汉皇室的威胁越来越大，从汉文帝开始，历经汉景帝、汉武帝的一系列削藩政策之后，国家权力再次逐渐集中到以皇帝为首的中央政府手中。

二、匈奴对西汉的侵扰

公元前209年爆发的秦末农民起义，导致当时的中原大乱，匈奴趁此获得了难得的发展机会。公元前207年，匈奴单于冒顿建立了一个强大的奴隶制帝国,控制了当时的亚洲草原并把兵锋直指中原。到刘邦建国之时,匈奴的骑兵已是经常南下,袭扰中原,给西汉政权带来了巨大的边患问题。汉高祖刘邦试图改变这一局面,便发兵北上今天的山西大同与匈奴交战,但遗憾的是,当时的匈奴兵强马壮,西汉方面惨遭失败,刘邦自己也遭到了匈奴兵的围攻,史称"平城之围"。虽然刘邦后来想尽办法逃回了长安,但是西汉政权在汉武帝前再未能用兵匈奴,而是采纳娄敬提出的"和亲"建议,把汉室公主嫁给单于,每年送去大批的丝绸、粮食、酒等,与匈奴约为兄弟,以缓解匈奴对中原的侵扰。此后七八十年间,西汉政权对匈奴都采取了和亲政策。但是,和亲政策,并不能阻挡匈奴贵族对中原的掠夺。

三、汉武帝时期丝绸之路的正式开辟[1]

1. 汉武帝时期西汉与匈奴之间大规模战争的爆发

汉武帝(前156—前87)即位时,距离秦末农民战争结束已经近六十年了,加上这时期西汉政府推行轻徭薄赋、与民休息政策,西汉国力日益强盛。

汉武帝是中国历史上少数杰出的帝王之一。他对内积极加强皇权、削弱地方诸侯国的势力,并"罢黜百家,独尊儒术",用儒家文化为国家培养人才,使儒家文化在以后2000多年的时间里成为占据中国思想主流的文化。对外方面,他决定改变西汉政府此前实行的与匈奴"和亲"的政策,转而在正面战场与匈奴抗衡。

公元前133年(元光二年),匈奴贵族侵扰代郡、雁门一带。汉武帝采纳大行令王恢的意见,对匈奴进行反击。其战略是诱敌深入,乘机歼灭。这次诱敌之策虽然失败,但从此揭开了西汉对匈奴大规模战争的序幕。

汉武帝时期,反击匈奴的战争主要集中在公元前133年(元光二年)至公元前119年(元狩四年),先后爆发了十几次战役,其中决定性的大规模战役共三次。汉武帝反击匈奴的战争取得了决定性的胜利。"是后匈奴远遁,而幕南无王庭"[2]。

2. 张骞两次出使西域[3]

公元前3世纪初,匈奴冒顿单于征服了西域,设立僮仆都尉,掠夺人口,索取贡税,并以此为据点,向西汉进攻,所以西域成为匈奴军事上的据点和经济上的后盾。

公元前138年(建元三年),西汉政府从受审的匈奴降人的口供中得知,在甘肃敦煌一带曾经居住着一个叫大月氏的部落,因为遭受匈奴的攻击,被迫西迁。得知这一消息后的汉武帝,认为大月氏也是一个大国,决定遣使前往西北去寻找大月氏,以图东西双向夹攻匈奴。张骞于该年应募出使大月氏。张骞这次的出使,由于受到匈奴的阻挠,历经了十三年才回到长安。其联合大月氏夹击匈奴的目的也因大月氏的意愿不高而失败。但是,在出使的过程中,他了解到了沿途西域各国的地形、物产和风俗,为第二次出使打下了基础。

公元前121年,匈奴西边的浑邪王杀休屠王降汉,汉朝置酒泉、武威、敦煌、张掖河西四郡。从此以后,汉朝同西域交通的道路开始畅通。

公元前119年,西汉进军漠北,匈奴向西北退却,依靠阿尔泰山以南各国的人力、物力,和西汉对抗。因此,依靠西域彻底阻止匈奴的战略目标显得非常迫切。这一年,张骞建议再次出使西域联络乌孙。于是,汉武帝任命张骞为中郎将,率领300多名随员,携带金币丝帛巨万,牛羊万头向西域进发,张骞到达乌孙时,正遇上乌孙内乱,原定目的未能达到,但张骞派遣副使甘英分别访问了中亚的大宛、康居、大月氏、大夏等国,扩大了政治影响,最后顺利返回长安。

张骞两次出使西域,促进了中西经济文化的交流。此后,中西交通畅通,贸易大盛,往西域去的"使者相望于道。诸使外国一辈大者数百,少者百余人,……汉率一岁中使多者十余,少者五六辈,远者八九岁,近者数岁而返"[4],往东来的"商胡贩客,日款于塞下"[5]。从此,天山南北成为中西交通的桥梁,西域各地和中原的政治、经济联系日趋密切。张骞两次出使西域经过的路线被后人称之为"丝绸之路",丝绸之路在此后正式开辟。

第二节　两汉时期丝绸之路的主要路线

一、"丝绸之路"名称的出现

"丝绸之路"这个名称出现较晚。生活在这条商路上的人们并不使用这个称呼。像在中国,人们把这条路称作撒马尔罕道(或者以另一个主要都市命名),有时也称之为(沿塔克拉玛干沙漠的)"南道"或者"北道"。

"丝绸之路"是在近代中亚探险的背景下由西方学者提出的,是西方殖民主义文化的产物。19世纪初,在以英、法为主的西方学术界,出现了一门新的学科——东方学。这门学科的研究范围起初主要包括印度和埃及,后来范围不断扩大,逐渐包含了亚洲和北非。

1877年,德国地理学家李希霍芬[6](Ferdinand von Richthofen)在他的名著《中国》一书中首次提出"Seidenstrassen"(丝绸之路)一名。他对丝绸之路的经典定义是:"从公元前114年到公元127年间,连接中国与河中(指中亚阿姆河与锡尔河之间)以及中国与印度,以丝绸贸易为媒介的西域交通路线"。[7]这个名称很快得到东西方众多学者的赞同。

德国历史学家赫尔曼(Albert Herrmann)从文献角度重新考虑丝绸之路的概念,并于1910年在他的《中国和叙利亚之间的丝绸古道》一书中提出:"我们应该把这个名称的涵义延伸到通往遥远西方的叙利亚的道路上"。[8]

在他们之后,"丝绸之路"一称逐渐为欧洲学术界所接受,[9]现在已成为古代中国、中亚、西亚之间,以及通过地中海(包括沿岸陆路)连接欧洲和北非交通线之总称。该路线又可分为海路、陆路两条路线。本书所述的丝绸之路仅限于陆上丝绸之路,且仅指传统意义上的丝绸之路(本文也称之为西北丝绸之路)。具体来说,就是东起我国的西安,然后沿我国西北地区(主要指甘肃、宁夏、青海),进入新疆(这里一般分为两支,即北线、南线),最后到达今天中亚、西亚、北非、欧洲的路线。

丝绸之路是中西交通的重要组成部分。所谓"中西交通"包括以下几层含义:第一,"中"即指中国,"西"指以罗马为代表的西方世界,在地域上包括沿途诸国及有关地区。第二,中西交通分陆路和海路两条路线,包括陆路和海路交通线的构成及有关问题。第三,中西方之间及沿途诸国和地区之间,通过相关的交通线所进行的政治、经济、文化、艺术、宗教和科技等方面的交往、交流和传播活动。第四,陆路中西交通的时代上限,似应划在沿途诸国通过种种有意识的活动,最终将各自的主要交通路线互相连接起来,全线基本贯通之时。按此标准,中西交通的上限应在西汉通西域以后,下限则在陆路中西交通因为政治和经济原因而衰落的唐末五代时期。此后海路日渐兴盛,遂取代了陆路交通。[10]需要特别指出的是,本书为了更加清晰地揭示汉字在丝绸之路上的流传历史,故将其下限延续至1840年鸦片战争爆发前。

二、两汉时期丝绸之路的主要路线

两汉时期的丝绸之路按照其行进路线,大致可分为东段、中段和西段。

1. 丝绸之路的东段道路

丝绸之路的东段指从西安(长安)出发到玉门关和阳关以东这条

第三章 两汉时期丝绸之路的开辟

路。根据文献资料和考古发现，可知该路段的走法如果进一步细分，大体说来又有中、北二线。其中道，也称"兰州道"：从西安出发沿渭河流域西行，经宝鸡、天水、秦安、通渭，翻越华家岭，经定西、榆中过河口，然后进入312国道，穿越乌鞘岭，进入河西走廊。[11]

国外学者多主张此说。如英国科学史家李约瑟和其妻合作编写的《中国科学技术史》第一卷中就记述："从甘肃省会兰州西北行是甘肃走廊，通过这条走廊，现在的省界显示出最古老最著名的古代通商之路——古代丝绸之路的轮廓。这条商路通过南山或祁连山的融雪所形成的许多绿洲，而使中国和中亚相沟通。"显然，他主张丝绸之路是经过兰州进入河西走廊的。

东段丝绸之路的北道，也称"泾河道"。据严耕望的考证，此道是两汉时期丝路东段的主干道，它的走向可以分为六段。第一段：京畿段。从长安出发，经今兴平县境之茂陵，过干县、永寿、彬县，进入泾水流域，而后经长武进入今甘肃东部的泾川、平凉。第二段：安定段。从平凉东部往西北到固原，然后绕过六盘山经靖远渡河（北周曾置乌兰关）到甘肃景泰。第三段：武威段。第四段：张掖段。第五段：酒泉段。"玉门去沙头九十九里，沙头去干齐八十五里，干齐去渊泉五十八里。右酒泉郡县置十一，六百九十四里。"第六段：敦煌段。敦煌郡境内从东面的渊泉到最西面的广武隧，东西横跨300千米，汉简中有"郡当西域空道，案厩置九所，传马员三百六十四"的记载。这九所厩置中，渊泉置、冥安置、广至置、龙勒置四置设在当时的县城。玉门置、鱼离置、悬泉置、遮要置是交通线上的驿站（还有一置尚不得而知）。进入敦煌后，通过这些县城和驿站专设的传舍邸店，行旅商客可以从西南出阳关，从西北出玉门。

这六段路线，从陕西彬县到甘肃泾川将近90千米、从宁夏固原到甘肃景泰200千米，因简牍残缺而有中断，其余都是连在一起的。河西四郡有35个站点，安定和京畿有记载的站点有10个。从今天的西安到敦煌近 2000 千米的距离,除上述两段空白 300 千米外,其余 1700 千米的路段上,分布着 45 个停靠站点,平均每个站点相距约 38 千米。这就是严耕望先生所考定的唐代丝路东段的北道,是两汉时期丝路东段的主干道。[12]

2. 丝绸之路的中段道路

丝绸之路的中段主要指今天新疆通往中亚、西亚的路线。《汉书·西域传》载:"西域以孝武时始通,本三十六国,其后稍分至五十余,皆在匈奴之西,乌孙之南。南北有大山,中央有河,东西六千余里,南北千余里。东则接汉,以玉门、阳关,西则限以葱岭。"可见这里所说的西域主要指南疆地区,即塔里木盆地。按照《汉书》的记载,汉代时期的西域之路(敦煌西出之后)有两条,分列在塔克拉玛干沙漠的南北边缘。

《汉书·西域传》:"自玉门、阳关出西域,有两道。从鄯善傍南山北波河西行至莎车,为南道。南道西逾葱岭,则出大月氏、安息。"南道,出敦煌至古鄯善之间的路段,今天看来,其主要路线应该是:自敦煌沿疏勒河谷西进,经过羊塔克库杜克、库木库都克、土牙、阿其布拉克、敦力克进入米兰。[13]自米兰而西,约 80 公里,为若羌绿洲。自若羌县城西行 90 公里,为瓦石峡绿洲。古代的波河即今天的车尔臣河,自车尔臣河西走,到且末县城。自且末西去,有安迪尔古城,尼雅,洛浦县,至莎车县(自莎车县入帕米尔,山间有径道可以通行,重要的中转站是塔什库尔干古城,出塔什库尔干县城沿塔什库尔干河谷南行,可以直入印度河上游;西南行,可以进入阿富汗瓦罕走廊。由阿富汗进一步西去伊朗、伊拉克、地中海周围地区,坦然无阻)。[14]

两汉时期的丝绸之路北道,是指出敦煌后沿天山南麓过帕米尔抵大宛、碎叶的交通路线,而这也是当时最主要的交通路线。这一路线从敦煌到焉耆的路段曾经在不同时期,有过不同的变化。

早期,敦煌到焉耆是在西出敦煌后,沿疏勒河入白龙堆,过楼兰,沿孔雀河谷西走,但是,这条路线是一条十分艰难的通道。自疏勒河谷进入白龙堆,沿途为戈壁、风蚀土丘陵、盐渍荒漠,缺水少草,通行极为艰难,之所以选择、开拓这条道路,完全是由于当时匈奴对伊吾、车师的控制。因为这个原因,西汉王朝才选择、开拓了这一路线,楼兰也进而被推上了中西交通枢纽的地位。

西汉末年,从玉门关以西至吐鲁番高昌地区,又开了一条北新道,北道变得更易通行。"元始中,车师后王国有新道,出五船北,通玉门关,往来差近,戊己校尉徐普欲开以省道里半,避白龙堆之。"东汉的情况,《魏略·西戎传》有记载:"从敦煌、玉门关入西域,前有二道,今有三道。从玉门关西出,经婼羌转西,越葱领,经县度,入大月氏,为南道。从玉门关西出,发都护井,回三陇沙北头,经居卢仓,从沙西井转西北,过龙堆,到故楼兰,转西诣龟兹,至葱领,为中道。从玉门关西北出,经横坑,辟三陇沙及龙堆,出五船北,到车师界戊己校尉所治高昌,转西与中道合龟兹,为新道。"从鱼豢的记载中,从玉门关西北到高昌,主要是避开了白龙堆大沙漠,但最后还是汇入龟兹,进入天山以南的西域北道,因此,这只是局部路段的改变。

鱼豢继续写道:"北新道西行,至东且弥国、西且弥国、单桓国、毕(卑)陆国、蒲陆国、乌贪国,皆并属车师后部王。王治于赖城,魏赐其王壹多杂守魏侍中,号大都尉,受魏王印。转西北则乌孙、康居。"这又告诉我们,新北道在高昌可以分岔,西行可汇入中道,西北行可直接进入乌孙、康居,说明天山以北这条线在东汉才开通。

综合来看,两汉时期的丝路中段(即新疆段),亦有三条道。南道沿昆仑山北麓各绿洲西行,到和田绿洲后折西北行可至莎车。若西去中亚,必须翻越帕米尔高原。丝绸之路中段的北道(包括北新道)即走天山以北,指从玉门关西北行,经吐鲁番一带及天山东部诸多小国,直达乌孙,进入康居。

西汉时人们大多走南、北两道,而东汉时南道、北道、北新道三道都已通行。

3. 丝绸之路的西段道路

按照《后汉书·西域传》的记载，翻越葱岭以后向南、向西的走向主要有三条路线。南道，从皮山西南经乌秅（古西域国名），翻越悬度，到达罽宾（克什米尔），进入印度等南亚次大陆。同时，还可从罽宾行六十余日到乌弋山离（今伊朗东部和阿富汗西部的锡斯坦地方）、条支（叙利亚地区）、西海（地中海）。这条路所谓"罽宾、乌弋山离道"，这表明，这条道路当时可使中国与罗马帝国本土连接起来。《后汉纪·殇帝纪》载，"大秦国，一名黎轩，在海西。汉使皆自乌弋还，莫能通条支者。甘英逾县度（悬度）、乌弋山离，抵条支，临大海欲渡，人谓英曰：汉（海）广大，水咸苦不可食，往来者逢善风时，三月而渡，如风迟者三岁，故入海者皆赍三岁粮。海中善使人思土恋慕，数有死亡者。英闻之乃止，具问其土俗。"可以看出，甘英走的就是这条路线，只是可惜因为被船人言语所诳，仅至地中海而已，中国与罗马帝国的直接接触也未能实现。[15]

丝绸之路西段的中道，指从大月氏（今阿富汗）进入马什哈德、哈马丹、巴格达、大马士革；北道，从大宛（今费尔干纳）、康居（今锡尔河东北部哈萨克草原）进入咸海、里海和黑海北部，然后南转君士坦丁堡。

丝绸之路西段路线的开辟与波斯帝国有着莫大的关系。波斯帝国（前550—1935）是人类历史上第一个建立的地域辽阔的大帝国。其疆域在极盛期，即大流士（Darius）王时期，东达印度河、西达小亚半岛和欧洲的巴尔干，南控埃及，有四个都城。在如何管理辽阔的国家问题上，波斯政府把国土划分为20个郡，其中有7个郡在中亚地区。这7个郡中就有犍陀罗、大夏、帕提亚（安息）、花剌子模和粟特等，波斯帝国最东部的据点在与我国新疆相邻的费尔干纳盆地（居鲁士城）。

为控制全国，波斯帝国建立了中央集权制和完善的驿站网。波斯的中央集权制度使得波斯强大一时,同时,其完善的驿站网络,使地中海东岸地区到中亚的交通变得极为便利,这为后来丝绸之路在中亚、西亚甚至北非、欧洲的开辟打下了基础。

马其顿王亚历山大大帝的东征最终完成了西北丝绸之路上欧洲到中亚的道路。公元前331年马其顿王亚历山大在波斯本土击败波斯王大流士三世。不久,亚历山大挥师东进,进入伊朗东部的呼罗珊(Kharasan)地区,在今阿富汗赫拉特(Herat)建立亚历山大城。在攻占波斯本土后,希腊军队继续向中亚推进。公元前329年亚历山大攻占巴克特里亚、坎大哈、喀布尔。同年夏,亚历山大占领粟特首府玛拉康达(Maracanda),即今乌兹别克斯坦的撒马尔罕。其后,希腊人甚至还在费尔干纳盆地的忽毡修筑了一座城名Alexandria Eschate,意为"最远的亚历山大城",留重兵驻守,以防其他当地部落的反抗。

公元前323年亚历山大去世,马其顿帝国陷于四分五裂。但是,希腊人在中亚建立的据点因为多分布在交通要道上,这些城镇中的许多地方后来发展成商业中心。亚历山大东征使欧洲与中亚建立起了直接联系。

张骞通西域,使得西汉时期从中国内地(长安)出发到中亚的西北丝绸之路东段与中段得以开辟,中国与中亚的联系得以实现,而波斯帝国、亚历山大大帝的东征又使得中亚、西亚、欧洲得以贯通,至此,中国到中亚、西亚、北非、欧洲的陆上西北丝绸之路得以完全开辟。

陆上丝绸之路这条国际通道的开辟,有着极为深远的意义。它经过中亚、西亚,可与东南欧及北非的交通线相衔接,构成了世界性的东西大商道。它不仅在两汉时期,而且在以后中国的唐、宋、元、明时期,仍然发挥着重要作用,成为古代东西方文明联系的主要纽带。我们搜寻人类历史的发展轨迹,就会发现古代和中世纪的世界大国和强国几乎都被丝绸之路串联起来了。较早的是汉朝、安息、贵霜和罗马,其后是唐朝、萨珊王朝、东罗马帝国和阿拉伯帝国。事实证明,丝绸之路的发展变化,无不受到当时丝路沿线诸大国的巨大影响。

第三节 两汉时期丝绸之路上的主要少数民族

一、两汉时期丝绸之路上我国境内的主要少数民族

两汉时期,我国今天西北地区的少数民族主要有月氏族、羌族、匈奴族等。这些少数民族中,匈奴族及其建立的匈奴帝国,成为当时西北地区威胁大汉帝国的最大对手,而羌族在东汉中晚期发动了三次大规模的反抗起义,严重动摇了东汉的统治。

1.西域诸国

今新疆的塔里木盆地、焉耆盆地、吐鲁番盆地和哈密盆地,是新疆古代文明的摇篮。这里广袤的沙漠周围点缀着许多绿洲,定居在绿洲上的人们以农业生产为主,发展到一定阶段便开始出现城镇。随着时间的推移,城镇之间相互结合,城郭之国出现。汉通西域之前,这里已经有很多的城郭之国。

公元前2世纪左右,西域分为三十六国,"各有君长,兵众分弱,无所统一"。这些国家,在阿尔泰山以南,天山以北的准噶尔盆地,有乌孙、且弥、蒲类等国。在天山之南,昆仑山以北的塔里木盆地区域,又有南道诸国和北道诸国。南道诸国有莎车(新疆莎车)、于阗(新疆和田)、楼兰(新疆罗布泊西)等国。北道诸国有疏勒、龟兹(新疆库车)、焉耆(新疆焉耆)、车师(新疆吐鲁番)等国。

西域诸国统治下的人口根据《汉书·西域传》记载,西汉时期西域少数民族地区的人口户数中只有几百人的有8国,千人以上万人以下的有29国,万人至八万多人的有9国,只有乌孙有12万多人,大宛有30万多人。到西域都护府建立后,西域都护府的辖区内约有126万人,其中在今天中国境内的有五六十万人。[16]

第三章　两汉时期丝绸之路的开辟

王莽末年，西域分裂。光武帝平定天下，西域十八国遣子入侍。要求东汉政府再派都护，光武帝恐劳费财力物力，不予许可。于是西域和东汉政府断绝关系。明帝时，班超出使西域，凭借其智慧，使包括葱岭以西诸国都来朝贡。

西域诸国的语言文字，根据出土的实物资料来看，已知的文字主要有婆罗谜文字、梵文、佉卢文、于阗文、焉耆文、龟兹文等。可知，在西汉政府到达这些地区之前，西域主要受到了古印度语、伊朗语等西方拼音文字的影响。

2. 羌族

羌族是我国历史悠久的少数民族之一。先秦时，主要分布在河西走廊之南，洮、岷二州之西，他们分布的中心在青海东部古之所谓"河曲"（黄河九曲）及其以西以北各地。秦朝时，羌人被限于秦长城以西，大致在今黄河、洮河以西、河西走廊以南的甘肃和青海等地，而以黄河、湟水、大通河交汇处为中心（《后汉书》卷八十七《西羌传》）。

汉武帝即位之初，匈奴还控制着河西地区，这一地区与羌人居住的湟中只隔着一条祁连山脉。武帝为了防止他们联合，派兵击破羌人，羌人放弃了湟水，西迁至青海西南地区。后汉武帝"初开河西，列置四郡"，建立地方政权。王莽时，羌人献青海之地，王莽在此设置西海郡，后来王莽下台，中原大乱，羌人乘机内迁。和帝时，重置西海郡。但是，这些羌人散布的郡县很多。在安定、北地、上郡的，谓之东羌；在陇西、汉阳、金城的，谓之西羌。到西汉末，羌人的数量估计也有数十万，但其中一部分已纳入汉朝的户籍统计，在户口数之外的羌人不会超过二三十万。

王莽末年，羌人大量入居塞内，散布在金城（今甘肃兰州）等郡，与汉人交错杂居，从事农业生产的日益增多。羌族社会发展比较迟缓，当时还停留在氏族部落阶段，一个一个部落或小种族，是社会组织的基本单位。但是，私有制已经逐渐滋长，各部落之间经常互相掠夺。

东汉初年,刘秀在削平割据陇西的隗嚣以后,根据当地羌族"与汉人杂处,习俗既异,言语不通,数为小吏黠人所见侵夺"[17]的情况,复置护羌校尉,管理羌族诸部落,并陆续迁羌族各部于陇西、天水、扶风(甘肃东部、陕西西部一带)诸郡。

东汉时期,由于东汉政府对羌族人民的残暴统治,羌族人民先后爆发了三次大规模的起义。第一次爆发于公元107年至公元117年,第二次爆发于公元139年至公元145年,第三次爆发于公元159年至公元169年。羌族的三次大起义,前后延续了五六十年时间。东汉政府对羌族进行了残酷的镇压,后期甚至对羌人进行了血洗。段颎上书皇帝,保证"绝其本根,不使能殖"[18]。

东汉时期对羌人的残酷镇压,使得今天甘肃中北部、青海大部分地区的社会经济严重萧条,人烟稀少,汉字在当时羌族中间的流传也无法拥有一个和平而良好的社会环境。

3. 月氏族

月氏是古代原始印欧人种游牧部族,亦称"月支""禺知"[19]。公元前3世纪至公元1世纪生活在今甘肃河西走廊的敦煌、祁连山之间。月氏族属于吐火罗系统,是吐火罗人中的一支。大约远在战国初期,月氏居于河西时与匈奴有着密切的关系,与匈奴、康居、乌孙、大宛习俗相同。月氏人一度为西域霸主,吐火罗语在这个时期得以推广,成为天山南北的通行用语。公元前2世纪70年代,月氏为匈奴所败,西迁伊犁河、楚河一带。公元前130年,乌孙人在匈奴人的支援下,远征大月氏,战而胜之,夺取了伊犁河、楚河领域。大月氏迁往妫水(阿姆河)流域,征服大夏,占领妫水两岸,建立大月氏王国。月氏西迁伊犁河、楚河时,逐走了原居该地的塞人,迫使塞人分散,一部分南迁罽宾,一部分西侵巴克特里亚的希腊人王国,建立大夏国。公元1世纪初,大月氏分裂为五翕侯,贵霜为五翕侯之一[20]。公元1世纪40年代,贵霜翕侯丘就却灭其他四翕侯,创立贵霜王朝。公元1世纪60年代,贵霜统治区包括索格狄亚那、巴克特里亚、贝格拉姆、坦叉始罗、犍陀罗、罽宾等地区,后又扩展至赫拉特,控制了整个河间地区,并羁縻了康居和大宛。丘就却之子阎膏珍继位后,又征服了花剌子模、锡斯坦和西北印度。公元140年左右,迦腻色迦王[21]开始统治贵霜,都于今白沙瓦。他进一步扩张领土,形成了东起巴特那、西达赫拉特、南至纳巴达河、北抵咸海的大帝国。

留在河西地区的月氏人有一部分逃入祁连山,与当地的羌族杂处,后来被称为"小月氏"。汉武帝元狩二年(前121)汉将霍去病击败匈奴,获取河西地,开通湟中(今青海湟水两岸),小月氏归附汉朝,移居于张掖一带,号为"义从胡"。

4. 匈奴族

匈奴是我国古代北方的游牧民族,商周时称猃狁,战国时称匈奴或胡。匈奴族的活动区域北起贝加尔湖,南至阴山的广阔区域,过着逐水草而居的游牧生活,但在某些地点也有城堡,并从事少量的农业生产。匈奴人擅于骑马奔驰,射鸟鼠狐兔,住毡帐(古曰:穹庐),穿皮革缝制的旃裘。匈奴的社会组织以部落联盟为主,联盟的首领称"单于"(意为:广大之貌)。

战国末年,匈奴开始强大,经常深入中原,掳掠燕、赵、秦三国边境人民。秦并六国时,匈奴乘机占据河南地(今河套地区),直接威胁秦都咸阳的安全。公元前215年,秦始皇派大将军蒙恬率30万大军北击匈奴,收复河南地。次年,秦军又北渡黄河,夺取北匈奴控制的高阙(今内蒙古杭锦后旗东北)、阴山(今内蒙古狼山)、北假(阴山以南、五原以北)等军事要地。在黄河以东、榆中(今甘肃兰州以东,另有他说)以北、阴山以南地区设置34各县,重置九原郡。同时,又迁内地居民3万户于北河、榆中屯垦,有效地遏制了匈奴的侵扰,同时也促进了这一地区的开发和民族融合。

秦朝灭亡,中原大乱,匈奴重新回到了河套地区,冒顿单于时,向东击破东胡,向西打败月氏族,向南兼并了白羊、楼烦二王,在北方征服了丁零等小国。他所占据的地方,是"诸左方王将居东方,直上谷(今河北蔚县),东接秽貉、朝鲜。右方王将居西方,直上郡(关于上郡的治所存有争议,本书在此暂定为今陕西省榆林市),西接月氏、氐、羌。"单于自己的庭帐则设在直代(今山西代县)、云中(今山西大同),匈奴成为一个疆域辽阔的奴隶制国家。

匈奴和汉朝的战争,起于公元前200年,如前文所述,经过大大小小十多次战役后,西汉政府最后获得了决定性的胜利。公元前36年,西域都护甘延寿,副都护陈汤,矫诏发兵匈奴,将郅支单于攻杀。西汉时期的匈奴,自此为西汉政府征服。

公元48年,匈奴分为南北两部。南匈奴的单于,入居西河美稷县(今内蒙古鄂尔多斯),驻扎边地,帮东汉政府巡逻守御。章帝末年,北匈奴日益衰弱,窦太后派其兄长窦宪出兵,大破北匈奴,后于公元91年,又败北匈奴。

匈奴语的书写文字,司马迁与班固都说匈奴"毋文书,以言语为约束"。桓宽在《盐铁论·论功》中却说匈奴"虽无礼义之书,刻骨卷木,百官有以相记"。葛剑雄认为,估计匈奴的人口总数不过五六十万,绝对不会达到100万。匈奴人的大部分生活区域在今国境之外的蒙古高原。[22]

二、两汉时期的中亚地区

中亚现在指哈萨克斯坦、吉尔吉斯斯坦、乌兹别克斯坦、塔吉克斯坦、土库曼斯坦这五个国家所在的地区。古代,塞人(萨迦)是这一地区最著名的民族,他们广泛分布于咸海以东及巴尔喀什湖到帕米尔高原一带,其主体主要分布在锡尔河以北地区。塞人曾经进行过迁徙。首先,公元前2世纪70年代以后,因为受到月氏西迁的冲击,他们开始进入长期持续向中亚南部和西南部迁徙的时期。一部分塞人进入印度北部,建立了罽宾国,沿途流散的塞人在葱岭建立了休循、捐毒等国。另一部分塞人经阿姆河、锡尔河流域至巴克特里亚最终占据了锡斯坦和俾路支西部,建立了乌弋山离国。公元前1世纪,塞人迫于安息的压力又向东部迁移,进入印度河口后又扩展到整个西印度,分为数国,后来被贵霜帝国征服。塞人与中国的新疆和河西走廊有一定关系。

三、两汉时期的西亚、罗马

1. 安息王朝

伊朗高原紧邻中亚,公元前247年,安息(阿萨息斯王朝)建立,这个王朝在米特拉达提一世(前171—前138)时强大起来,向东进攻巴克特里亚,向西占领米底(伊朗高原西北部)和伊朗西北部各省。公元前141年攻入塞琉西亚,西以幼发拉底河为界与罗马对峙,东北与康居和大月氏相接,东南占有坎大哈,远抵印度边境。在这以后,安息与罗马为争夺亚美尼亚和两河流域进行了长期战争,双方互有胜负,总的来看,安息达到了遏制罗马向东方扩张的目的。

安息境内有连接印度、中国、罗马的交通要道,商业繁荣,丝绸等过境贸易是其重要的经济来源之一。所以,安息一方面与两汉政府交好,一方面又极力阻止两汉政府与罗马的直接交往。

2. 罗马

在地中海地区,最重要的国家是罗马。张骞出使西域时,罗马尚处于共和国时期。公元前2世纪下半叶,罗马成为地跨欧、亚、非三大洲的大国。公元前27年,屋大维称帝,罗马共和国时期结束,罗马帝国时代到来(前27—476)。罗马帝国修筑了规模宏大的交通网,使得丝绸之路得以到达西亚、欧洲地区。

第四节 两汉政府对丝绸之路的经营

一、两汉时期的民族关系思想

两汉时期,许多政治家、思想家和史学家在秦汉以来统一局面和传统的"普天之下,莫非王土,率土之滨,莫非王臣"(《诗经·小雅·北山》)的大一统思想的影响下,大都继承和发扬春秋以来的"大一统"思想,将"蛮夷戎狄"视为中华民族大家庭中的成员,如贾谊的"手足"观、汉文帝的"使两国之民若一家子"(《汉书》卷九十四《匈奴传》)思想、司马相如的"遐迩一体"思想、司马迁的诸族同族观、韩昌和张猛的"汉与匈奴合为一家"思想、杜钦的"阴阳一体"观、《淮南子》中的"夷夏一圈"思想等。

在如何处理民族关系方面,两汉时期的政治家、思想家和史学家的思想也日臻成熟,如汉文帝的"以恩德安抚"(《汉书》卷九十五《西南夷两粤朝鲜传》)少数民族的思想、贾谊"以厚德怀服四夷"(《贾谊新书》卷四《匈奴》,上海古籍出版社1989年版)的"战德"观点、董仲舒"爱及四夷"(《春秋繁露·仁义法》,中华书局1975年版)的观点、汉宣帝的"推亡固存,信威北夷"(《资治通鉴》卷二十七)思想、赵充国的以夷击夷思想、《盐铁论·地广》篇中的"散中国肥饶之余以调边境,边境强则中国安,中国安则宴然无事"的观点、谷吉的"羁縻不绝"思想、侯应的"威制百蛮"观点、扬雄"在夷貊则来之"(《法言·修身》)的主张、公孙禄"以威信怀伏夷狄"(《汉书·息夫躬传》)的思想、班固"恩威并用"的观点、何休"夷狄能慕王化,修聘礼,受正朔者,当进之"(《春秋公羊传解诂·庄公二十三年》)和"不殊其类"(《春秋公羊传解诂·昭公四年》)的见解等等。此外,匈奴等少数民族的政治家也对历史及当时的民族关系进行反思,提出了"今事汉则安存,不事则危亡"等理论见解,说明这一时期关于如何处理民族关系的思想已经得到了极大丰富和发展。

二、两汉时期对西域的经营

(一)打通西域,核心问题是将匈奴赶出西域

西汉的大敌是匈奴,西汉经营西北地区的主要障碍也是匈奴。公元前121年西汉大败匈奴以后,已经基本控制了河西走廊。然而,匈奴仍然控制着天山东部地区。匈奴日逐王还在焉耆、危须、尉犁间置僮仆都尉,不同程度地控制着天山南麓诸国。西域成为匈奴的大后方。在这种情况下,公元前110年汉派赵破奴击败楼兰俘虏了楼兰王,以楼兰为突破口,进入西域。公元前77年,汉派傅介子刺杀楼兰王,将楼兰更名为鄯善,派司马率兵在伊循屯田,控制了楼兰以及从楼兰进入西域的丝绸之路楼兰道。

为了争取盟友,瓦解匈奴对天山东部的控制,西汉两次将公主嫁给乌孙王,巩固两者之间的联盟关系。同时,出兵摇摆不定的大宛,大宛战败。大宛之役使西汉声威大震,西域诸国纷纷朝贡,遣子入侍,对汉统一西域起了重要作用。

西汉末年,王莽篡政,其对少数民族和边远地区的政策,激化了各民族、各地区和中央政府之间的矛盾,丝绸之路沿线局势再次不稳,公元16年,五威将王骏被焉耆攻杀,西域都护李崇收余部退至龟兹。王莽死后,李崇没有消息,汉在西域的统治遂告结束。

东汉初建之时,因为无力西顾,所以直到公元73年,才重新开始经营西域,其首要任务仍然为打击匈奴。这样,公元73年、74年,窦固率军连续出兵攻击北匈奴,攻占天山,打败匈奴呼衍王,平定车师前后部。

(二)两汉政府对丝绸之路的经营

1.设立行政机构进行管理及监督

(1)在以汉族居多的民族杂居地区设立郡县

西汉初,河西走廊地属匈奴,元狩二年(前121)霍去病攻占匈奴据点焉支山(甘肃永昌西、山丹东南)和祁连山,匈奴浑邪王杀休屠王,率部众降汉,汉设武威、酒泉二郡。元鼎三年(前114)汉分陇西、北地置天水、安定二郡,六年又分武威、酒泉郡置张掖、敦煌2郡。始元六年(前81)增置金城郡,陇山以西合为八郡。在对这一地区的管理上,西汉政府还征发了大量汉族移民充实其间。鉴于"河西地空,稍徙人以实之",汉族人民开始大规模的来此垦种。

(2)设置属国都尉和校尉

在西羌地区,除设置一般的地方行政单位郡县外,还有一些特殊的建置。如有"属国都尉",任务是"主蛮夷降者",(《后汉书·百官志》)统辖归附的羌人。统治西羌最重要的人物是护羌校尉。西汉武帝元鼎六年(前111)始置此职。其职能据班彪的解释:"皆持节领护,理其怨结,岁时循行,问所疾苦。又数遣使译通动静,使塞外羌夷为吏耳目,州郡因此可得儆备。"护羌校尉除了以武力进行威慑外,对羌人多施以离间、分化的手段。

(3)设立西域都护府,即中央政权任命都护开府而治[23]

汉神爵二年(前60),西汉政府设置西域都护府,统辖西域三十六国,郑吉为第一任西域都护,开始了对西域的直接行政管理。值得注意的是,西域都护府中,有译长一职。这是因为,当时的西汉王朝在与西域诸国的交往中,面临西域复杂的语言环境以及双方日益频繁往来的需要,译长的设置成为必须。而且,译长作为一种官职很早就存在,《礼记》记载西周王朝时期,就已经设置了与各方之民打交道的翻译官职。因此,西汉政府在综合考虑三十六国的国力以及与汉亲疏关系的基础上,在三十六国的一些国家设置了专门的译长。西域诸国中设有译长的有24国，其人数的多寡与国力的强弱有关。设译长人数最多的是龟兹、焉耆、莎车三国,为3或4人。其中龟兹和焉耆是三十六国中人口居前两位的国家，莎车也是人口过万的大国,这些大国在汉与匈奴争夺对西域的控制权中起着举足轻重的作用,因此也成为双方争相拉拢的对象。汉朝为了加强与他们的联系，在这些大国设置的译长人数也较多。而人口最少的单桓国也有一名译长。汉朝在西域设有译长的24国中，共有译长36人，他们均是佩汉印绶的官员。"最凡国五十,自译长,城长,君,监,吏,大禄,百长,千长,都尉,且渠,当户,将,相至侯,王,皆佩汉印绶,凡三百七十六人。"这些官职无论职位高低都直接受汉王朝的统一领导和管理，译长是其中官职最小的，但也"佩汉印绶"，足见该职位不可或缺。[24]

东汉时期,为了恢复汉与西域诸国的政治关系,东汉政府一度在伊吾设置"宜禾都尉"，并留下一部分远征军在此地屯田,以图时机。

(4) 奉藩称臣的匈奴单于地区

汉朝推行贡纳制度。汉初"贡纳"一词有三重含义。首先,单于或他的代表应到汉朝宫廷朝觐；其次,单于应送一名质子到汉廷,最好是太子；第三,单于应以向汉朝皇帝呈献"贡品"来报答帝国赏给的"礼品"。后来,匈奴的政治地位从"兄弟之国"降低到"外臣"。

两汉时期与匈奴、其他西域属国之间也实行"和亲"政策。历史上有名的细君公主、解忧公主、王昭君等都是两汉时期对北方少数民族地区实行"和亲"政策时涌现出的著名女性，她们为两汉时期我国北方、西北方的和平与稳定做出了巨大的贡献。

总之,汉代之经营西域,其政治方面的措施主要是实行羁縻及监督,以及"和亲"等手段。

2. 推行亭障制度,确保丝绸之路的畅通与安全

为了适应中西交通往来和经济文化交流日益频繁的需要,西汉政府在丝绸之路沿线设立亭障,便利各国使节和商旅交通往来。今天我们从《汉书》上知道,到公元前108年(汉武帝元封二年),自肃州远至玉门一带,建立了连续不断的一长线驿站同小堡。到了公元前102年至公元前101年(太初三年至四年),汉武帝第二次远征塔里木盆地成功以后,据《史记·大宛列传》记载:"于是自敦煌西至盐水,往往有亭。而仓头有田卒数百人,因置使者护田积粟,以给使外国者。"自此,西汉和葱岭以西各国之间的使节和商旅往来络绎不绝。伴随这些使节和商旅来到中国的,据《汉书》卷九十六《西域传》记载,还有:"殊方异物"。

3. 进行屯田

汉武帝在与匈奴的斗争中,就已实行屯田政策,且主要为兵屯。《汉书·食货志》记载:武帝时于"上郡、朔方、西河、河西开田官,斥塞卒六十万人戍田之。"以塞卒戍田,组织严密,号令易行,见效迅速,是加强边地防卫、节省转输费用的最好措施。以后,边塞延至西域,"于是自敦煌西至盐泽,往往起亭,而轮台、渠犁皆有田卒数百人"。[25]除轮台、渠犁有田卒数百人外,西域军屯区还有伊循、车师、北胥鞬、赤谷城等处,其中赤谷城即有屯兵二千人左右。[26]

黄文弼在对罗布淖尔进行考察时,发现楼兰也有屯田。因此,当时西域三十六国所有绿洲地区,应该多有汉人田卒。这些人的活动,也对当地汉字凭借货币、文化教育等途径的流传提供了可能与保障。

西汉时期的屯田也集中在河湟地区。宣帝时,河湟羌人不断翻盘,赵充国在湟水谷地开地二千余顷,以"步兵九校,吏士万人,留屯以为武备。"[27]

东汉西北军屯仍以河西、西域、河湟、朔方地区为主。河湟地区,因诸羌不断反叛,章帝时,"经常屯兵,不下二万。"[28]和帝永元间,金城长史上官鸿、太守侯霸先后上书,请于黄河沿岸归义、建威、东西邯驻军开屯,"帝皆从之。列屯夹河,合三十四部。"[29]东汉时,西域与中

第三章 两汉时期丝绸之路的开辟

原三绝三通,每次开通,都是以驻军开屯为加强控制的重要手段。

总之,屯田手段自汉代以来就成为古代中国政府对丝绸之路进行经营管理的重要手段之一。

4. 向西扩建长城

汉武帝打败匈奴据有河西后,为了巩固胜利并确保丝绸之路的通畅,还采取了修筑长城的措施,称为"筑塞垣"。在居延驿边塞的长城,汉书又称之为"遮虏障"。具体来说,就是利用秦长城,将其向西延伸,修筑塞垣。最初修筑了从令居(今甘肃民勤县东北)至酒泉一段,元封三年(前108)击破姑师擒获楼兰王后,又将河西长城从酒泉修到了玉门。以后随着丝绸之路的开通和西域诸国的归顺,又将河西长城经由敦煌玉门修到了盐泽,即现在的罗布泊附近。在敦煌市境内,据考察如今还存在300多里的汉长城遗址,特别是玉门关西北方向一段保存得最好,是用泥土、砂砾石夹芦苇修筑而成。沿长城内侧,每隔一段就修建有一个城堡,并建有烽燧(或称"烽台"),作为驻兵戍守之用。[30]

20世纪30年代,瑞典考古学家贝格曼考察了汉代长城遗址。他将对额济纳地区汉代防御体系的调查延伸至金塔、玉门、安西直到敦煌境内的长城遗址,将整个西北地区的汉长城遗址连为一体。举世闻名的居延汉简也是其在这一考察过程中发现的。

5. 派遣使者

两汉时使者常往来各国,积极展开政治、外交活动,维护国家利益。这方面尤其以班超、班勇父子为杰出代表。东汉在西域东部立足后,西域腹地仍被匈奴控制。于是,窦固派假司马班超出使西域,开展政治和外交攻势。在鄯善,班超通过果断斩杀匈奴在鄯善的使者,成功使鄯善弃匈归汉。在于阗,班超智斩于阗王宠信的巫师,使于阗王被迫杀匈奴使者而归汉。在疏勒,班超通过另立贤明的疏勒王,得到疏勒人民的拥护。公元75年,匈奴与车师围攻戊校尉于金满城,围攻

47

己校尉于柳中城,并指使焉耆龟兹杀都护陈睦。公元76年段彭率援军收复车师后,朝廷决定弃西域令班超回朝。然而,班超被当地人民苦苦挽留,于是,班超留在了西域与当地人民共渡难关。此后,班超在公元78年率疏勒、康居、于阗、拘弥兵1万人攻占姑墨石城,班超上书朝廷,请求统一西域。朝廷采纳了他的建议,提升他为将兵长史,并派徐幹等人协助班超。公元80年,徐幹到西域,班超等人依靠当地武装先后平定了莎车、疏勒的叛乱,击退大月氏副王谢的入侵,并加强了与乌孙的联系。公元89—91年,东汉3次大败北匈奴,任命尚屯伊吾。在这个背景下,公元91年,龟兹、姑墨、温宿等国自动降汉。汉废龟兹王尤利多,立在洛阳当侍子的白霸为龟兹王。同时任命班超为西域都护,都护府设在龟兹。班超任都护10余年,102年告老返回洛阳。

107年,羌族暴动,丝绸之路东段的"兰州道(陇道)"中断,汉朝被迫下令撤回西域都护府等机构。西域与中原的联系中断。118年,羌族暴动平息,敦煌太守曹宗派长史索班率兵至伊吾屯田,不久被匈奴协同车师后部攻杀。曹宗奏请朝廷救援。班勇临危受命,123年,班勇率兵屯柳中,任西域长史。124年,班勇至楼兰城,鄯善、龟兹、姑墨、温宿等国先后归附。此后班勇又发动多次战役,基本控制了西域地区。

注　释

[1]根据文献记载,人们往往将公元前2世纪汉王朝使者张骞通西域,作为"丝绸之路"开拓的标志。但是,从考古资料看,"丝绸之路"的实际存在,远远早于公元前2世纪。因为着重点不同,本书不对其进行探讨。

[2]《汉书》卷九十四《匈奴传》。

[3]西域是一个历史的概念,在不同的历史时期,西域这一名称的指域常常发生或大或小的变化。通常来说,西域有广义与狭义之分。狭义的西域一般指的是天山以南、昆仑山以北、玉门关以西、葱岭以东的地区。而广义的西域则泛指玉门关、阳关

以西的广大地区,即除新疆之外,还包括今中亚和西亚的部分地区。但是,需要注意的是,不同历史时期,"西域"一词有不尽相同的历史内涵。据史籍记载,自西汉出现"西域"一称后,历代对西域范围的认识有较大的差异。西汉设西域都护府,西域是指东至玉门关、阳关,西达葱岭,南抵昆仑山,北到天山的城郭诸国地区,大体相当于今新疆的南疆范围。当时葱岭和乌孙以西诸国被称为"西北国",尚不属西域范围。北魏时期,中亚也开始被视为西域。唐朝时期,对西域的认识已有广义和狭义的区别。广义的西域,是指敦煌以西,天山南北,今中亚和西亚的广大地区;狭义的西域则指葱岭以西至波斯东部,唐朝政府设有羁縻都督府和州的地区。而今天的新疆地区,在唐朝时期设置有都督府和州县进行直接统治,将其视同内地。此后,明朝又将敦煌以西直至阿拉伯半岛等地称为西域。清朝时期,则将敦煌以西至巴尔喀什湖和葱岭的直接统治区称为西域。

[4]《史记》卷一百二十三《大宛列传》。

[5]《后汉书》卷八十八《西域传》。

[6]李希霍芬是德国地理学家、地质学家,近代中国地学研究先行者之一。1868年曾至中国考察,足迹遍布中国大部分地区。他曾经在考察中提出了许多修建铁路的主张,其中就有沿古代丝绸之路修建铁路的计划。具体路线是从西安府—兰州府—肃州—哈密,然后分成南北两路,分别经天山南麓和天山北麓,进入中亚地区。后来他回国后继续研究这条路线,并在其著作《中国》一书中提出了"丝绸之路"一词。

[7]转引自林梅村:《丝绸之路考古十五讲》,北京大学出版社,2006年,第2页。德文版见 Ferdinand von Richthofen, China, Ergebnisse eigener Reisen und darauf gegründeter Studien, Bd.1, Berlin, 1877, p.454. 相同的论述也可见于刘进宝:《东方学视野下的"丝绸之路"》,载《清华大学学报(哲学社会科学版)》2015年第4期,第64—71页。

[8]转引自林梅村:《丝绸之路考古十五讲》,北京大学出版社,2006年,第2页。德文版见 Ferdinand von Richthofen, China, Ergebnisse eigener Reisen und darauf gegründeter Studien, Bd.1, Berlin, 1877, p.454.

[9]8世纪末19世纪初西方的"东方学"兴起之时,我国正面临严重的西北边疆危机。我国的学术界也掀起了研究西北史地的热潮,"西北史地学"或"西北舆地学"

西北丝绸之路上的汉字流传史

成为道光年间的显学。但"西北史地学"与"东方学"背景下欧洲提出的"丝绸之路学"有着本质上的区别,前者是"经世致用"背景下的产物,后者是西方殖民主义文化的产物。

[10]孟凡人:《丝绸之路史话》,社会科学文献出版社,2011年,第54—55页。

[11]河西走廊,东起乌鞘岭,西至古玉门关,介于南山(祁连山和阿尔金山)与北山(马鬃山、合黎山和龙首山)之间,东西长约900公里,南北宽数百公里至近百公里,为西北—东南走向的狭长平地,形如走廊故称甘肃走廊,因其在黄河以西又称河西走廊。河西走廊是历代通西域的咽喉要道,诸河谷地带为古代交通提供了条件。

[12]详见张德芳:《西北汉简中的丝绸之路》,载《中原文化研究》2014年,第26—35页。

[13]参见黄文房:《罗布泊地区古代丝绸之路的研究》,见中国科学院新疆分院罗布泊综合科学考察队编:《罗布泊科学考察与研究》,科学出版社,1987年。

[14]王炳华:《西域考古历史论集》,中国人民大学出版社,2008年,第12—17页。

[15]20世纪60年代开始,中国和巴基斯坦合作修建了喀喇昆仑公路,喀喇昆仑公路穿越喜马拉雅山脉和喀喇昆仑山脉,将巴基斯坦和中国连接在一起。它开辟了一条通往偏僻山区的道路,那里沉淀着人类数千年的文化,而这条公路的修建基本遵循了古代丝绸之路西段南道的路线。文献记载,有三位著名的中国僧人曾到过喀喇昆仑地区。他们分别是法显、宋云、玄奘。详见[巴基斯坦]艾哈迈德·哈桑·达尼著:《喀喇昆仑公路沿线人类文明遗迹》,赵俏译,中国国际广播出版社,2011年,第16—18页。

[16]《汉书》卷九十六《西域传》。

[17]《后汉书》卷八十七《西羌传》。

[18]《后汉书》卷六十五《段颎传》。

[19]月氏的族属有争议,本书从原始印欧人种说。

[20]余太山认为,贵霜与月氏是同源异流的关系。所谓贵霜五翕侯其实并非月氏人,而是大夏国人。翕侯之称,有可能是月氏人带到巴克特里亚的,也有可能是大夏国原有的。详见余太山:《贵霜史研究》,商务印书馆,2015年,第6—16页。

[21]迦腻色伽即位之年有不同观点,余太山认为,其即位时间应在公元129—

143年或公元129—131年之间。详见余太山:《贵霜史研究》,商务印书馆,2015年,第72—86页。

[22]葛剑雄:《中国人口史》,复旦大学出版社,2002年。

[23]西域都护府设于公元前60年,废于公元16年,其最高官员是西域都护。西域的信息都是由西域都护提供给中央政府的。一个世纪之后,《汉书·西域传》即根据这些信息写成。

[24]详见俄琼卓玛:《汉代西域译长》,载《西域研究》2006年第2期,第15—18页。

[25]《汉书》卷九十六《西域传》。

[26]刘光华:《汉代西北屯田研究》,兰州大学出版社,1989年,第74—83页。

[27]《汉书》卷六十九《赵充国传》。

[28]范晔:《后汉书》卷十六《邓寇列传》。

[29]《后汉书》卷八十七《西羌传》。

[30]黄剑华:《西域丝路文明》,成都时代出版社,2016年,第105页。

第四章　两汉时期汉字在丝绸之路上的流传

第一节　西北汉简概述

两汉时期,丝绸之路上汉字的流传,主要以出土的汉简为典型代表。

一、木简为载体的汉字——西北汉简

汉简,指中国两汉时代遗留下来的简牍。历史上早在北周时期人们就在居延地区发现过汉朝人们刻写在木简上的简书。另外,北宋时期,人们也曾在今甘肃等地获得过东汉汉简。汉简因其出土的区域不同,又有很多的称呼。其中,出土于西北地区的汉简,往往被人们称之为"西北汉简"。因此,西北汉简,顾名思义,主要是指出土于今天新疆、甘肃、青海等西北地区的汉代木简。近代西北汉简的发现应当首先谈及英国的考古学家斯坦因[1]。1906年,斯坦因在新疆民丰县北部的尼雅遗址发现了少量汉简。次年,他又在甘肃敦煌一带的一些汉代边塞遗址里发现了700多枚汉简。这是近代初次发现的汉简。此后陆续有新的汉简出土,至今共发现4万余枚。[2]

学界普遍认为,西北汉简对研究汉代从中央到地方的政治、经济、军事、外交、丝绸之路、民族关系、邮驿交通、科学文化、宗教信仰、社会生活等领域提供了重要的材料,具有极高的科学价值。目前存世的西北汉简主要有[3]:

1. 甘肃敦煌汉边塞遗址 1907 年　　　　708 片
2. 甘肃敦煌汉边塞遗址 1913、1915 年　189 片
3. 甘肃敦煌汉边塞遗址 1920 年　　　　17 片
4. 新疆罗布泊汉边塞遗址 1930、1934 年　71 片
5. 甘肃敦煌汉边塞遗址 1944 年　　　　48 片
6. 甘肃武威磨嘴子汉墓 M6 1959 年　　480 片
7. 甘肃武威磨嘴子汉墓 M18 1959 年　　10 片
8. 甘肃甘谷刘家坪汉墓 1971 年　　　　23 片
9. 甘肃武威旱滩坡汉墓 1972 年　　　　79 片
10. 甘肃玉门花海汉边塞遗址 1977 年　　91 片
11. 青海大通上孙家汉墓 M115 1978 年　300 片
12. 甘肃敦煌马圈湾汉边塞遗址 1979 年　1217 片
13. 甘肃敦煌酥油土汉边塞遗址 1981 年　76 片
14. 甘肃武威磨嘴子汉墓 1981 年　　　　26 片
15. 新疆罗布泊北岸土垠遗址 1983 年　　70 余片
16. 甘肃敦煌汉边塞遗址 1986、1988 年　137 片
17. 甘肃武威旱滩坡汉墓 1989 年　　　　16 片
18. 甘肃敦煌汉悬泉驿遗址 1990、1991 年　约 23000 片

二、西北汉简的主要分类

已发现的汉简可以根据出土情况分为两大类：一类是在汉代西北边塞地区遗址里发现的，可简称为边塞汉简；一类是在汉墓里发现的，可简称为墓葬汉简。

1. 边塞汉简

边塞汉简根据其出土地，还可分为三大类。

（1）敦煌汉简

斯坦因于 1907 年在敦煌附近发现汉简后，1914 年又在甘肃的敦

煌、安西、酒泉、鼎新(毛目)等地的汉代边塞遗址里,发现了170枚左右的汉简。1944年夏鼐等对敦煌小方盘城以东的汉代边塞遗址进行考察,掘获汉简43枚。1979年,考古工作者在敦煌小方盘城以西的马圈湾汉代烽燧遗址里发现汉简1200余枚。这是敦煌汉简数量最多的一次发现。此外,在1977年和1981年,考古工作者还分别在酒泉西北的玉门辖地花海农场和敦煌酥油土两地汉代烽燧遗址里采集到一些汉简。1990年和1991年,甘肃省文物考古所发掘的汉代悬泉驿遗址,出土的写有汉字的木简数量多达23000多件(也包括35000多件废弃的文书),其中有纪年的木简约有2000件,都是在公元前111年到公元107年之间,这正是军营有人驻扎的时期。上述这些汉简人们习惯上将之称为敦煌简。

(2)居延汉简

1930—1931年,中国、瑞典学者合组的西北科学考察在甘肃、内蒙古境内的额济纳河两岸和内蒙古额济纳旗黑城东南的汉代边塞遗址里,发现1万枚左右汉简。这次发现汉简的地点,在北部的属汉代张掖郡居延都尉辖区,在南部的属张掖郡肩水都尉辖区,但习惯上把这两个地区出土的汉简统称为居延简。1930年,考察团还在甘肃鼎新以西的北大河沿岸,(斯坦因在1914年调查过的一段边塞遗址里)发现了少量汉简。这段边塞遗址应属酒泉郡。因此,在所谓居延简里实际上还包括了极少量的酒泉简。1973—1974年,甘肃居延考古队在破城子(居延都尉所属甲渠候官治所遗址)和肩水金观遗址等地进行试掘,获汉简近2万枚。1976年,甘肃省博物馆文物队等单位组织调查组,沿额济纳河下游,在居延地区进行了广泛调查,获汉简164枚。

(3)罗布泊汉简(楼兰汉简)

1930—1934年,黄文弼在新疆罗布泊北岸的汉代防戍遗址里,掘获西汉宣、元、成诸帝时木简71枚。这批简的出土地点接近所谓楼兰遗址,也有人称之为楼兰汉简。

边塞汉简通常发现于边塞地区的官署(如都尉、侯官治所等)和烽燧的遗址里,为屯戍吏卒所遗留。有的是当时有意保存起来的,有的是当时作为垃圾抛弃的。西北地区缺少竹子,已发现的简绝大多数是木简。从形制上看,除一般的简以外,还有两行、牍、觚(多面棒状木条)、符、券、检(有覆盖文书、书信用的,也有封存物件用的)、签等等,种类颇多。从内容上看,主要是公家的各种文书和簿籍,还有与吏卒生活有关的私人书信、衣囊封检、历谱、医方、占书、九九表、字书以及其他书籍。简的年代起自西汉中期(武帝后期),迄于东汉后期,中间包括王莽新朝和更始时期。已发表的汉简上有明确纪年,最早的是武帝天汉二年(前99)和三年。最晚的是顺帝永和二年(137)。

边塞汉简所反映的并不仅仅是边塞地区的情况。在很多方面,西北边塞和全国其他地方的情况是一致的。而且边塞汉简的有些内容,如某些诏书和中央机关发的公文,本来就是面向全国的。因此无论是研究汉代的西北边塞地区,还是全面地研究汉代史,汉简都是十分重要的史料。学者和专家六七十年来通过对汉简的研究,在汉代的边防设施(包括烽燧制度)、屯田制度、兵制、官制、行政制度(包括文书制度)以及汉代社会的经济、文化和阶级关系等方面,都获得了很多新的认识。

2. 墓葬汉简

从20世纪50年代开始,西北丝绸之路上陆续发现的比较重要的墓葬汉简有以下几批:

(1)1959年7月,甘肃省武威磨嘴子6号汉墓出土竹木简500枚左右,主要部分是《仪礼》的9篇抄本,约抄写于西汉末至王莽时期。

(2)1972年,甘肃省武威旱滩坡汉墓(约东汉前期)出土医方简牍一批。

（3）1973年7月，青海省大通县上孙家寨汉晋墓地中的M115号汉墓出土一批木简，记载了汉代兵法、军法、军令，是研究汉代军事制度的一批重要资料。[4]

从上述内容可知，墓葬汉简数量较少，主要在今天的甘肃省、青海省发现，且汉简的内容以儒家经典、医学书籍和军事书籍为主，说明在这一地区汉文化已经渗入到各个领域，人们对知识的需求也呈现出多样化。而新疆的墓葬中发现的汉简数量少，也从另一方面说明当时新疆尚未出现大量的汉族群体，而汉文化的影响也相对薄弱，因此，墓葬中出土的汉字木简相对较少。

第二节　外国探险家的汉字考古发现[5]

19世纪末到20世纪初，在传统的丝绸之路上出现了一批国外考古学家和探险家的身影，他们得到各自国家、组织的资助，纷纷沿着古老的丝绸之路进行了极为广泛的发掘和考察。其中，重要的国家有瑞典、俄国、德国、英国、法国、日本等，重要的探险家有英国的斯坦因，法国的伯希和，瑞典的斯文·赫定、贝格曼，德国的勒柯克，日本的大谷光瑞、橘瑞超等。同时，他们中的大多数人还将各自对丝绸之路沿线的考察用文字的形式予以介绍，为后世学者们的研究提供了大量的文献资料。

一、英国考古学家斯坦因的汉字考古发现

首先，英国作为19世纪末20世纪初的世界大国，其对丝绸之路的兴趣是非常强烈的，英国方面主要是斯坦因从印度（当时是英属殖民地）出发，对丝绸之路的中亚及中国段进行了考察。其考察是沿着玄奘及马可波罗的路线进行的，主要以丝绸之路上一些古代重要的城镇或据点为中心展开。目前可知，他的考察共有四次，第一次在1901

第四章　两汉时期汉字在丝绸之路上的流传

年,最后一次在 1931 年,这四次考察使其获得大量的资料,其中也包括他所发现的汉字实物。他发现的带有汉字的官印、古钱、汉简等,再现了两汉政府在这些地区的活动和影响。

1. 尼雅[6]发现的汉字资料

尼雅曾经是两汉时期的一座重要城堡,汉朝曾经长期在这里派军队驻扎,同时,也有一些非军事人员在这里生活过,还在这里留下了丰富的汉字资料。斯坦因在尼雅遗址中有大量的发现。

(1) 官印

斯坦因在其《西域考古记》中讲述尼雅废址的考古工作时指出:"好像要把远西同远东两种势力奇异的混合象征化一样,在那里曾找到一块掩盖的木牍,并排钤了两颗印。一颗上作中国篆字,那是管理现在东方罗布区的古鄯善行政官的印。"[7]这是斯坦因 1901 年的考古发现,此印应该是汉朝或者之后的朝代颁发给当地统治者的,孟凡人认为印上文字应读作"诏鄯善王"。[8]

(2) 汉简

斯坦因指出,尼雅还出土有一小部分汉语文书,其时代可能与五铢钱同属汉朝早期。这些文书表明汉朝时这里还有非军事汉人存在。同时,发现的十一枚两面都有汉字的木简,其中八枚尚可识读。每一枚都写有寄出者和接收者,包括国王、太后、王后、王子和一位大臣。这些木简留下较多的信息,比如,有一枚正面写道:"臣承德叩头谨以玫瑰[9]再拜致问",反面则写着接收者"大王"。这些木简表明,在公元 1 世纪初,一位汉朝顾问曾经来过或者在精绝王庭短暂居住过,这让当地统治者学会了在礼物上附上木简。另外,出土的木简中使用了王莽(公元 8—23 年在位)的特殊语言并提到了使节[10],这些文献都表明公元前后汉朝在尼雅设有军事哨所。[11]

(3) 钱币

还有需要注意的是,此地出土的钱币也不少。斯坦因认为:"古货币的证明也是一样重要,我在那里的时候发现许多中国古钱,都是后汉的东西。"[12]总之,根据斯坦因的叙述可知,尼雅遗址中,涉及汉字的实物及资料主要包括了官印、汉简和钱币。

2. 楼兰发现的汉代五铢钱

在楼兰,斯坦因循着古道横渡干涸了的罗布泊时,发现了汉字书写的木牍纸片等文书。他还提到,在阴沉的盐层黏土地面上明明白白地散布二百枚左右的中国古钱,形状重量同他熟识的敦煌古塞所得那些汉代军用品正是一样。这些钱币以及箭镞一定是汉代运送军需的队伍在去楼兰的途中掉下来的,毫无可疑之处。他正准备攀登一座用作他们指引点和瞭望塔的大台地,在斜坡上侥幸找得一些中国古钱同金属物件……[13]

现在人们已经知道,这些中国古钱,是在汉军戍堡发现的,一共有211枚圆形方孔铜币,平均分布于27米长、1米宽的区域内。这些新铸钱币是五铢钱,年代为公元前86年到公元前1年。其中,211枚钱币中有50枚现藏于伦敦,这些钱币的发现将新疆发现的最古五铢钱的年代推到了公元前。[14]

3. 罗布淖尔至敦煌沿线发现的汉字资料

斯坦因同样在讲述其于1907年2月21日开始,从罗布淖尔沼泽向敦煌出发时,沿途的发现。"3月7日傍晚的时候,我们行过一片光石子的高地,看见离我们所走的路约一英里左右,有一座小土堆引起了我的注意。到了那里,不禁大喜,那是一座用硬土砖造成,高达二十三英尺左右,保存比较完好的碉楼。……这是古代防守边界线及西段前方的一座碉楼。……又有一座碉楼……形式明明白白是横过低地的城墙。把一薄层流沙清除之后,就看见用苇秆捆在一定的间隔同泥层交互砌成的一道正规的城墙,……墙顶苇秆捆中露出小块绢头,翻检之余,得到五彩画绢残片、残木版,以及上书中国字的小木片,所写的字异常清楚,形式也很古。无年代,只有'鲁丁氏布一匹'字样。

第四章 两汉时期汉字在丝绸之路上的流传

……我敢大胆说这是汉代的东西。……当我更转向东方寻找的时候，我居然又能遇到一道边墙和碉楼。……当我在靠近大部分的碉楼以及毗邻小屋遗址的垃圾堆里，找出许多中国字的木简的时候，尤其增强我的满意。那些有字的小木片上有许多证明是有年代的，据我的中文秘书检阅的结果，所有这些年代都是在西元后第一世纪，我们因此更为兴奋。这里的边墙遗迹在前汉时候便已为人据有，而我手中所有的是中国写文书中最古的东西，那是确实无疑的了。我尤其喜欢的是蒋师爷匆匆检视一过，把这些木简的内容也弄明白了。木简的性质差异很大：有关于军事统治简单的报告同命令；收到器械给养一类物件的呈报；私人的通信之类。此外还有学校字书以及书法练习一类的残片。"[15]

4. 汉长城沿线发现的汉字资料

在《沿着古代中国长城发现的东西》一文中，斯坦因说："清除防守长城（汉武帝时所建）西头一座碉楼的不重要部分之后，得到一大块有字的木简，上面有太始三年（西元前94年）的年号，……据简上说，当地地名是大煎都，长城西端的这一个地名，也见于别处所发现的文书上。其中有一片上有太始元年（西元前96年）年号。……几乎在所有的碉楼里都得到有趣味的遗物。……室内得到一些木简，大约是官员们用的，其中一片的年月正相当于西元前68年5月10日（汉宣帝二年）。尤其重要的是第一次试行搜寻遗址底下满布石砾的斜坡上面的垃圾堆，为时不久，便得到许多的中文记录。在仅仅几平方英尺的地域之内，得到有字的木简在三百以上。这显然是一位小官员的档案文件全部倒在这里，从许多有年代的木简看来，可知古代一位军中书启的那些'废纸'是汉宣帝元康元年至五凤二年（西元前65—前56年）间的东西。……这里所得的文书，有些只是重录或者称引关于在敦煌地方建立屯田区域以及建造亭障或城墙以保边的一些诏谕，此外则是沿长城线军队的组织，各各不同的队名之类，也有关于长城其他各部分各烽燧的报告同命令。……还有奇怪的是有许多片上书元康三年(西元前63年)、神爵三年(西元前56年)、五凤元年(西元前57年)诸年的精美历书,以及一段中国有名的小学书(《急就章》译者)。……(T字八号碉楼)在一些别的奇怪的遗物之中得到一件量器,形同鞋匠的足尺,上刻有汉朝的尺度;又有一些木印盒,……还有以前附于盒子或袋子上的一片木简,上面写明盒内装有'玉门显明燧蛮兵铜镞百完'字样。……但是特别有趣的乃是一具保存得很好的木函盖,……木盖底面下陷,四边隆起成为边缘,证明原来是一种小箱盖,盖上写有清楚明白的大字,说是'显明燧药函'。……由有年代的文书可以证明这一段长城除去极西一段外,一直守到西元后第二世纪的中叶。而在西元后一世纪起初二十几年王莽篡弒之乱的时候,此处似乎曾经放弃过。在西元后第一世纪,古长城曾筑过一道复城一事,由沼泽部分中段向南所筑较后而稍欠坚实的横墙,表示得很明白。正在此处旁商道边耸立一座庄严的方堡残迹。……在不到一百码处有一小丘,发掘之后证明那是一所重要的古代驿站遗迹。在那里找到许多中国文书,立即证明我们是撞到了汉代控制沿碛道一切懋迁往来的玉门关遗址了。尤其奇怪的是清除一座久已当作地窖后来用为垃圾箱的深窖,发现很多保存甚佳的木简。关于所得许多木简述及长城方面的军事组织、服役等奇异的细情,此处不能详说。向北三英里左右,正在横墙同古长城线相连结处,我们找到一座烽燧遗址,在那里的废物堆里找到许多木简,中间年代断续有两世纪以上,……距古玉门关东五英里左右,在商道旁边长城后面,有一很庄严的遗址。……后来在内围墙一角垃圾堆中得到许多中文木简,简上说到从敦煌沙漠田输送粮食,以及积储的衣物等,……我们在这里找到了前进的给养根据地,这在卫戍绝塞的军队以及取艰苦的碛路来往楼兰的人都是很需要的。"[16]

综上所述,斯坦因发现的汉字实物及资料说明了以下几个问题。

首先,作为两汉政府的官方文字,汉字也已普遍流行在丝绸之路

第四章 两汉时期汉字在丝绸之路上的流传

沿线两汉政府力量能够到达的所有地区。大量汉字实物及资料反映了两汉时期政府在当地的政治、军事等方面的各种活动。

其次,汉字的传播材料是丰富多样的。考古发现汉字的载体主要有竹简、钱币、铜镜、织物、陶器等实物。

再次,大量钱币(丝绸、铜镜等)的发现,说明了丝绸之路(中国境内段)上经济贸易活动的频繁。根据资料可知,斯坦因在罗布泊地区共获得3面完整的青铜镜和26块铜镜残片。11件出自楼兰古城。其中一面铜镜上有"见日之光,天下大明"8个汉字铭文,这是在铭文铜镜上常见的句子,这些铜镜均属汉代常见的类型。说明它们均来自中国内地,是丝绸之路上的出口产品之一。

最后,汉文化沿丝绸之路得到流传。斯坦因的发现中,有些铜镜、织物上面多刻有或绣有汉字,这些汉字多与中国的传统文化有关。因此,这些发现,使后人可以看到其中掺杂的中国人利用汉字来表达美好祝福与祝愿的汉字,如"昌""吉""寿"等,都充分体现了中国人民对美好生活的向往和祝福,是中国古代祝福文化的重要组成部分。

二、法国探险家伯希和[17]的汉字考古发现

伯希和在其《伯希和西域探险记》里的《喀什与图木舒克考古笔记》(节录)一文中记载:"(在图木舒克的托克孜 - 萨莱,Toqqouze - Saraï)我们相继发现了5枚铜钱,其中两枚尚带有相当清楚的……因此,这都是一些汉代的铜钱。……所有钱币都是汉代的。"[18]

三、瑞典探险家们的探险活动

斯文·赫定曾经几度在新疆进行考察活动,沃尔克·贝格曼曾经于20世纪20年代至30年代跟随他进行了同样的科学考察活动[19],在其著作《新疆考古记》一书中,他对其20世纪30年代在新疆的考古活动进行了介绍。书中指出,1934年5月6日,斯文·赫定的随行人

员在库姆河三角洲靠近北部边缘的一座巨大迈塞(或称侵蚀黏土脊)上面发现了一个古代墓葬坑。

1. 丛葬墓1(墓34)

墓坑内有15颗人类颅骨与各种各样的织物碎片等。其中,在纺织品方面,他发现有一大块衣服残片,上面绣有两个汉字"仁绣(韩仁绣)……毫无疑问,是汉代丝绸。"[20]另外,他还讲到,"在一小条平纹原色丝绸的一面有两个汉字(另一面是佉卢文文字),不是非常清楚,卡尔格伦教授认为是'锦十',可能作'十卷丝绸'或'品质'(等级)10解。"[21]贝格曼认为,这几个汉字记载的是当时丝绸之路上的丝绸贸易的情况。

2. 霍聂尔与陈宗器的楼兰古城采集品[22]

1931年,霍聂尔与陈宗器合作开始进行考察,他们共发现了8枚五铢钱,其中5枚残。3枚中国铜币残片,无铭文。7枚无铭文钱币,部分为"鹅眼"钱。

1934年,陈宗器在楼兰古城共采集到"王莽颁发的货泉及大泉五十钱,在两个地点出土。汉代流通的五铢钱共发现21枚,除此之外,还发现了一枚剪轮五铢,8枚无外廓五铢和12枚小尺寸五铢,即降低了交换价值的五铢。还有14枚'鹅眼'和22枚无法鉴定的残币。"

3. 罗布沙漠的零散发现[23]

根据贝格曼的叙述,20世纪30年代,霍聂尔与陈宗器在新罗布泊和库姆河三角洲采集到一些古物,在谈及所获钱币时,他提到,罗布泊沙漠中最常见的钱币是五铢。他们采集到的钱币中,普通类型的共89枚,其中的一些在穿孔下方中央有一星号。无可置疑的是这些钱币都是汉代五铢。贝格曼认为,罗布泊地区随处可拾的小遗物可以向后人提供古代陆地、水域、居住地、道路的分布以及诸如此类的信息。五铢钱的使用年限为公元前118—公元581年,当然,汉代末年五铢钱已经严重贬值,因此五铢钱变得更小,做工也更粗糙。但是,发现这些钱币的地点却告诉人们,库姆河三角洲正北部的地区当时特别重要,那里可能具有更繁忙的交通。因此,钱币的发现对丝绸之路路线的确定具有重要的指导意义。

4. 喀拉沙尔地区的古代遗址[24]

1928年初秋,贝格曼沿大路从铁干里克去了库尔勒,文中他提到尼尔斯·安博特博士从当地人(在明屋与博格达沙里之间的范围)手里购得一些文物,其中包括两枚中国钱币。这两枚钱币是766—784年通行的货币。另外,他提到还有一枚汉佉二体钱,上面的汉字非常粗糙且不规则,但可明显的分辨出"六铢钱"字样,即钱的重量为六铢。安博特的钱币可能与霍恩勒(Hoernle)的汉佉二体钱属同类,时间应在公元1—2世纪。

总之,外国探险家的足迹基本踏遍了西北丝绸之路的所有路线,所到区域遍及我国的内蒙古、甘肃、青海、新疆以及中亚地区。他们的收获很大,在很多遗址都有重要的发现,包括汉字方面的实物及资料也不少。

第三节　国内学者及机构的汉字考古发现

一、新疆的考古发现

(一)新中国成立前新疆的考古发现

1949年前的中国战争频繁,社会动荡,对丝绸之路的考察并不太多。黄文弼的考察[25]活动可以说是其中最为杰出的活动之一。

黄文弼(1893—1966)于1927年夏,以北京大学考古学会名义,参加了中瑞西北科学考察团赴甘、新一带考察古迹古物的活动。至黄文弼于1930年9月返回北平(今北京),此次考察共计用时3年多。1934—1937年,黄文弼在西北科学考察团任职,进行了第二次考察,新中国成立后,他再次对新疆进行了考察,在其发表的文章中可以看出有关汉字在新疆的流传情况。

在对罗布淖尔古代遗址的考察,尤其是汉烽燧亭遗址的考察中,他的收获甚大,并进行了较为详细的介绍,其所发现的汉字资料,主要有铜钱、汉简和铜印等。

1. 铜钱

罗布淖尔为海之名称,在库鲁克山南麓,《史记》称为盐泽,《汉书》称为蒲昌海。黄文弼于1930年4月在此进行考察,在罗布淖尔北岸西一平滩上,拾石核及大泉五铢等物件,同时尚有汉铜镜碎片,及绳纹陶片等。[26]

第二次考察时(1934年5月),黄文弼在对罗布淖尔的汉代古道及住宅考察中,同样发现了铜钱。"……沿道西偏南20行,在土阜之旁,五铢钱散布地表,俯拾皆是。归而数之,得六百余枚。……及至库鲁克河之末流,又拾五铢钱及铜矢镞之类。"

在1928年9月考察新和西部之古址时,黄文弼在考察大望库木旧城及其周围古址时,拾得汉代五铢钱、小五铢钱等。[27]在通古斯巴什旧城及周围之古址里,发现了五铢钱一枚。[28]在羊达克沁大城及周围之古址,得到五铢钱一枚。[29]

1928年10月,考察库车东南部之古迹时,黄文弼在沙乌勒克以北之古址,拾得一半面五铢钱。[30]

2. 汉简

罗布淖尔即古之盐泽,在今海之东北。在此工作十余日,采掘汉代木简整数十枚,漆器、铜件若干。木简有黄龙、元延诸年号,迄今已一千九百余年矣。[31]

(1930年)于4月25日之至遗址,在此平滩之北,略与烽火台北端东西对值,有围墙遗址。发掘其下,出汉木简数十枚。墨书隶字,完整者,长八寸,宽三分,残整不一。一简有"黄龙元年"字样。黄龙为汉宣帝年号,距今已一千九百六十余年矣。又有"左部后曲侯""右部后曲侯"等简,疑此地为"左部曲侯"所在地也。

在烽燧亭之北,有土阜一所。木简皆在中下两层,在中层出"元延五年"木简一枚,元延为汉成帝年号,已知西汉之末期,而亦为余所获木简中最后之年代也。

另外,1934年黄文弼第二次去这一地点时,又发现了书有汉字"从事人姓名"的残断木简一枚,《论语》残简一枚。

因此,黄文弼先后两次的考察,共获得汉简七十余枚。虽然数量不多,但是对于了解汉代在西域的政治、军事情况帮助甚大。黄文弼自己也说:"此地自汉宣帝黄龙元年,至汉成帝元延五年,共四十二年。在此四十二年之间,正值匈奴日逐王降汉之后,汉都护权力正盛之时。中国政治军事之威力,表现于西域,亦以此时为最著。由所发现汉简年代之指示,则此地在此四十二年之间,甚为兴旺,而汉文化之输入亦以此时为最盛。"[32]

3. 铜印

黄文弼在烽火台附近,拾得铜印一方,文曰:"韩产私印。"他怀疑此印为一汉人名章,并认为此人也许就是护守那座烽火台的曲侯。[33]

4. 刻石

《刘平国治关亭诵》为清光绪三年刘锦棠部将徐万福所发现,并椎拓若干纸,传播于世。叶昌炽、王仁俊均有释文(见王树枏《访古录》),王树枏《访古录》及罗振玉《西陲石刻录》并录其文。

1928年11月,在考察博者克拉沟时,黄文弼考察了《刘平国治关亭诵》。他叙述道:"刻石在沟西一岩石上。刻字处距地面尺许,随岩石之隆洼曲折凿刻。有二处:南为诵文,有字处,宽约40厘米,长约48.3厘米。字为汉隶体,极工,每字约3.4厘米。共八行,每行约十三字至十五字不等,惜字多剥蚀,不尽可辨。以北为作颂辞人题名,与诵文相距约1米。长约18.3、宽约16.6厘米;隶体,每字约3.7厘米见方。共三行,每行四或三字不等。根据题名可知,此处为古龟兹国的一个重要关口,是进行对行人稽查、审核的地方。其中,提到的刘平国为东汉时期汉政府在此地的建关之人,也是治关之人。"[34]

刘平国,究竟是龟兹人还是汉人,学界有两种观点。一种如王树枏、黄文弼者,认为刘平国是东汉时期汉政府在此地的建关之人、治关之人。但是,王国维、王炳华等却认为,刘平国是龟兹人。理由是刘平国率"秦人(汉人)"孟伯山等六人作亭,自然可以推出,刘平国不是汉人。如果刘平国是龟兹人,却取名"平国",可见其背后代表的龟兹汉语文造诣的高深。[35]

两汉时期,西域广大地区接受汉文化影响相当深广,不容低估。"刘平国刻石"文字是很工整的隶书。龟兹地区表现出这样的汉文化水平,并非偶然。自西汉前期西域统一于中原王朝以后,龟兹与汉王朝的政治、经济关系一直相当密切。公元前1世纪,汉宣帝刘询在位时,龟兹国王名绛宾,他的夫人是汉朝解忧公主的长女弟史。绛宾与弟史曾在长安(西安)留居一年,以后还数至中原。深受汉王朝政治制度、中原封建文化的熏陶、影响。绛宾在从长安回龟兹后,曾在国内推行改革,史称其"乐汉衣服制度,归其国,治宫室,作徼道周卫,出入传呼,撞钟鼓,如汉家仪。"[36]

作为龟兹左将军的刘平国,从其姓名也可以看到汉文化在龟兹贵族上层集团中的巨大影响。

除黄文弼的考古所得以外,汉字方面的其他发现还包括以下几件实物:

克孜勒苏柯尔克孜自治州阿克陶县奥依塔克征集汉"唐诩印信"铜印一枚,兽钮,通高2.5厘米。正方形印面,边长1.9厘米。中国境内发现古代汉文印信最偏西的一例。

"李崇之印□□"铜印。1928年在沙雅县裕勒都司巴克庄一带发现(今新疆阿克苏地区新和县尤鲁都斯巴克乡和玉奇喀特乡一带),桥形钮,通高0.7厘米,近方形印面,边长1.3厘米。阴刻汉字篆体6字,可识者"李崇之印"4字,其他两字模糊难辨,系汉代铜印。印主李崇,乃西汉晚期一位西域都护,《汉书》有其简略的记事。

(二)新中国成立后新疆的考古发现

1. 黄文弼的考古发现

1957年9月开始至1958年8月止,黄文弼等调查了古城、遗址及寺庙约127处(内包括古城58座),并在焉耆、库车做了一些发掘工作。此次发现主要是钱币。在焉耆曲惠旧城,据老乡讲,曾出土"大泉五十"。

2. 新疆维吾尔自治区考古研究所的考察

尼雅,一直是新疆南部地区考古工作的重要地点。1959年,新疆博物馆有过一次对尼雅的调查、发掘,但是,这一次的调查、发掘基本沿用的是斯坦因的工作模式。改革开放后,尤其是1988—1997年间,尼雅遗址的考古工作再次展开,而尼雅95一号墓地的发掘列为1995年中国十大考古发现之一。

尼雅95一号墓地中的汉字发现主要在锦被等织物和陶罐上。

织物上的汉字较多,多发现于M3男女合葬棺和M8男女合葬棺内。

就M3号墓而言,该墓葬系男女合葬,二人齐头并卧,全身覆盖于"王侯合昏千秋万岁宜子孙"锦被下,锦被呈长方形,长168厘米、宽94厘米。由两幅完整的"王侯合昏千秋万岁宜子孙"锦缝合而成。

就男尸而言,男尸覆面用"世毋极锦宜二亲传子孙"锦。男尸有一个铜镜袋,锦面用"世毋极锦宜二亲传子孙"锦。男尸旁边发现锦边毡帽,使用"王侯合昏千秋万岁宜子孙"锦料制成。男尸的上衣锦面、首套、护膊、锦枕用"世毋极锦宜二亲传子孙"锦,锦裤用"王侯合昏千秋万岁宜子孙"锦。

就女尸方面而言,首先,出土的妆饰用品方面发现了碎锦片,含

"世毋极锦宜二亲传子孙"锦和"王侯合昏千秋万岁宜子孙"锦。有一个铜镜袋,锦面用"世毋极锦宜二亲传子孙"锦。女尸丝绵锦袍的衣襟、袖口、下摆,面料使用"世毋极锦宜二亲传子孙"锦。女尸的锦裤以"长乐大明光"锦作裤面。女尸锦手套手掌部分用"延年益寿"锦,女尸红呢绣花锦腰靴靴筒面料,使用"延年益寿长葆子孙"锦,靴筒的门幅也有"延年益寿长葆子孙"的汉字。女尸的锦枕用"王侯合昏千秋万岁宜子孙"锦。女尸覆面用茱萸回字纹锦。

紧邻三号墓穴的八号墓也是夫妇合葬墓。其时代相对稍晚。出土的陶罐上有"王"字。另外,男性左手上臂部见"五星出东方利中国"锦护膊。[37]

"五星出东方利中国"锦

尼雅95一号墓地出土的织锦图案中,吉祥用语文字颇多新意。累积发现的用语有"世毋极锦宜二亲传子孙""王侯合昏千秋万岁宜子孙""长乐大明光""延年益寿长葆子孙""五星出东方利中国""讨南羌""安乐绣文大者长宜子孙""千秋万岁宜子孙""安乐如意长寿无

第四章 两汉时期汉字在丝绸之路上的流传

极"等多组内容,中心思想除了祈求长寿、护佑子孙以外,还有特定历史文化内涵的汉字。如"王侯合昏千秋万岁宜子孙"锦,王炳华认为,应该是两汉时期对边疆少数民族政权实行和亲政策的体现。"王侯合昏千秋万岁宜子孙"锦被,为两幅缝合成一,隶书汉字,穿插于舞人、茱萸、云气之间,显示着一种吉祥、和谐、安谧的气氛。而"五星出东方利中国"锦[38],图案花纹清新醒目,祥鸟、瑞兽、白虎走动于云气、星际之中,显示着一种强大的信心和力量。"讨南羌"锦,组织、图案风格与"五星出东方利中国"锦近同。汉隶文意,彼此也可连通。王炳华认为,此锦的生产,应该考虑到东汉以后,西部羌族已逐渐跻身于祖国西北地区的军事、政治角逐中的时代背景,因此,此锦可能与西汉宣帝时,赵充国、辛武贤征讨西羌的重要军事活动有直接关联。而再晚可以到东汉后期。汉代丝织工匠的生产活动,呼应着统治者的意志,因而把当年最重大的时代主题,很快凝集在锦织物图案中。[39]

精绝,作为西域南道上最小的绿洲城邦,地狭、人少、力薄,国家命运之发展,只能随当年西域南道政治形势变动而沉浮。西汉时期,受汉王朝西域都护管辖。而尼雅墓地所见大量丝织物,是东汉王朝统治精绝、实施"安辑"政策的具体表现。而在长期的"安辑"政策下,精绝接受了汉文化的深厚影响。

尼雅95一号墓地修建的时间,林梅村、王炳华认为,很可能是在于阗统治精绝以后,东汉王朝在西域都护及西域长史的统辖之下,亦即汉明帝永平十七年至汉灵帝熹平四年(公元74—175)之间。[40]

3. 交河沟西的考古发现

1991—1993年,新疆文物考古研究所与日本早稻田大学文学部丝路研究中心合作,对丝绸之路新疆地段的主要遗迹进行了调查。1994—1996年,双方继续合作,对吐鲁番交河古城沟西之两汉墓地进行考察。考察发现汉代墓葬23座,而这些墓葬,由于长时期的自然风蚀、人为破坏,上部遗迹多已不存。出土的随葬文物中,有五铢钱,且五铢钱之"五"字、"铢"字的笔画,有明显的西汉特征。

这可能因为西汉王朝曾经在交河地区与车师、匈奴进行过长达五十六年的军事角逐,并最后统一了车师,且在此地设置了戊己校尉,屯田积谷、发展生产。

4. 米兰古城的考古发现[41]

米兰古城位于若羌县城东北约75公里处。遗址内发现了一枚五铢钱币和汉简。

(三)新疆出土汉字实物资料的类型

1. 铜印类

"汉归义羌长"。1953年在新疆沙雅县央塔克额协海尔故城(又称于什格提故城)一带发现(一说是在新和玉奇喀特故城一带发现)。上有汉字篆体"汉归义羌长"5字,为汉代铜印。

"司禾府印"。1959年出土于新疆民丰县尼雅遗址,有篆体"司禾府印"4字,为汉代铜印。

"居延丞印"。1980年发现于新疆哈密扣门子一带。有篆体"居延丞印"4字,为汉代铜印。

2. 封泥印范类

"鄯善都尉"1959年出土于新疆民丰县尼雅遗址,为一件木牍上的封泥字印,篆体"鄯善都尉"4个汉字。

3. 钱币类

丝绸之路上的新疆是我国西北地区中离中原地区最远的地区,这一地区出土的钱币证明了我国钱币到达了西北最遥远的地区,也说明了这条道路作为贸易通道的重要性。

首先,今天在这一地区发现的钱币有"半两""五铢""货泉""小泉直一""大泉五十"等。其中,"半两"铜钱中有"榆荚半两";"五铢"铜钱有多种,有西汉"五铢"、东汉"五铢"、东汉剪轮"五铢"、龟兹"五铢"(又称"汉龟二体钱")、常平五铢。还有"五朱"文铜钱。[42]尤

第四章 两汉时期汉字在丝绸之路上的流传

其要注意的是出土的于阗马钱[43],这种钱币是在中国钱币的影响下铸造并在于阗使用的钱币。历史上,西汉势力达到西域后,许多西域贵族学习汉文。汉文一度在西域一些地区流行。现在可知,新疆于阗(今和田)在这个时代发行过汉文与佉卢文字合璧的钱币,今称"于阗马钱",也称"汉佉二体钱"。"这种钱币在上个世纪一发现立即引起钱币界的重视,被外国'探险家'大量掠往国外。统计在册的'于阗马钱'共有352枚,其中256枚收藏在大英博物馆中,我国收藏的反而不多。"[44]

4. 碑刻类

《刘平国治关亭诵》石刻:19世纪末在新疆拜城黑英山乡喀拉塔格山发现的东汉时期的《刘平国治关亭诵》摩崖石刻,可辨识的汉字有109个。文字记述了东汉将领刘平国等率羌人在西域修建关亭的经过。

《任尚碑》:发现于巴里坤县东松树塘,刻于天然岩石上。碑面字迹剥蚀严重,残存汉字5行14字,书体为汉隶,但有篆书笔意。《任尚碑》是记东汉名将任尚的事迹,他出征西域,曾任长史、中郎将、西域都护等职,在西域生活三十多年。

《焕彩沟汉碑》:位于新疆哈密市北45公里的焕彩沟沟口中,碑体为方形天然砾石,长3.2米、宽3米、高2米。南侧右端残存汉字"惟汉永和五年六月十五日""沙海"。该碑初刻于东汉。

新疆巴音郭楞蒙古族自治州轮台县策大雅乡发现的石碑:公元前60年设立的安西都护府,其所在地即今之巴音郭楞蒙古族自治州轮台县策大雅乡,这里发现了一座汉代遗址。此处有石碑,年代为公元158年,发现于拜城附近的山中,其中记载了一位汉朝将军的名字和头衔。[45]

5. 丝织物上的汉字

中国人在很早的时候就有把汉字织进丝织物的习惯和爱好。现在可知的出土实物有：

1995年的尼雅考察队发掘了八座墓葬。编号为M8的墓葬时代稍晚，墓主是一对夫妇。其中出土了带汉字的织物和一个朴素的陶罐，织物上的汉字为"王侯合昏千秋万岁宜子孙"，陶罐上有个"王"字。M3和M8两座墓葬中出土的织物上有"王"和"侯"字样，表明这些是中原王朝给当地小王的赏赐。《后汉书》记载，公元48年之后，精绝为鄯善所并。因此之前是精绝国都的尼雅遗址也成了更大的鄯善国的一部分。

两汉时期人们也利用丝绸记载贸易情况，"斯坦因在这里（玉门）还找到一块写着中国字的丝条（属于汉代），上面的字是：'任城国亢父绸一匹，幅广二尺二寸，长四丈，重二十五两，直钱六百一十八。' Ed. Chavannes,《斯坦因在东土耳其发现的中文文书》（Les Documents chinois, découverts par Aurel Stein dans les sables du Turkestan Oriental），五三九号。"[46]

叙利亚帕尔米拉出土的公元1至3世纪的织物上就有中国汉字。[47]

6. 文献记载的汉字流传

《史记·匈奴列传》指出："说（中行说）教单于左右疏记，以计课其人众畜物。"中行说是汉文帝时陪同汉朝嫁给单于的宗室女的官员，所谓教单于左右疏记，至少要教他们数目字，否则不易计课其众人众畜物。中行说本来是汉朝人，所能教单于左右的不外是汉族的文字或数目字。这样看来，匈奴不仅有刻骨的或雏形的文字，而且也受到汉族文字或计数符号的影响。

甘露三年（前51）春，宣帝在甘泉宫召见南匈奴呼韩邪单于，"上登长平阪，诏单于毋谒。其左右当户之群皆列观，蛮夷君长王侯迎者数万人"[48]。匈奴单于曾遣子到汉求学，目的是学习汉族文化，学成以后，回到匈奴，也必起到传播作用。

第四章　两汉时期汉字在丝绸之路上的流传

史料记载:公元143年,在单于的宝座由于一场叛乱导致空缺三年之后,汉朝甚至能够将一位居住在中国首都的匈奴王子立为单于。[49]

《后汉书·陈禅传》记载说陈禅教当地少数民族"学行礼义,以感化之。单于怀服,遗以胡中珍货而去"。

匈奴与汉之间常有书信往来,保存在史籍中的均为汉文,说明匈奴与汉朝交往时使用汉文。

7. 纸写的汉字资料

季羡林说:"在楼兰废墟里发现的纸写本中最值得注意的是《战国策》残卷,是用汉代隶书写的,可能是公元后2世纪写成的。"[50]

总之,新疆发现了大量的载有汉字的实物及资料。

二、青海省的汉字考古发现

1. 平安东村墓葬及窑址

1991年发掘,发现汉代墓葬及窑址各一座,推测该墓年代为东汉晚期。墓中出土了钱币、铜镜等有汉字的文物。其中,钱币57枚,以东汉晚期五铢为主,另外还有3枚东汉磨郭五铢。发现铜镜3面,其中一面座外书有铭文"位至三公"。

2. 青海上孙家寨汉晋墓地[51]

(1) 刻有汉字钱币的发现

1973年发掘的青海上孙家寨汉晋墓地共182座,其中发现铜钱的有三处。

(2) 印信

"汉匈奴归义亲汉长"铜印。1973年青海省大通县上孙家寨汉晋墓地M1发掘出土的"汉匈奴归义亲汉长"骆驼钮铜印,直接指明匈奴族已到此地,并且与汉人埋葬在同一墓地中,这是一座汉代的匈奴墓葬,从墓葬结构到随葬品,完全具有汉文化的特征,也充分说明南匈奴入居青海后,到东汉晚期至少有部分匈奴人已完全与汉族融合。[52]

"马良私印"。1978年在上孙家寨汉墓M115中出土。

(3)汉简

1978年青海省博物馆考古工作队在青海大通上孙家汉墓M115中的汉字中出土汉简300片。其内容主要为西汉时期的兵法、军法、军令、目录四部分。[53]

3. 民和胡李家汉代墓地[54]

2001年10月至2002年4—5月,青海省文物考古研究所和民和县博物馆联合发掘了民和胡李家汉代墓地9座。虽然M1中的3具骨骼的体质特征为欧洲人种,是目前青海省唯一的一份欧洲人种遗骸(汉代和汉代以前),应为历史上的小月氏族。但从该墓墓葬形制、随葬品类型以及埋葬方式来看,这些居民除了种族特征外,文化和风俗都属于典型的汉文化,说明小月氏族在当时已经完全被汉化。该墓中出土有铜钱,铜钱一般放置口中或握于手中。

4. 刚察吉尔孟古城遗址[55]

2005年10—11月,青海省文物考古研究所在刚察吉尔孟古城遗址发掘出23枚五铢钱。五铢钱直径2.5—2.6厘米,穿宽0.9厘米,肉厚0.1厘米。廓宽0.1—0.15、厚0.15厘米,重3.5克。"五"字交笔较曲,与上下两横交界处呈垂直状。"金"字头形体较小,呈矢镞状。"朱"字头方折,"朱"字中笔与两头的笔画平齐。"金"字旁较"朱"字略低。

五铢钱总体上与西汉元帝时期的五铢钱特征相近。另外,城址的初建年代初步推断为西汉晚期,沿用至东汉早期。基于城址内出土的大量马骨和较多的铁蒺藜判断,城址的用途应与军事有关。李智新认为,该城为西海郡内以迁徙刑徒为基础而建立起来的乡亭一级的汉代地方统治设施。

第四章　两汉时期汉字在丝绸之路上的流传

5. 西宁南滩汉代墓地[56]

该墓地于1999年6月发掘,共发掘出汉代墓葬23座。23座汉代墓葬中出土的铜钱有五铢、大泉五十、小泉直一及无字钱。因为盗扰和城市建设中的大量破坏,判断其时期为王莽时期一直延续到东汉晚期。

6. 平安北村汉代墓地[57]

1996年10—11月发掘,共清理汉代砖室墓7座。其中,M5后室所葬男女二人,男性手握五铢铜钱。另外还有货泉等钱币。

7. 西宁海湖大道汉墓[58]

海湖大道汉墓位于西宁市海湖大道东侧的人行道下。2011年10月得到发掘,共发现2座东汉早中期的墓葬,上限为王莽时期,下限为东汉中期。没有文字发现。

8. 西宁陶家寨汉代墓地[59]

陶家寨汉墓群位于西宁市北郊二十里铺陶家寨村西。2002—2006年,为配合青海生物科技园开发区的工程建设对陶家寨汉墓群实施了抢救发掘,先后共发掘汉代墓葬84座。出土的带有汉字的实物主要有以下几种。

(1) 钱币

木椁墓M76内,1号棺人骨为女性,仰身直肢,两手位于髋骨两侧,左右手中各握有1枚铜钱。

M60砖室墓葬中发现有五铢钱币。

(2) 官印

M60砖室墓葬中发现铜印一枚,上面有汉字"军司马印"四个字。说明墓主人应为这一地区的军事要员。

(3) 陶器上的汉字

出土的陶器中,有件陶尊口沿及器腹刻有"郭阿定许"四个字,器底刻有"前"字。

(4) 铜镜上的汉字

共发现 9 件铜镜。有铭文镜一面,上有汉字"位至三公"四个字。

从这批墓葬的结构、出土器物、陶器风格及铜镜与钱币的特点推断,这批墓葬应为东汉时期,大多数为东汉晚期至魏晋时期。汉宣帝时,青海东部地区正式纳入汉朝郡县体系。建安年间,东汉政府从金城郡析置西平郡,即从临羌县分置西都县(今青海省西宁市)以为郡治,辖有西都、临羌、安夷、破羌四县。曹魏时期,西平郡仍沿东汉末建安中析置时的建制。经古代 DNA 研究,陶家寨古代人群可能是氐羌人群的后裔。另外,Y-STR 结果还表明陶家寨墓地中埋葬的男性个体之间存在较近的父系亲缘关系,这一墓地可能是以父系血缘为纽带联系在一起的家族墓地,且可能是郭氏家族墓地。郭氏是东汉末年至曹魏、西晋时期西平郡的豪族。

9. 西宁山陕台墓地[60]

此墓共发掘墓葬 23 座,其中汉墓 6 座。随葬品中发现有铜钱。

10. 王莽新朝的西海郡三角城(青海海北州海晏县)的汉字发现[61]

(1) 石刻

公元 9 年,王莽建立"新朝"后在青海设西海郡,治所在三角城(今青海省海北州海晏县县城)。新中国成立前城内出土一件石虎。底座正面阴刻铭文三行,每行三字,其曰:"西海郡始建国□河南"。另外还发现有石刻一件。石刻的长宽尺寸与石虎底座相同,应是同时代的遗物。在这件石刻上面凿有 3 行 13 个字,"虎符石匮""元年十月癸卯""郭戎造"。可知,王莽始建国元年为公元 9 年,因此,这块石碑是公元 9 年所立。

(2) 钱币、瓦当

1958 年 7 月,中国科学院考古研究所安志敏教授到这里考察,在城内采集到西汉和王莽时期的五铢钱、货布、货泉、大泉五十钱等钱币,以及东汉时期的《西海安定元兴元年(公元 105 年)作当》铭文瓦当等。[62]

三、甘肃省的考古发现

河西走廊是两汉时期连接中原与西域的重要孔道,两汉政府对这一地区给予了高度重视。大量的汉字实物及文献在这里得以出土。就汉简来说,重要的汉简有敦煌(悬泉)汉简[63]、居延汉简、武威汉简等等,河西走廊出土的汉简数量惊人。据本书不完全统计,截至目前,甘肃省内发现汉简共计 61117 枚(包括废弃文书 35000 枚),因此,甘肃的汉字流传是最为普遍与广泛的,其所涉及的内容也是最为广泛的。

第四节 两汉时期丝绸之路上汉字的流传特点

西北丝绸之路自公元前 121 年得以正式开辟之后,在两汉长达 300 多年的历史上基本都是当时政府最为重视的地区,因此,在这条道路上今天发现了大量的汉简和汉字实物也不足为奇。总体来看,在这一时期,汉字在这条道路上的流传具有以下不容忽视的特点。

一、汉字的书写材料以木片为主

约 1.2 万年前,人类开始以永久性村落的形式定居。当村落发展为城市,生活变得更为复杂时,人们需要可靠的方式保留各种记录。为此,他们发明了文字。中国的甲骨文是通过在兽骨或龟甲上镌刻文字来进行记录的。因此,当时的汉字难以大范围流传。竹简的出现解决了这一问题。西北丝绸之路上使用的汉字书写材料虽然较为丰富,但竹简占据绝对优势。

竹简起源于西周,多用竹片制成,依据用途,每片长度从 23 厘米

(1尺)到67.5厘米(3尺)不等。每片写一行字,一篇文章的所有竹简用线绳串起后称为"简牍",是我国历史上最早形式的书籍。西北丝绸之路上发现的汉简,根据西北缺乏竹子的特点,改用木片代替了竹片(也称"木牍")。今天知道的西北汉简数量达40 000多片,这一数字充分说明了当时西北丝绸之路上的汉字流传主要是借助了木片的形式。当然,虽然东汉时期,造纸术经过蔡伦改进后可以以更加低廉的方式生产,但是,纸作为政府公文书写材料而广泛使用则是到了南北朝时期。因此,两汉时期发现的书写汉字的材料主要以木简为主,这与当时的社会发展水平有关。

二、汉字的书写字体丰富多样

汉字的形体自甲骨文问世,到东汉末年,已经经历了甲骨文、金文、大篆、小篆、隶书这几个发展阶段。西北汉简因为是书写在木片上的,因此主要以隶书为主。从出土的其他印章类实物等资料中可知汉字字体有篆体、篆隶体、隶体。总之,秦汉时期流行的各种字体均有涉及。

三、丝绸之路是两汉时期一条非常重要的政治、军事通道

现在已知的所有汉字实物和文献资料中,军事类、政治类汉字实物和文献资料最多。大量镌刻汉字的官印的出土说明两汉时期,西北丝绸之路是当时国家的重要通道,大量政府官员被派往这些地区,政治事务繁多。从已发现的汉字实物和资料反映出,两汉政府尤其是西汉政府在西北丝绸之路上设置的官职数量众多,且从业人数众多。因此,汉代出土的印章数量最多,共计有6方(斯坦因发现一方,黄文弼发现1方)。当然,印章分为两种,一种是汉政府派遣的官员的官印,另一种是汉政府发给当地少数民族首领的印章。二者都反映了汉政府对西北丝绸之路上少数民族地区和国家的统治意图与手段。

其次，出土的汉简主要记载的是西北丝绸之路上沿线军队、地方政府和中央政府间的公文，这些汉简数量巨大，说明了两汉中央政府与西北地区之间的联系非常紧密，两者之间的公文、文件往来频繁；另外，为了加强对这一地区的控制，出土文物也告诉我们，两汉政府曾运用高官厚禄等手段加强对少数民族首领的控制，"以夷制夷"政策是对多民族地区实行的重要的政策与措施。大量出土的汉简主要是官吏所写，说明两汉时期西北丝绸之路上汉字的使用者主要为当时政府的官吏，普通人使用汉字的现象很少见。

汉朝时期曾在西北丝绸之路沿线的重要地区驻扎大量的军队。居延（内蒙古额济纳旗，甘肃省金塔县东北90公里）和疏勒（疏勒、酒泉附近）发现的文书证实了汉朝曾在此处大量驻军。文书记载了公元前140年至公元前32年超过十万文的大笔支出。官府向士兵发放钱币，士兵用官府发给他们的钱币购买衣服等物品。[64] 而前面所述斯坦因在楼兰附近发现的木简，也同样说明了西北丝绸之路上曾有军队驻扎。

最后，汉字兵书的发现，说明由于战争的频繁，军队的长期驻扎，人们对战争的研究有着一定的兴趣。

四、经济类资料大多涉及两汉时期政府的屯田活动、民间经济纠纷以及国际贸易等方面

由于西北丝绸之路是古代中国与中亚、西亚国家进行贸易的最重要通道，西北丝绸之路上发现的货币数量较多，且时间跨度大，纵贯整个两汉时期400多年的历史。这说明这条贸易通道长期发挥着巨大的中外贸易作用。除了货币，丝绸应该是这条道路上的主要商品。

两汉政府在西北地区进行了大量的屯田活动，这些活动在汉简中得以反映。同时，因为经济的发展，人们经济活动的增加，经济纠纷也

不断在这一地区增多,汉简中也有一定数量反映这方面的资料。最后,涉及国际贸易的资料,显示当时的国际贸易主要与丝绸有关,这更说明这条道路上的国际贸易主要以丝绸为主。

五、文化教育类资料

出土实物和文献资料都显示,两汉时期的文化教育类汉字资料多以识字课本为主,说明了当时我国边远地区的文化教育,尚处于初级阶段,即以普及汉字的识字工作为主。同时,也有部分文学作品甚至是儒家经典的出土资料也说明,汉武帝之后,随着儒家思想占据中国文化的主导地位,儒家经典也逐渐沿着西北丝绸之路由中原向边疆流传。当时,河西走廊发现的文化教育类资料最多,说明这一地区汉族人数比较多,汉化程度也比较高,人们对这方面书籍的需求也比较大。

另外,也有传世文献记载了关于汉文化在西北丝绸之路上少数民族地区流传的历史。说明汉字在少数民族的贵族阶层有一定的流传。

六、汉字在西北丝绸之路上的流传存在区域间的差异性

从考古发现来看,就国内来说,主要集中在甘肃;其次为新疆;再次为青海。这首先是因为:甘肃河西走廊是西汉政府在汉匈战争中较早取得的地区,因此,西汉政府非常重视对这个地区的统治,这也就决定了大批量以汉简为主的汉字实物和资料在这一地区出土和发现。另外,西域地区曾经长时间与中原王朝保持良好的外交关系,加上两汉政府的重视,出土的汉字实物和文献自然较多。最后,青海等地,出土的汉字实物数量相对较少,这可能与政府对这一地区的统治政策与重视程度有关。首先,在两汉时期,丝绸之路主线是从长安出发的兰州道和泾河道,丝绸之路上的河南道到了魏晋时期才开始变得日益重要。所以,政府的重视程度自然较低。同时,这一地区主要分布的是

第四章 两汉时期汉字在丝绸之路上的流传

以羌族为主的少数民族。两汉政府对羌族采取的措施以镇压为主,导致双方关系紧张,汉字流传的客观环境自然没有。加之羌族分布广泛且不团结,其自身的发展也没有使其产生对文字的需要,汉字的流传或者创制自己民族的文字可能就更无从谈起。

中亚、西亚地区的汉字流传甚为稀少。考古发现,两汉时期汉字在中亚、西亚地区的流传主要以丝织品为传播的主要载体。说明对丝绸的热爱与需求是当时中国对中亚、西亚地区国家和人民最大的吸引力之所在。同时,由于这些地区自身已经有文字,汉字在这里并没有得到流传。

七、汉字在新疆的流传遇到了来自西方的文字抵制

考古发现,除了汉字外,当时还有众多其他文字在西域地区流行。斯坦因就指出:"中国新疆'是印度、中国和希腊化的西亚早期文明交流的孔道'。"[65]除汉字以外,新疆的其他文字都属于字母文字,与汉字相比,这些文字更加容易学习和掌握[66]。因此,汉字作为文字符号系统的流传,在新疆并没有任何优势。这与在朝鲜半岛、日本列岛的流传有明显不同。朝鲜半岛、日本列岛因为没有自己的文字,也还不具备创制自己文字的条件,所以其早期基本就是直接使用汉字的,即在文字方面实行了对中国文字"照搬照抄"的政策。

八、两汉时期汉字以及汉文化在西域的流传甚为脆弱

两汉政府在西北地区实施的开拓政策开始时很成功,最终却遭到了失败。其原因一方面是这一时期的汉族在西北地区的定居数量仍然较少;另一方面也是因两汉政府也未能在当地推行长期而有效的汉化政策或措施。因此汉文化的影响在这些地区很脆弱。这一情况直到唐朝时期,随着第二次开拓西北高潮的出现才得以改变。

九、考古发现汉字的流传呈现出明显的不平衡性

汉简的考古发现证明,国内地区丝绸之路沿线,青海出土的汉简数量最少,甘肃最多,新疆介于两者之间。说明两汉时期,两汉政府最重视的区域为河西走廊,其次为新疆,而这也与丝绸之路在当时的主要路线分布相吻合。同时也说明丝绸之路不仅是一条贸易通道,更是当时国家控制西北边疆地区的政治、军事生命线。反之,青海由于不是政府重点重视的地区,政府在这里的行政管理、军事设置、贸易等自然比不上甘肃、新疆,因此,这里发现的汉简数量就相对稀少。同时,青海出土的汉字主要集中于今天的青海东部地区,说明湟水河流域是两汉政府在青海控制的最早和最主要地区。

第五节 两汉时期汉字在丝绸之路上得以流传的主要原因及其影响[67]

一、两汉时期汉字在西北丝绸之路上得以传播的原因

1. 丝绸之路的开辟和发展助长了汉语汉字向西北边疆少数民族地区的快速传播

L. R. 帕默尔说:"言语形式沿着河谷、要道这样的交通路线传播的距离最远,速度最快"。秦始皇统一六国的同时,大力发展交通事业,大大缩短了中原地区与北方地区的距离(如五原塞道),客观上促进了汉字向相对落后的西北边疆少数民族地区的传播。两汉时期,由于武帝时的开拓,疆土较之秦朝更加广阔,边疆与内地的联系更加紧密,道路交通也比秦朝更加网络化。尤其是丝绸之路的开辟,西汉时形成了以长安为中心的道路网,东汉时又形成以洛阳为中心的道路

网,这些都像一张巨网把内地与西北各族人民紧紧地联系在了一起。

2.两汉时期中原地区汉族政权的相对强大

第一,经济实力的导向功能。中原地区的农业经济和西北少数民族的牧业经济、渔猎经济相比,有着明显的优势。如在北方,匈奴族及其以后的北方游牧民族,往往通过"关市""榷场""进贡""朝聘"等形式,发展官方和民间的贸易,用畜牧产品交换汉族的农产品和手工艺品,尤以粮食、茶叶、铜器、铁器、丝绸和布匹等为大宗。当然,北方少数民族的畜牧产品及北方地区的人参等各类特产也满足了中原地区人民的日常生活需要及中原国家的军事和政治需要。但二者在经济贸易中始终以中原的农业经济为主导。总之,这种经济上的互补使得语言、文字的传播成为一种必要。

第二,政治上,封建专制主义中央集权制的汉政府有着较高的行政能力。政治强势即等同于文化强势,凭政治权力推广文化也成为可能,尤其是在行政公文时代,帝国自然而然就要利用文字的力量来加强其控制能力,西北丝绸之路上汉字书写的文字资料大量流传。

第三,军事上,两汉时期的中原王朝拥有一支数量庞大、战斗力较强的军队可以为其开疆拓土。汉武帝时期,河西四郡的设置,就是汉武帝军队在与匈奴战争中获得胜利的果实之一。

第四,文化上,汉字的相对成熟、普遍使用,加上汉武帝以后两汉政府"罢黜百家,独尊儒术"政策在全国的推行,使得两汉时期汉语文和汉文化向西北边疆少数民族地区的传播享有了文化上的优势。

3.两汉时期汉王朝的民族思想和民族政策的影响

两汉时期,许多政治家在传统的"普天之下,莫非王土,率土之滨,莫非王臣"(《诗经·小雅·北山》)的大一统思想影响以及秦汉以来统一局面的基础上,大都继承和发展春秋以来的大一统思想,将蛮夷戎狄视为中华民族大家庭中的成员,如汉文帝的"使两国之民若一家子"的思想。在如何处理民族关系方面,两汉时期的政治家的思想也日臻完善,如汉文帝的"以恩德安抚"少数民族的思想,贾谊的"以厚德怀服四夷"的观点,董仲舒的"爱及四夷"的观点,等等。

4. 汉族沿丝绸之路向西北地区的大量迁徙也是汉字得以流传的重要原因之一

两汉时期,内地有大批汉人迁居于今天的西北丝绸之路沿线。其中,移居于新疆的汉人,最多的还是汉朝在今新疆屯田的士卒及戍守各地烽燧亭障之戍卒,此外,还有平民、商人、手工业者,也是新疆汉人的一部分。同时,在新疆的汉人,主要定居于丝绸之路沿线的城镇及各镇戍之地,集中于伊吾、车师、楼兰、鄯善、渠犁、精绝等东部地区。因此,如前文所述,这些地区发现的汉文文献、汉文实物等是最多的。

5. 对汉文化的推广政策与推广意识也是汉字在这一时期能够向西北边疆主要少数民族地区传播的原因之一

秦统一六国后,为尽可能消除由于长期割据造成的地区、民族差异,命令天下"书同文"。两汉时期,边疆少数民族地区的文化教育受到汉统治阶层的普遍重视。尤其已开始在农业民族地区设学校,传播汉文化并且效果显著。河西地区汉简中汉字识字课本和儒家经典的发现就是明证。

6. 汉字自身的特点以及对汉字研究的不断深入和专门的汉语课本教材的出现也使这一时期的汉语文得到很好的传播

第一,拼音文字,形随音变,汉字跟拼音文字不同。它是"形不随音转"的"方块字"。"我们有了方块字,教育愈普及,则民族愈团结;民族愈团结,则政治统一便愈容易推动。"揭示了汉语文的自身特点使其极有利于传播与发展。

第二,对汉语自身的研究取得了喜人的成绩。两汉时期专门研究文字训诂、词义解释的学者和著作纷纷开始问世。文字训诂学方面,有汉初的《毛诗训诂传》,东汉的马融和他的学生郑玄就是著名的训诂学家,给许多古籍作注。而扬雄的《方言》、许慎的《说文解字》、刘熙的《释名》《尔雅》,这些著作,从方言、文字、词汇三个方面来对汉语文进行了研究和解释,显示了当时汉语文研究的最高水平。可以说,"中国古代语言学的学术规范形成于汉代"。

第三,专门教授汉字的课本的出现,推动了汉字的迅速传播。西汉初年将《仓颉篇》《爰历篇》《博学篇》三种课本汇编为《仓颉篇》,也称为《三仓》。汉武帝时司马相如编《凡将篇》,汉元帝时黄门令史游编《急就篇》,汉成帝时将作大匠李长编《元尚篇》,西汉末年扬雄编《训纂篇》,东汉班固作《太甲篇》《在昔篇》,汉和帝时贾鲂编《滂喜篇》(即《彦均篇》)(后来晋朝人将《仓颉》《训纂》《滂喜》三篇合称为《三仓》)。东汉末年蔡邕编《圣皇篇》《黄初篇》《吴章篇》《女史篇》。上述这些课本虽只有《急就篇》流传至今,但在当时,这些课本对汉字形音义的规范统一,对全国识字教育的发展,都起过重大作用。因此,如前文所述,出土的汉字文献中,汉字教材的身影赫然名列其中。

7. 汉字书写技术的进步和书写材料的改进

第一,秦汉时期汉字的书写经历了从小篆到隶书、到草书、行书的发展演变过程。不仅结束了"文字异形"的纷乱局面,到隶书、草书、行书的出现,就更缩短了书写时间,提高了书写效率,使短时间内大量生产成为可能。

第二,文字需要被记录,需要书写材料。自古至今人们一直在努力寻找一种更便于书写、更便于携带、同时价格更为低廉的材料,并使用这些书写材料来传播信息。从竹简、木牍到纸张的使用,对汉字的流传提供了巨大帮助。《后汉书·蔡伦传》称:"自古书契多编以竹简,其用缣帛者谓之纸。缣贵而简重,并不便于人。伦乃造意用树肤、麻头及敝布、鱼网为纸。元兴元年(105)奏上之。帝善其能,自是天下莫不从用焉,故天下咸称蔡侯纸。"居延汉简中有"□二纸二取。""氏□十八,出氏□言正起□一页。""光武车驾徙都洛阳,载素简纸经凡二千两。"纸的出现和使用对汉字的传播有着不可忽视的作用。

关于西北丝绸之路上的纸张使用方面,季羡林《中国纸和造纸法输入印度的时间和地点问题》一文中指出:"此外斯坦因还在古长城的一座烽燧的屋子里找到几封用粟特文写在纸上的信,以及其他残纸。根据种种理由可以断定,这些纸是公元2世纪中叶的。"[68]可见,公元二世纪中叶的西域,已经有了纸张的流传,只不过纸张的使用范围仍然狭小罢了。

8.强势的文化也会将其语言、文字推向强势

语言自身也是一种文化,同时更重要的是,语言是文化的载体。文化因语言而获得记录和传承,语言也因文化的支撑而获得重要的价值和存在的活力。《汉书·艺文志》是我国正史目录的鼻祖,分为六略,三十八种,五百九十六家,共录图书一万三千二百六十九卷,可见,汉语书籍的众多,为汉语文向西北边疆少数民族地区的传播提供了可能。

9.西北少数民族自身学习、掌握汉字的意愿也是汉字得以流传的原因之一

两汉时期,不但汉政府在西域都护府设置了译长,而且西域诸国也设置了自己的译长或者有专门的译员来帮助其与汉政府进行交往与交流。《史记》卷一百二十三《大宛列传》载:"乌孙发导译送骞还,骞与乌孙遣使数十人,马数十匹报谢,因令窥汉,知其广大。"这些"导译"与使者被派遣到汉朝,负责一些交往、探察等任务。可见,乌孙因其国大,才有自己的翻译人才与汉政府进行交流与交往。

二、汉字在西北丝绸之路上广泛传播产生的影响

1.汉字成为西北地区通行的一种主要文字

公元前121年,西汉武帝在河西走廊设置四郡,丝绸之路得以开辟之后,西汉政府的政治势力达到今天的甘肃中北部、青海东部。到公元前60年,西汉政府设置西域都护,统辖新疆后,汉字在这些地区

第四章 两汉时期汉字在丝绸之路上的流传

成为官方文字得以流通,大量汉字书写的政府公文开始在这些地区与中原政府之间往返传递,汉字在这些区域以政府公文和告示等形式广泛流传,并影响了这些地区。

2. 汉字成为西域诸国与中原王朝之间进行政治、经济、外交等事务的唯一通用语

汉字的学习在很多少数民族地区和国家的部分翻译人员中展开,这些人员对汉字的学习反映出汉字当时强大的影响力。

总之,丝绸之路的开辟对汉字的流传产生了巨大的推动作用,但是汉字的影响力呈现出其在丝绸之路上越向西则越弱的特点,说明汉字作为两汉政府政治、经济、军事、文化等力量的承载体、外在形式,其流传一方面受限于汉字发源地与丝绸之路沿线国家和地区距离的远近,另一方面也受限于两汉中央政府力量的强弱变化。

注 释:

[1]马尔克·奥莱尔·斯坦因,简称斯坦因,文献中亦见"司代诺""司坦囊"等。世界著名考古学家、艺术史家、语言学家、地理学家和探险家,国际敦煌学的开山鼻祖之一。他是今天英国与印度所藏敦煌与中亚文物的主要搜集者,也是最早的研究者与公布者之一。他曾经分别于1900—1901年、1906—1908年、1913—1916年、1930—1931年进行了著名的四次中亚考察,考察重点是中国的新疆和甘肃,所发现的敦煌吐鲁番文物及其他中亚文物是今天国际敦煌学研究的重要资料。

[2]此处数据来自百度百科。

[3]同上。

[4]青海省文物考古研究所编著:《再现文明——青海省基本建设考古重要发现》,文物出版社,2013年,第113页。

[5]这类资料多数在国外。本书主要根据一些知名探险家的传记、文章进行论述。

[6]尼雅遗址位于今新疆民丰县北部、距县城约120公里的沙漠中。这片地区,

西北丝绸之路上的汉字流传史

公元前3世纪前后至公元4世纪前后,曾是尼雅河尾闾三角洲,河湖纵横,绿树成荫,是精绝王国及继后鄯善王国"凯度多"州州治所在,为"丝绸之路"南道上不可逾越的要隘。20世纪初,斯坦因在查考该遗址后,把尼雅比定为古代精绝国,这一观点得到绝大多数学者的认可。

[7][英]斯坦因:《西域考古记》,向达译,商务印书馆,2013年,第91页。

[8]孟凡人:《丝绸之路史话》,社会科学文献出版社,2011年。

[9]玉被称作"玫瑰"或"琅玕"。

[10]提到了"大宛王使坐次左大月氏"的消息。

[11]转引自[美]芮乐伟·韩森:《丝绸之路新史》,张湛译,北京联合出版公司,2015年,第45—46页。

[12][英]斯坦因:《西域考古记》,向达译,商务印书馆,2013年,第96页。

[13][英]斯坦因:《西域考古记》,向达译,商务印书馆,2013年,第145—160页。

[14][美]芮乐伟·韩森:《丝绸之路新史》,张湛译,北京联合出版公司,2015年,第44—45页。

[15][英]斯坦因:《西域考古记》,向达译,商务印书馆,2013年,第161—172页。

[16][英]斯坦因:《西域考古记》,向达译,商务印书馆,2013年,第173—187页。

[17]保罗·伯希和(Paul Pelliot,1878年5月28日—1945年10月26日),世界著名的法国汉学家、探险家。曾从师法国汉学家E.E.沙婉(1865—1918)等人学习,致力于中国学研究。1908年往中国敦煌石窟探险,购买了大批敦煌文物,带回法国;今藏法国国家图书馆、博物馆。本书关于他在丝绸之路上的考察资料主要来自《伯希和探险家》。

[18][法]伯希和等:《伯希和西域探险记》,耿昇译,云南人民出版社、人民出版社,2011年,第167—177页。

[19]贝格曼的考古活动主要有三次。分别是1927年3月至1928年12月;1929年5月至1931年3月;1933年10月至1934年8月。

[20]根据对墓葬出土丝织品上佉卢文文字的考订,贝格曼认为墓葬时间应该在公元2世纪末年。详见[瑞]沃尔克·贝格曼:《新疆考古记》,王安洪译,新疆人民出版社,2013年,第188页。

[21][瑞]沃尔克·贝格曼:《新疆考古记》,王安洪译,新疆人民出版社,2013

第四章 两汉时期汉字在丝绸之路上的流传

年,第 188—189 页。

[22][瑞]沃尔克·贝格曼:《新疆考古记》,王安洪译,新疆人民出版社,2013年,第 228—241 页。

[23][瑞]沃尔克·贝格曼:《新疆考古记》,王安洪译,新疆人民出版社,2013年,第 250—280 页。

[24][瑞]沃尔克·贝格曼:《新疆考古记》,王安洪译,新疆人民出版社,2013年,第 316—320 页。

[25]黄文弼先后4次去新疆考察,对西北史地和新疆考古的研究卓有贡献。他曾在吐鲁番附近考察高昌古城遗址和交河古城遗址,发掘雅尔湖的麹氏高昌墓地,在罗布淖尔北岸发现了石器时代遗址,发掘汉代烽燧遗址,又在塔里木盆地周围地区进行调查。1957—1958 年的考察,足迹遍及南北疆的哈密、伊犁、焉耆、库车及阿克苏、喀什、巴楚、和田等地区。其考察活动可见其《西域史地考古论集》,商务印书馆,2015 年。

[26]黄文弼:《略述内蒙古、新疆第一次考古之经过及发现》,见《西域史地考古论集》,商务印书馆,2015 年,第 3—10 页;第 114 页。

[27]黄文弼:《库车考古调查简记》,见《西域史地考古论集》,商务印书馆,2015年,第 65—66 页。

[28]黄文弼:《库车考古调查简记》,见《西域史地考古论集》,商务印书馆,2015年,第 67 页。

[29]黄文弼:《库车考古调查简记》,见《西域史地考古论集》,商务印书馆,2015年,第 70 页。

[30]黄文弼:《库车考古调查简记》,见《西域史地考古论集》,商务印书馆,2015年,第 75 页。

[31]黄文弼:《略述内蒙古、新疆第一次考古之经过及发现》,见《西域史地考古论集》,商务印书馆,2015 年,第 3—10 页;第 127—132 页。

[32]黄文弼:《略述内蒙古、新疆第一次考古之经过及发现》,见《西域史地考古论集》,商务印书馆,2015 年,第 131 页。

[33]黄文弼:《略述内蒙古、新疆第一次考古之经过及发现》,见《西域史地考古论集》,商务印书馆,2015 年,第 3—10 页;第 131—132 页。

西北丝绸之路上的汉字流传史

[34]黄文弼:《释刘平国治关亭诵》,见《西域史地考古论集》,商务印书馆,2015年,第397—402页。另外,王炳华也撰写《"刘平国刻石"及有关新疆历史的几个问题》,提出了一些不同看法,但是,对于这一刻石的时代并没有异议,故这一石刻的汉字资料,本书将之收录在两汉时期汉字的流传章节中。

[35]王炳华:《西域考古历史论集》,中国人民大学出版社,2008年,第64—65页。

[36]《汉书》卷九十六《西域传下》。

[37]王炳华:《精绝王陵发掘》,见《西域考古历史论集》,2008年,第516—544页。

[38]于志勇认为,"五星出东方利中国"是我国古代天文学或星占学(术)上的占辞用语。最早记录当见于战国时期大星占家石申的有关记述。"五星出东方"指五颗行星在一时期内同时出现于天域的天象,亦实指所谓"五星连珠"类现象或"五星聚舍"类现象之一。"五星出东方利中国",即出现五星共见东方之天象,则利于中国。见于志勇:《新疆尼雅出土"五星出东方利中国"彩锦织文初析》,载《西域研究》,1996年9月,第43—46页。

[39]王炳华:《尼雅考古收获及不足》,见《西域考古历史论集》,2008年,第500—515页。

[40]林梅村:《汉代精绝国与尼雅遗址》,载《文物》1996年第12期;王炳华:《尼雅考古收获及不足》,见《西域考古历史论集》,2008年,第500—515页。

[41]陈良伟:《丝绸之路河南道》,中国社会科学出版社,2002年,第209—214页。

[42]陈云华:《汉唐时期西域汉字应用初探》,载《语言与翻译》2010年第1期,第41—45页。

[43]于阗马钱的铸造时间有争议。有说铸造于公元一、二世纪的,也有说铸造于公元三世纪前后的。本书采用前说。

[44][美]芮乐伟·韩森:《丝绸之路新史》,张湛译,北京联合出版公司,2015年,第61页。另外,刘迎胜的《丝绸之路》一书也有相似的言论,但数据与此不同。

[45][美]芮乐伟·韩森:《丝绸之路新史》,张湛译,北京联合出版公司,2015年,第83页。

第四章　两汉时期汉字在丝绸之路上的流传

[46]季羡林:《中印文化交流史》,中国社会科学出版社,2008年,第62页。

[47][美]芮乐伟·韩森:《丝绸之路新史》,张湛译,北京联合出版公司,2015年,第23页。

[48]《汉书》卷八《宣帝纪》,第271页。西汉年间西域使者和质子在长安的情况参见林梅村:《西京新记——汉长安城所见中西文化交流》,收入《古道西风——考古新发现所见中西文化交流》,三联书店,2000年,第172—176页。

[49]《后汉书》卷八十九,第2962页。

[50]季羡林:《中国纸和造纸法输入印度的时间和地点问题》,载《历史研究》,1954年第4期,第25—51页。

[51]青海省文物考古研究所编著:《再现文明——青海省基本建设考古重要发现》,文物出版社,2013年,第108—115页。

[52]青海省文物考古研究所编著:《再现文明——青海省基本建设考古重要发现》,文物出版社,2013年,第115页。

[53]对汉简的内容学界也有不同观点,本书不在此就内容做过多评论,仅将其视为汉字的流传证据即可。

[54]青海省文物考古研究所编著:《再现文明——青海省基本建设考古重要发现》,文物出版社,2013年,第116—122页。

[55]青海省文物考古研究所编著:《再现文明——青海省基本建设考古重要发现》,文物出版社,2013年,第123—126页。

[56]青海省文物考古研究所编著:《再现文明——青海省基本建设考古重要发现》,文物出版社,2013年,第127—129页。

[57]青海省文物考古研究所编著:《再现文明——青海省基本建设考古重要发现》,文物出版社,2013年,第130—135页。

[58]青海省文物考古研究所编著:《再现文明——青海省基本建设考古重要发现》,文物出版社,2013年,第136—139页。

[59]青海省文物考古研究所编著:《再现文明——青海省基本建设考古重要发现》,文物出版社,2013年,第140—149页。

[60]青海省文物考古研究所编著:《再现文明——青海省基本建设考古重要发现》,文物出版社,2013年,第161—165页。

[61]陈良伟:《丝绸之路河南道》,中国社会科学出版社,2002年,第184—185页。

[62]关于这件瓦当的读法及其年代,目前有不同意见。有主张南北朝说的,有主张东汉说的,本书主张东汉说。

[63]悬泉置为传置性质的遗址,开创于武帝元鼎至征和年间(前111—前92),至魏晋时期废弃,前后延续220余年。遗址由坞院、马厩、房屋及其附属建筑构成,其内发现简牍23 000余枚、帛书10件、纸文书10件及墙壁题记等重要遗物。其中,涉及的内容广泛,有诏书、官府文书、法律和司法文书、各种簿籍、信札、文化典籍、邮置和邮书及其他史料。麻纸共460余件,其中写有文字的汉纸9件。墙壁题记为王莽时期的月令诏书。详见王辉:《20世纪甘肃考古的回顾与展望》,载《考古》2003年第6期,第7—18页。

[64]Helen Wang, Money on the Silk Road, 47–56.

[65]转引自[美]芮乐伟·韩森:《丝绸之路新史》,张湛译,北京联合出版公司,2015年,第32—33页。

[66]一切文字系统都是声符和意符的混合。当然,除了表面上的不同之外,文字的不同是声符和意符比例的不同。比例越大,猜测词语的发音就越容易。当今世界的主要文字中,英文的比例高,汉字的比例低,学汉字的困难显而易见。

[67]本节主要内容此前已由著者撰文发表。详见冯雪俊:《秦汉时期汉语文在边疆少数民族地区的传播》,《青海民族大学学报》(哲社版),2010年第3期,第135—138页。

[68]季羡林:《中印文化交流史》,中国社会科学出版社,2008年,第11—39页。

第五章 三国两晋南北朝时期汉字在西北丝绸之路上的传播

第一节 三国两晋南北朝时期西北丝绸之路的发展演变与衰落

一、中国的再次分裂

公元220年,曹丕罢黜汉献帝而自立,一般认为三国自此开始。到公元581年,隋朝建立,并在公元589年重新统一中国,这段时期一般被称之为三国两晋南北朝时期。这一时期,中国政治上分裂割据,军事上战争频仍,思想领域佛教、道教流行,而民族间的融合也大大加快。这些因素也同样折射到了西北丝绸之路这条连接中西之间经济、政治、文化的通道上。

在长达300多年的分裂割据下,先后控制西北丝绸之路的政权较多,详见下表。

年代	政权	民族及其建立者	都城
220-280年	曹魏	汉族曹丕	洛阳
265-316年	西晋	司马炎	洛阳
350-394年	前秦	氐族苻洪	长安(今陕西西安)
385-431年	西秦	陇西鲜卑乞伏国仁	苑川(今甘肃榆中)

续表

年代	政权	民族及其建立者	都城
385-403年	后凉	氐族吕光	姑臧(今甘肃武威)
397-439年	北凉	匈奴族沮渠蒙逊(也有说段业)	张掖(今甘肃张掖)
397-414年	南凉	河西鲜卑秃发乌孤	廉川堡(今青海乐都)
400-421年	西凉	汉族李暠	敦煌、酒泉
386-534年	北魏	鲜卑拓跋部拓跋珪	盛乐(今内蒙古和林格尔)、平城(今山西大同)、洛阳
535-557年	西魏	汉族高洋	长安(今陕西西安)
557-581年	北周	鲜卑族宇文觉	长安(今陕西西安)

二、丝绸之路的变化及相对衰落

1. 丝绸之路路线的发展演变

丝绸之路分为东段、中段和西段。其中东段在两汉时期又有北道和中道两条路线。到了三国两晋南北朝时期,丝绸之路东段又出现了一条新的路线,这条路线被称为丝绸之路东段的南道。因为这条路线主要通过黄河以南,且在吐谷浑境内,也称之为"河南道"或"吐谷浑道"。

三国开始,中原大乱。由长安出发的丝绸之路也受到了一定的影响。丝绸之路的东段,人们开始更多选择南道(吐谷浑道)进行交往和交流。吐谷浑族以青海为基地建立了吐谷浑政权,一度占据了今新疆的若羌和且末地区。南北朝时期,河西地区形成割据局面,中国内地南北对峙,战乱频繁。在这种情况下,由于吐谷浑与周边诸政权关系较好,青海遂成为交通要冲,并逐渐形成了吐谷浑道。

所谓吐谷浑道,是指南北朝时期,以吐谷浑领土(今青海)为中介,北通河西走廊,南通益州(四川)转南朝建康(今江苏南京),东通陇右,西通今新疆若羌、且末,西南通西藏转印度之路。这些路线早在以前就已经存在,但是,在吐谷浑时期,这些路线之间才形成了较为完整的交通系统。

第五章　三国两晋南北朝时期汉字在西北丝绸之路上的传播

根据周伟洲教授的考证,从西宁开始,吐谷浑道有三条路线:一条路线是西宁、扁都口北至张掖[1];又西宁东至乐都,入甘肃境渡黄河至河州。[2]第二条路线从西宁出发,西经今湟源、海晏,沿青海湖北岸经过刚察,再沿湖西南行,穿越布哈河,行 7.5 公里至吐谷浑都城伏俟城[3]。从伏俟城沿布哈河略西北行,经过天峻、德令哈、怀头他拉,又西北行经大柴旦至鱼卡。鱼卡北上约 100 公里至花海子,北行约 65 公里至当金山口(党河南山与阿尔金山之间山口),又北行经大草滩到敦煌。第三条路线,从鱼卡西行经马海、茶冷口、一里坪、一里沟、油墩子至老茫崖,西出喀斯山口入新疆;或从西宁经湟源过日月山、倒淌河,沿青海湖南岸至伏俟城与前述路线相接。[4]

通过青海经柴达木盆地通西域、中亚、西亚的青海路,如果以吐谷浑的都城伏俟城为起点,则其路线仍然大致有三条道路可行:一是由伏俟城经白兰(今青海杜兰、巴隆一带),西北至今小柴旦、大柴旦,到今甘肃的敦煌。由敦煌西出阳关至西域鄯善(今若羌),合传统的通西域南道。二是由伏俟城经白兰,西至今格尔木,再西北经尕斯库勒湖,越阿尔金山至西域鄯善,与前一路合。此路大致与今青海至新疆公路一致,为古青海路之主干线。北魏时慕利延西巡于阗,以及唐李大亮等追击吐谷浑伏允可能皆取此道。三是由伏俟城经白兰,今格尔木,再往西南之布伦台,溯今楚拉克阿干河谷进入新疆,西越阿尔金山,顺今阿牙克库木湖至且末,再与上述一、二条路线相合。[5]

青海的乐都和西宁,是吐谷浑道东西线和北线的必经之地。乐都汉时称破羌县,晋时为安夷县,后凉在此设乐都郡,南凉在此建都,北魏时曾为鄯州治所,隋时设湟水县为西平郡治,唐时系鄯州郡治所。西宁在西汉时是金城郡辖地,属临羌县,唐称鄯城,宋时置西宁州。夏鼐先生认为,1956 年青海省粮食厅在西宁城内城隍庙街开挖地基时挖出波斯萨珊朝卑路斯时期(457—483 年在位)的银币 76 枚,这是迄今为止除新疆乌恰、

95

吐鲁番和河南洛阳以外,发现萨珊银币最多的地方。因此夏鼐先生认为:"尤其是一大批在一起发现的场合下,是作为商品的等价物携带或窖藏着。所以,它们发现的地点常可表示当时贸易和交通的线路。"以西宁出土成批萨珊银币为根据,"'丝绸之路'在中国境内的路线,从前我们一般认为是由兰州经过河西走廊而进入今日新疆的。"他认为:"第四世纪末至第七世纪初,西宁是在中西交通的孔道上的。这条比较稍南的交通路线,它的重要性有一时期(第5世纪)可能不下于河西走廊。"

在丝绸之路的中段,丝绸之路也有新的发展。丝绸之路的中段,与两汉时期相比,魏晋南北朝时期,丝绸之路沙漠道的最大变化,就是避开异常艰难的白龙堆,另觅新途的努力取得成功。这新的路径,一是经伊吾绿洲到吐鲁番的路线更为顺畅;二是经"五船北"的新道(唐代称大海道)已成为现实。

《魏书·西戎传》称:从敦煌玉门关入西域,前有二道,今有三道。从玉门关西出,经婼羌转西,越葱岭,经县度,入大月氏,为南道。从玉门关西出,发都护井,回三陇沙北头,经居卢仓,从沙西井转西北,过龙堆,到故楼兰,转西诣龟兹,至葱岭,为中道。从玉门关西北出,经横坑,辟三陇沙及龙堆,出五船北,到车师界戊己校尉所治高昌,转西与中道合龟兹,为新道。

关于这条"新道"的具体路线,根据古籍记录、近年出土文书、以及自然地理形势可以得出结论:这一新道,实际就是从高昌古城东出柳中,沿库木塔格沙漠西、南缘,翻库鲁克塔格山,进抵疏勒河流域,而抵达古玉门关。这样的行程,避开了令人谈虎色变的白龙堆沙漠,而且,路程大大缩短,故受到人们的重视,成为古代丝绸之路上一条重要的路线。[6]

2. 丝绸之路的相对衰落

三国两晋南北朝时期,今天的中原地区政权更迭频繁,战乱不断,长期处于一种较为混乱的状态,因此,已经无法依靠当权政府去拓展西北丝

第五章 三国两晋南北朝时期汉字在西北丝绸之路上的传播

绸之路了。同时,由于民族之间的大迁徙,少数民族大量进入黄河流域,民族矛盾为外在表现形式的社会矛盾急剧尖锐,民族冲突增加,战争增多。最后,中亚、西亚、南亚地区也因为各自的不同原因,与中国之间的政治、经济、文化交流大大减少。丝绸之路上往来的商旅也日益减少。但是,这一时期宣传佛教的僧人随着中国国内的混乱、战争的频繁反而逐渐增多,佛教沿着西北丝绸之路来到我国的新疆、甘肃、陕西乃至全国,并且在我国得以广泛传播。

第二节 西北丝绸之路上的主要少数民族及国家

三国开始至南北朝时期,中国国内的北方少数民族得到较为迅猛的发展。具体表现就是在丝绸之路沿线地区,他们都纷纷建立了一些割据政权。这些政权中,有氐族建立的,也有鲜卑族建立的,但时间大都不是很长,且只是控制部分地区。少数民族建立的政权主要有前秦、前凉、后凉等国。按照民族划分,当时影响我国西北地区的主要的少数民族有鲜卑、氐、羌等,而影响中亚、西亚地区的则有柔然、嚈哒、突厥、粟特、波斯、东罗马等。

一、氐、羌

晋时的氐、羌,主要分布在陇西地区(今甘、青一带),也有相当部分迁居三辅和安定、北地等郡(陕西、宁夏等地)。《晋书》卷五十六《江统传》:"西北诸郡,皆为戎居,内及京兆、魏郡、弘农,往往有之","关中之人百余万口,率其少多,戎狄居半"的局面。十六国时期,陇西氐人建立了前秦、后凉两个政权。前秦(351—383)一度统治中国北方,包括西北地区。后凉则统治了南至河湟、东至陇西、西霸西域、北居居延的大片地区。后凉自晋太元十年(385)占领凉州,二传至隆,于晋元兴二年(403)被姚兴所灭,共十九年。

氐、羌由于长期受中原王朝的直接统治并与汉族错居杂处,深受汉族经济文化的影响。他们的首领,有不少人懂汉语,识汉书,习汉俗,用汉制,并改用汉姓。例如,氐族苻洪家族,其先居于武都,后迁居略阳(今甘肃秦安县东南);羌族姚氏家族,早在汉末便自塞外徙居南安赤亭,晋永嘉之乱,又徙榆眉(今陕西眉县一带),均逐渐被汉化。及至苻坚统治时期,"广修学官,召郡国学生通一经以上充之,公卿已下子孙并遣受业。其有学为通儒、才堪干事、清修廉直、孝悌力田者,皆旌表之"。苻坚又"临太学,考学生经义,上第擢叙者八十三人"[7]。这些教育政策对当时氐、羌子弟学习汉族文化起到了很大作用。

二、鲜卑

鲜卑族起源于我国东北,是东胡族的后裔。学者们多认为鲜卑人是使用某种古蒙古语的民族。冒顿单于击败东胡后,东胡分裂为鲜卑与乌桓两个集团。鲜卑居北,乌桓居南。

匈奴衰落以后,鲜卑开始强大起来。东汉桓帝时,其首领檀石槐统一各部,建立了以蒙古草原为中心的鲜卑部落联盟政权,疆域东西向达7000公里。檀石槐死后,鲜卑部落联盟解体。后来虽然轲比能一度统一鲜卑各部,但是,鲜卑人处于割据时期的时间远远大于其统一时期。鲜卑族众多的割据政权中,源于辽东鲜卑慕容部且在青海建立政权的吐谷浑历时最长。

《北史·吐谷浑传》:吐谷浑,本辽东鲜卑途河涉归子也。涉归一名弈洛韩,有二子,庶长曰吐谷浑,少曰若洛廆。涉归死,若洛廆代统部落,是为慕容氏。涉归之在也,分户七百以给吐谷浑,与若洛廆二部。马斗相

第五章 三国两晋南北朝时期汉字在西北丝绸之路上的传播

伤,吐谷浑于是遂西附阴山,后假道上陇。吐谷浑遂从上陇,止于枹罕(甘肃临夏)。自枹罕暨甘松,南界昂城,龙涸,从洮水西南极白兰,数千里中,逐水草,庐帐而居,以肉酪为粮。西北诸杂种谓之阿柴虏。伏连筹死,子夸吕立,始自号为可汗。居伏俟城,在青海西十五里,虽有城郭而不居,恒处穹庐,随水草畜牧。其地,东西三千里,南北千余里。[8]

吐谷浑是慕容部酋长慕容涉归的庶长子名字,其弟为慕容廆。后慕容廆成为部长,吐谷浑离开辽东,率部西迁。329年左右,吐延可汗即位时,吐谷浑国建立。663年,唐龙朔三年吐蕃灭吐谷浑,吐谷浑存在时间长达330余年。吐谷浑最盛时,其疆域东起甘南川北,南抵青海南部,西至新疆塔里木盆地西南的若羌、且末,北至祁连山。

《晋书·吐谷浑传》载吐谷浑初期的官号有长史、司马和将军等,均沿用汉名。还说其国"颇识文字(汉字)"。说明吐谷浑虽然立国于西北,但是,其文化深受汉文化的影响。[9]

吐谷浑立国恰在中国南北分裂、南方人民无法通过河西走廊与西方诸国往来的时代。南朝人民通过川北进入吐谷浑,顺青海道向西北进入新疆南部,保持着与西域的联系。吐谷浑人在经济贸易中,熟练地掌握了汉语和西域诸国的语言,长期为东西方国家的使节、商贾进行引导和通译工作。不仅方便了西域各国,还促进了中西商业贸易的发展。

总之,三国两晋南北朝时期,由于错居杂处,经济文化交流和联合反抗斗争的需要,汉语逐渐成为北方诸族的通用语言。西晋时,匈奴、羯、氐、羌、乌桓等族大多已用汉语,至北魏统一后,中原地区通行的只有汉语和鲜卑语。孝文改制,明令断"北语",从"正音",汉语成为主要通用语。而到了南北朝末期,各族人民无论在经济生活、文化语言、风俗习惯等方面,都已经基本上和汉族一样了。像鲜卑族因为没有文字,诏令文书都用汉字,因此各级官吏都必须识汉字。汉字得以在众多少数民族之中流传。

三、中亚、西亚地区的主要国家

1. 贵霜帝国

229年,贵霜王波调遣使朝魏。233—237年,萨珊王朝阿尔希达尔一世入侵贵霜,贵霜受到致命的打击。波调死后,贵霜仅保持对印度河以东地区的统治,最后于6世纪灭亡。贵霜是古代世界四大帝国之一(汉、贵霜、安息、罗马)。贵霜时期,中亚兴起一批新的城镇,建立了较为完善的灌溉系统,手工业也有较大发展。贵霜曾向中国和罗马派遣使者,并成为中国的丝绸、漆器,东南亚的香料,罗马的玻璃制品和麻织品等贸易的中转站,在东西交通和贸易中起过重要作用,为丝绸之路的繁荣做出了贡献。

2. 嚈哒(西方称之为白匈奴)

南北朝时期,北朝称之为嚈哒,南朝称之为滑国。起源于蒙古草原,曾自号"匈奴",故史家又称之为"匈奴"或"白匈奴"(皮肤较白)。崛起于三四世纪,位于贵霜帝国的西北。嚈哒人游牧为生,文化水平低。《梁书·诸夷·西北诸戎传》记:"(滑国)无文字……与旁国通,则使旁国胡为胡书,羊皮为纸"。后来,嚈哒向南发展,5世纪初灭了贵霜,在贵霜王朝的境内建立了嚈哒国,其势力一度达到葱岭以东,今天的新疆中部地区。强盛时期的嚈哒,接受其周围40多个国家的贡品:南至滕罗,北到整个敕勒国,东到于阗,西及波斯。567年,嚈哒被萨珊波斯和突厥联军所灭。嚈哒存在的时间虽然不算长,但对中亚及邻近地区都产生了较大的影响。

3. 萨珊波斯

萨珊波斯在嚈哒的西边。226年建立。它的范围西边包括了两河流域今伊拉克地区,北边在西部超过了高加索,东边达到了阿姆河,东边包

第五章　三国两晋南北朝时期汉字在西北丝绸之路上的传播

括今天的阿富汗大部,是西亚大国。萨珊波斯642年为阿拉伯(大食)所灭。

萨珊王朝控制从地中海至中亚、印度和中国的商路,在丝绸贸易和东西方文化交流等方面发挥了重要的作用。萨珊王朝与中国的关系比较密切,曾经多次遣使朝贡,中国使者也到达过萨珊王朝。

4. 东罗马

395年罗马分裂为东西两罗马。东罗马建都于君士坦丁堡(今伊斯坦布尔),该城旧名拜占庭,故又称拜占庭帝国,中国史书称之为拂菻。其领土包括了巴尔干半岛、小亚细亚以及亚美尼亚、叙利亚、巴勒斯坦、美索不达米亚和埃及的部分地区,地跨欧、亚、非三大洲。1453年,东罗马为土耳其人所灭。

三国两晋南北朝时期的东西文化交流,包括汉字的流传,主要就在这些区域。

第三节　中原王朝对丝绸之路的经营

一、中原王朝对西域的经营活动

1. 曹魏对西域的经营

曹魏与西域的关系是东汉西域关系的延续。曹魏因力量有限,主要控制西域东部的楼兰和高昌地区。史料记载,曹魏初年,"文帝即王位(220),初置凉州"[10]。接着,于黄初三年(222)在高昌设置戊己校尉,于太和中(230)在楼兰设西域长史。中原王朝重新控制塔里木盆地,结束了东汉末年以来几十年对西域的失控局面。直至曹魏末年,曹魏与西域诸国均保持着较好的关系。

2. 西晋对西域的经营

西晋灭魏后,仍在高昌和楼兰城分设戊己校尉和西域长史。伯希和在其探险日记中记载:"其中最使我高兴的是一位有名的汉学家布什尔博士(Dr. Bushell)在伦敦首先发现一片木简中确确实实地记有晋武帝泰始五年(269)的年号。史书上明载晋武帝时中国始重新经营西域,终武帝之世(265—289)声威不坠。武帝以后,遗址还有居人,历很多年岁,这是很难相信的。中国军队从这些地方撤退之际,在政治上同经济上必随着起了很大的变乱,不能不使人以为遗址之放弃,必是直接或间接与此事有关。"[11]

3. 前凉对西域的经营

西晋灭亡,前凉继续在楼兰城设西域长史,其重要变化是击败前戊己校尉赵贞后置高昌郡,这是首次在西域设郡。楼兰古城出土的前凉西域长史李柏文书,即与击赵贞事件有关。335年,前凉伐焉耆后,前凉在西域步入鼎盛时期,到345年,高昌郡、西域长史所在的楼兰地区,被划归沙州。

4. 前秦对西域的经营

376年,前秦灭前凉。任命扬翰为高昌郡太守,放弃楼兰地区。382年苻坚遣吕光等帅兵七万,以鄯善王及车师前部王为先导,出征西域。吕光出征西域获得胜利,西域王侯降秦者三十余国。[12]

5. 后凉、西凉、北凉对西域的经营

吕光建后凉政权,384年,授其子为西域大都护,镇守高昌。400年西凉王朝建立,次年鄯善、车师前部臣属。401年,北凉王朝建立,以阚仁为高昌郡太守。

6. 北魏对西域的经营[13]

东晋太元十一年(386),漠北鲜卑拓跋部首领拓跋珪建立代国,建元登国。自北魏建立以来,柔然就不断袭掠,一直是北魏的最大威胁。公元

第五章 三国两晋南北朝时期汉字在西北丝绸之路上的传播

443—445年,北魏连胜柔然,为其西进奠定了基础。445年,北魏攻降鄯善,任命韩拔为领护西戎校尉、鄯善王,驻守鄯善"赋役其民,比之郡县"。448年,北魏派万度归西征,战胜焉耆、龟兹等国,在焉耆设镇。但是,后来随着北魏太武帝拓跋焘的去世,北魏的势力逐渐退出西域。

二、对丝绸之路沿线地区的管理与监督

斯坦因在其《西域考古记》的《古楼兰的探险》中说:"(楼兰)此地站头既小,而全个地方本地的出产又有限,然而在中国文书方面,仍有足够的证明,显示通路未断之际贸易的重要。有从西域长史发出或呈长史的报告,以及显然不属当地的军事行动记录的残片。但是一大部分的文书却是关于一个中国小屯田区的一切统治事项,如种植粮食存贮以及运输之类的记载。对于官吏以及兵士,常有减少口粮的命令,当地不能自给的困难,由此可以很奇异地显露出来了。"[14]

斯坦因结合其考古发现所发出的上述言论说明,中原政府一贯给予丝绸之路高度的重视。总体来说,中原政府对丝绸之路的管理与监督主要体现在以下几个方面。

1. 行政管理

西晋对境内少数民族基本上沿袭了汉魏的统治制度。除一般设郡县统治之外,还设护东夷校尉,驻襄平(今辽宁辽阳),管理东部鲜卑及夫余、高句丽的事务;护匈奴中郎将,驻晋阳(今山西太原市西南),管理匈奴、杂胡及北部鲜卑等族事务;护西戎校尉,驻长安(今陕西西安市西北),管理关中氐、羌、杂胡事务;护羌校尉,驻姑臧(今甘肃武威),管理陇西、河西地区羌族、杂胡、鲜卑等族事务;戊己校尉和西域长史,管理陇西诸族事务;西夷校尉,管理四川羌、氐等族;南夷校尉,管理南中58部夷族;南蛮校尉,管理中南诸蛮族。

2. 保持丝绸之路的通畅

据历史记载,曹魏时期,派仓慈到敦煌做太守。他到任后,对控制交通要道的不法豪强进行了严厉打击,保障了当地国家邮驿和平民交通的正常运行。他还鼓励外国客商经河西走廊到中原地区经商,发给他们去洛阳的"过所"(通行证),派专人护送出境。仓慈治理甘肃河西走廊期间,当地经济、文化大力发展起来。(《三国志·仓慈传》)据文献记载,凉州(今甘肃武威)、敦煌一带在4—5世纪时,都居住有较多的中亚商人。

3. 改善丝绸之路的路况,成功发现新的路径

这一时期,丝绸之路沿线的政权也付出了很多的努力,欲使丝绸之路更加畅通无阻。如吐谷浑,控制了丝绸之路的东段、中段路线(部分地区,如叶尔羌、切末),通过各方面的努力,开辟出了丝绸之路东段的"吐谷浑道"。而北凉政府,则在其统治时期,也努力使丝绸之路中段的路程更加易于通行。因此,北凉时期在其统治的境内,对丝绸之路的路线进行了新的探索,其发现的新的路线绕过了险恶的路途,帮助丝绸之路上来往的行人、使者、商人找到了一条更易通行的道路。因此,这些新路线的出现与被使用,都离不开吐谷浑、北凉政府[15]的不懈努力。今天考古发现的吐鲁番出土的文书中,有两件文书记载了北凉建平时期的"守海"(五船北路)之事。[16]

第四节 汉字在西北丝绸之路上的流传

一、外国探险家的考古发现

(一)新疆楼兰地区的考古发现

20世纪初叶,很多国家的探险家纷纷在丝绸之路沿线进行了考古发掘。他们的收获非常丰富,一时在世界上引起了一片热烈的反响。

第五章　三国两晋南北朝时期汉字在西北丝绸之路上的传播

1. 斯文·赫定的发现

三国两晋南北朝时期,楼兰是汉文化向西域传播的一个重要窗口。1901年,瑞典探险家斯文·赫定首次考察楼兰古城,发现了魏晋文书150多件。

2. 斯坦因的考古发现

斯坦因在其《西域考古记》中讲到他在古楼兰的探险时说道:"1906年12月18日,发掘即行开始。……发掘是从紧靠窣堵波的南边,耸出风蚀地面足有十八英尺高的台地上面,一座倒塌了的房屋开始。……就仅存的部分加以搜索,便已发现一些写在窄木片上和纸上的汉字文书。……赫定博士曾在此处找出许多写在木片同纸上的中国文书,……将全部建筑再仔细搜索一遍,这一类的文书又得到不少。……而在那成层的硬垃圾和其他废物中间,却得到很多写在木板同纸片上的中国文书,这显然是视作废纸从公事房中扫出来的。……这些文书的内容同以前赫定博士所得的一样,可以确实证明,遗址的地名是楼兰,乃是古代用以称整个地域的一站。在西元前二世纪末了的中国所辟到塔里木盆地的古道上,此地正是西边的桥头。所得有年代的文书大部分是西元265年至270年之间的东西,其时正是晋武帝在位,于汉室倾覆以后,在西域重树中国的声威。最后一件文书的年代是在西元330年。文书上犹作建武十四年,其实建武在十四年前便已终止了。由此可见这一个小站同帝国中央当局的交通已经完全断绝。此地以及以此地为终点站的漠路之最后放弃,到那时候显然是很近了。"[17]

斯坦因在其《循古道横渡干涸了的罗布泊》一文中指出:"(1914年2月)沿库鲁克河(干河的南支)走到第二处比较小一点的堡垒,在小堡垒北边有一块很大的地方,遗迹到处散布。……我们在此得到用古印度佉卢文和婆罗谜文两种字体,以及汉字和窣利文写的木牍纸片等古文书。……在我们到楼兰去的两大站途中,再经过一些连续不断的古河床。

……风蚀的地面上,有些处所石器时代的遗物之外,并随便掺杂有汉代古钱以及金属零件陶器残片。……2月10日到达楼兰遗址,我们发掘伸出去的小遗址和深垃圾堆,又得到一些用汉字、佉卢文和古窣利语(自1906年至1907年因我的发现以后始知为古窣利语的印度字)写的木版和纸片文书残片。……观察可以明白看出遗址自弃置漠中后历时一千六百年,……再继续向东北,我们走到了一座有城墙的小堡,据查考所知,这是以前中国的使节军队从敦煌到有人烟的楼兰第一个休息的驿站。……在北墙遮蔽的一个垃圾堆里却找到了记有年月的中国文记录,同楼兰所得的大部分相似,为此道最后放弃以前,西元后第三世纪终了以后之物。"[18]

(二)日本大谷探险队的考古发现

1.楼兰地区的考古发现

日本大谷探险队的橘瑞超[19],在楼兰同一古城挖掘出数百件魏晋十六国时期的汉字文书。这批古文书中最珍贵的就是"李柏文书",现藏于京都龙谷大学图书馆[20]。其中,李柏是前凉派驻楼兰的西域长史,发现的是他的书信草稿,共两份,且两份几乎完全一样。"据羽田氏研究的结果,这个"李柏"就是《晋书》卷八十六《张骏传》中提到的李柏。李柏所写的书信使用的字体几乎完全在现在的楷书和行书之间,和现在的字没有什么不同。对此进行分析,近于当时所说的隶书,隶意浓厚,显然当时盛行这样的书法。分析了这封信的书写年代,约略与王羲之的年代相距不远。……可是与王羲之的行草书法等集帖比较,确实可以看到几乎完全相同的笔法。这些,在历史上的价值姑且不说,从书法方面分析,也是极其珍贵的资料。"[21]

楼兰文书中还有《左传·昭公》《战国策·燕策》《孝经》《急就章》《九九术》以及各种医方残简,也是研究魏晋十六国时期古典文献的重要资料。

总的来看,楼兰出土的文书主要是中原与西域长史府之间公私往来

第五章　三国两晋南北朝时期汉字在西北丝绸之路上的传播

的公函和书信,纪年文书中最早的出现于曹魏嘉平四年(252),最晚的出现于前凉张骏建兴十八年(330)。

2. 西本愿寺的收藏

除了吐鲁番地区的古文书外,日本大谷探险队收藏在西本愿寺的文物中还包括库车附近的库木土拉,在那里发现了唐大历十六年三月及六月、七月的借钱契约。其中完整的文书通篇可以识读出来,这类契约在斯坦因的发掘品中也出现过。

(1) 古书

日本西本愿寺的收藏中还有古书的残片,其中有《论语》《左传》《史记》《汉书》的残片等。虽然只是一些残片,可是其中的《论语》是今天世界上已经不存在的一种注释本。《左传》发现的是成公十七年的片段。《史记》有仲尼弟子的列传。《汉书》有张良的传。其中有出现诸密(大概同处密)国名的残片。这些主要是在哈拉和卓及库木土拉出土的。[22]

(2) 古写经

古代写经中所见最早的年号,是西晋元康六年(296),从内容可知是竺法护所译。可惜经不清楚,是一部残卷。该经卷的书法,在八分书和楷书之间,由所谓隶书向楷书过渡。后汉末至三国时代的石碑,其中东吴的《九真太守谷朗碑》等,书法上与其非常相近,可见是当时书写极其郑重的文书的字体。

内藤虎次郎在其发表于大阪《朝日新闻》的文章《西本愿寺的出土文物》一文中还指出:"西本愿寺的古写经还有西凉建初七年(411)书写的《法华经》。这件文书的字体,可以说是六朝时期北方书法的代表,书法流畅,当然不是说出于名家手笔。以此为例,六朝时期北方的书法,当时流行的字体还没有从隶书发展到真正的楷书、行书,而这时候在南方已经出现了王羲之父子等知名书法家。……像北方文化并不发达的地方,出土实物表明,应该说书法已经发生变化了。"[23]

最后,内藤虎次郎还说道:"与建初写经类似的残经,在西本愿寺的发掘品中,不知有几十件。那上面没有年号,出土于荒漠之中,据建初写经分析,大体可以认为在北魏以前,有的是北魏初期的东西。就是说,这种书法应该是当时普遍流行的,由此开北朝石刻造像题记等所谓北碑派书法的先河。当时说北方书法,没有南方的书法巧妙,如北齐的颜之推在家训中所说,可知是事实。"[24]

(三)瑞典探险家的探险活动

斯文·赫定曾经几度在新疆进行考察活动,沃尔克·贝格曼曾经于20世纪20年代至30年代跟随他进行了同样的科学考察活动,在其著作《新疆考古记》一书中,他对其20世纪30年代在新疆的考古活动进行了介绍。书中指出,1934年,他在考察罗布泊"小河"沿岸的古代遗存地区(历史上的楼兰地区)时,发现了一些汉字实物。

1.7号墓地的发现

7号墓地位于小河西面的沙丘中。这座墓地包括3座墓葬(他认为也可能是4座),其中,墓7.A是保存最好的一座墓葬,而墓葬里面尸体的衣领是由7块4种不同花色的提花丝绸拼制而成的。经检测发现,7块4种不同花色的提花丝绸应该来自中国和西方(贝格曼认为或许是来自大夏或伊朗)。其中,"在一块中国织物上面织有一个汉字'昌'。他认为,一种混合文化正盛行于楼兰地区。"[25]

2.6号墓地的发现

这个墓地位于小河西岸,距7号墓地只有1 800米。这个墓地也有三座墓葬。其中,墓6.A是最富有的一座墓葬。墓主人是一位女性,随葬品中有绸袋,系用中国丝绸缝制。其沿口袋的长边,花卉上面覆盖了一个汉字,但已很难确定是什么字,也许是一个"年"字。[26]同时,在墓6.B中,发现两小块提花丝绸,仔细观察有一不清晰的汉字。[27]

第五章　三国两晋南北朝时期汉字在西北丝绸之路上的传播

3. 库姆河三角洲古墓的发现

1934年5月6日,斯文·赫定的随行人员在库姆河三角洲靠近北部边缘的一座巨大迈塞(或称侵蚀黏土脊)上面发现了一些古代墓葬。

墓35(单葬墓a)中的发现

"墓主人是一位年轻女性。其随葬的小绸袋是由两块图案相异并带有汉字的经重平组织提花丝绸拼制。其中一个汉字字迹相当清晰,为'宜'字,另两个字织得不正确,但很可能是'无极'。后面两个字与斯坦因的丝绸L.C.07上面的一句话中最后两字相同,判断他们时我参考了吉尔斯和斯坦因,1928年第1045页的附录。……这位夫人生活的时代最大的可能是在公元初的300年间。"[28]

4. 罗布泊南缘考古发现[29]

1928年,贝格曼在车尔臣、瓦石峡和米兰等古代遗址进行考察,根据他的叙述,在车尔臣他获得5枚铜币,其中一枚是"鹅眼",即楼兰末期常见的一种贬值货币。

二、国内学者和机构的考古发现

(一)新疆的考古发现

1. 黄文弼的考古发现

1930年2月开始,黄文弼在吐鲁番附近考察。"在吐鲁番城西10公里,有旧城,即古交河城。……其在城西坟院所得者,有陶器八百余件,墓碑百余方,皆为北魏至唐之古物,推其年号,可补高昌世次之阙。"[30]

1930年3月,黄文弼在哈拉和卓古坟院勘察。发现哈拉和卓古坟有三区:①在古城西北0.5公里许,其面积大过于雅尔湖,著名的张怀寂墓亦在此区。②在古城东北1.5公里许,当往吐峪沟途中,古坟亦多,其状与西北区同。在此处掘取墓表两方,一为朱书题"河西王通事舍人敦煌张季宗之墓表夫人敦煌宋氏",无年号及年月日。一为墨书"章和七年平远府禄事参军张归宗夫人索氏墓表",均录入《高昌砖集》中。[31]

2. 尼雅遗址[32]

1959年新疆博物馆的十位考古学家组成考察队,乘骆驼进入了沙漠,他们发现一副巨大的棺材,并将其年代定在公元二到四世纪之间。棺材里有一男一女以及两根木叉。发现的锦缎包括男子的手套、袜子以及夫妻二人的枕头。这些锦缎都是从同一块丝绸上裁下来的,上面织有"延年益寿大宜子孙"八个大字。长寿和多子是中国人自古以来的两大愿望。这些织物和帕尔米拉[33]发现的一件锦缎很像。同时出土的还有一面铜镜,上有"君宜高官"四字铭文。棺材里放有锦缎和铜镜说明这些是贵重物品。[34]

民丰县尼雅遗址出土的一批晋简,明确反映了西域长史的政令在鄯善推行的一些情况。其中一件晋简还记载封鄯善、焉耆、龟兹、疏勒、于阗五国王为"晋守侍中、大都尉、奉晋大侯"。

3. 宁朔将军麹斌造寺碑校记

此碑系1911年由吐鲁番的农民于耕地时发现,现已不知去向。根据王国维、罗振玉等人的研究,认为是高昌宁朔将军麹斌造寺碑铭。《新疆图志·金石志》有收录,将此碑分为两碑,阳面题《北魏宁朔将军造寺铭》,阴面另题《北魏折冲将军薪兴令造斯碑》,并且记载:"铭石出吐鲁番三堡,与薪兴县城西造寺碑陆沉一处,宣统三年五月,农人掘地得之,长二尺九寸,宽二尺三寸。"[35]

黄文弼也对此进行了研究,认为此碑分阴阳两面,而非两碑,认为此碑是北周年间所刻、所立,[36]是研究高昌历史的重要资料。

4. 吐鲁番文书中的十六国时期文书

吐鲁番文书内容包括甚多。其中十六国时期的文书,均出土于高昌城北郊哈拉和卓第91号墓。内容为北凉王国兵曹下文,命令高昌、横截、田地三县发人发骑服役守海,役期十日,表现了北凉王朝对戍守大海道的

第五章　三国两晋南北朝时期汉字在西北丝绸之路上的传播

重视。

同时,在出土的北凉文书中,有 6 件文书与发人戍守白力有关。白力,是高昌东部重镇,控扼伊吾与高昌之间的交通,北凉兵曹不断向各县下文,催遣部伍戍守白力,说明位于今鄯善境内的白力,是由伊吾进入高昌的一处重要关隘。

在吐鲁番和高昌地区也发现了大量的汉文典籍的钞本。汉人文献发现的地点当然不限于吐鲁番、高昌,但是比较起来,这里发现的似乎更多一些。在吐峪沟发现了许多汉译佛典残卷,汉人著作的断片也不少,其中有六朝钞本旧注《孙子》(《谋攻形篇》)。在哈拉和卓也发现了许多六朝的汉译佛典。究其原因,据《北史》卷九十九《西域传》记载:"国有八城,皆有华人。"又说:"文字亦同华夏,兼用胡书。有《毛诗》《论语》《孝经》置学官,弟子以相授。虽习读之,而皆为胡语。"

公元 220 年东汉灭亡之后,大量汉人迁入西北。高昌人公元 273 年时就已经使用汉字了[37]。这是该绿洲出土的最古老文书的年代。吐鲁番出土的材料格外重要,因为当地人把有字的纸重复使用,做成鞋、腰带、帽子和衣服等用来陪葬。如此这般偶然保存下来的未经裁剪的记载,使我们得以一窥巅峰时期丝绸之路上人们的生活。

麹氏家族于 502 年开始掌权,这个家族不断向中原王朝派遣使者,并且完全接受了汉文化,输入五经诸史等。他们模仿中原的官僚体系,以汉语为行政语言,城门也都有标准的汉语名字。学生在学校里学习汉文经典、正史。

5. 吐鲁番阿斯塔纳沮渠封戴墓出土文物[38]

1972 年,新疆维吾尔自治区博物馆在吐鲁番阿斯塔纳墓区发掘了一座 5 世纪的墓葬(72TAM177 号)。在墓道中部填土中,出土了一方石墓表,高 43.8 厘米,宽 14.2 厘米,阴刻汉字 5 行,40 字。同时,在墓室一角发现木令一件,高 24.2 厘米,宽 11.4 厘米,厚 0.8 厘米,上墨书汉字 7

111

行,112字。

根据文字可知,此墓是"大凉承平十三年"埋葬的,墓主人是大凉高昌太守且(沮)渠封戴夫妇。大凉,应是史书所记之"北凉"。其中,"承平"年号系北凉沮渠氏偏安于高昌时的年号,"承平十三年"应该是445年。

北凉时期,高昌地区的文化深受内地的影响。高昌地区各城不仅"皆有华人",而且广泛使用汉字。沮渠封戴墓出土的汉文墓表、木令,证明了高昌通行汉语。而汉文墓表、木令所记的官制表明,高昌北凉承袭了北凉前期的政治制度。而这些政治制度又与内地汉族所建政权的制度一脉相承。卢水胡的沮渠氏已经基本汉化了。

6. 楼兰地区

楼兰古城出土的汉文文书,可基本复原出西晋西域长史官僚机构的组成情况、屯田情况、楼兰城内社会生活状况,以及西晋与西域一些国家的关系。

（二）甘肃的考古发现

1. 敦煌

斯坦因在《千佛洞石窟寺密室中的发现》一书中说道:"1907年我所带走的中国材料,计有完整无缺的卷子三千卷左右,其中有许多都是很长的,此外的文件以及残篇约有六千。……卷子的大部分都是中文佛经;据日本学者矢吹庆辉师(Rev. K. Yabuki)研究以后的指示,其中颇有不少为前人载籍所未著录以及佚去的著作。此外除未知者外,关于历史地理以及其他方面中国学问的残篇,为以前所不知道的也还不少,有好几百篇文书对于当地的生活状态,寺院组织之类,可以显示若干光明,这一切的记录,自古以来实际上就没有留给我们。就卷尾以及文书中间所记载的正确年代,这些卷子的年代大概自第五世纪的最初以迄于第十世纪的终了。"[39]

第五章　三国两晋南北朝时期汉字在西北丝绸之路上的传播

2. 莫高窟及藏经洞的汉文写本

王圆箓发现了藏经洞并将其中的一部分经卷卖给西方各国的一些探险家之后,敦煌一时之间成为吸引世人诸多注意力的城市之一。由敦煌的发现而形成的敦煌学也成为一门国际学科,让无数的学者和专家前仆后继纷纷对其进行研究和探索。今天可知,藏经洞中的文献数量庞大,其中包括了大量的汉文文献(里面也包括了三国两晋南北朝时期的很多汉文文献)。[40]

3. 河西走廊魏晋十六国壁画墓画像砖题榜

甘肃省对魏晋至十六国时期的考古工作主要在敦煌、安西、玉门、酒泉、高台、民乐、武威、崇信等地进行,共发掘墓葬近1200座。至2012年,已发现壁画墓52座。[41]在这些壁画墓中,不论是镇墓文、衣物疏、买地券,还是旌铭等,都存在价值丰富的文字材料。

这类题榜的汉字主要标示出墓主人及部曲、侍者的名称、标识器物及生活场景、历史人物及神话故事、记工铭文等。河西走廊魏晋十六国壁画墓中的题榜为研究这一时期的墓葬及历史提供了一个独特的视角。题榜是理解画像砖内容最直接的线索,是我们所能见到的当时最原始的民间文字资料,反映了当时政治、经济、文化、思想等各个方面的隐性信息。[42]

(三)青海的考古发现

1. 平安古城崖魏晋墓[43]

古城崖位于平安县小峡镇,1982年发现古墓,后进行进一步发掘。考古调查发现,该墓群墓葬时代为东汉晚期至魏晋初期。

(1)随葬铜钱

发现随葬铜钱64枚,主要为剪轮五铢钱等。

(2)铜镜

出土铜镜6件,铜镜上有"位至三公"字样。

(3)铜印

出土铜印一枚,为兽形钮,错金,字体为阴刻阳文小篆体私印,因为锈

113

2. 乐都马家台魏晋墓[44]

该墓地共有 2 座魏晋墓葬,其中 M1 规格较高,属于青海大型魏晋墓之一。因为盗扰严重,M1 仅出土 90 余件随葬品。其中包括铜印一枚,上有篆文"诏假司马"四字。铜印的出土说明,此墓的主人是当地的军事要员。

3. 西宁山陕台墓地[45]

此墓共发掘十六国时期墓葬 2 座。M18 中有铜钱一枚,因为锈蚀严重,字迹不清。M19 也有铜钱,字迹也不清楚。出土文物带有古代鲜卑族的明显特征。说明鲜卑人进入青海的时间大致是十六国时期。

4. 青海杜兰吐蕃墓的汉字资料

青海杜兰吐蕃墓出土的太阳神图案织物,一般认为系魏晋南北朝时期的织物。其中在"红地云珠吉昌太阳神锦"这件精美的织物上面,"在太阳神圈上部圈外的空间处,装饰有云气纹和九个圆点,还有汉文'吉'字和相对奔跑的动物,在太阳神圈下部圈外亦有一个'吉'字和一对带角的野山羊。在狩战圈上部圈外(应与太阳神下部圈外相连),有对鹿、云气纹、七个圆点和汉文'昌'字。"[46]

(四)丝绸之路西段的发现

1. 喀喇昆仑公路沿线的发现[47]

喀喇昆仑公路经过的路线,是古代东西方贸易和文化往来的重要通道。从岩刻铭文来看,所用文字有很多种。

(1)夏迪亚尔的汉文铭文

夏迪亚尔的印度河上,有一座新桥。在离大桥不远处的喀喇昆仑公路边上,有一系列岩刻。在一块独立的岩石上有非常粗糙的汉文铭文。[48]

(2)吉拉斯Ⅰ的汉文铭文

贾亚金德山有三个遗址,它们都属于吉拉斯Ⅰ。吉拉斯Ⅰc区在山

第五章　三国两晋南北朝时期汉字在西北丝绸之路上的传播

边,有无数岩刻从路边延伸到岩石顶上。在一块独立岩石朝东的岩面上有汉文铭文,但只有四个字。[49]

(3)特尔班平原的汉文铭文

特尔班大桥右边朝北的岩石上有一些铭文。在沙地上行走,可以看到一块又一块圆石上的庙宇和铭文。这些圆石已在这里躺了许多世纪。平原中间一块圆石的窣堵波雕刻边上有一则汉文铭文。[50]

(4)罕萨灵岩的汉文石刻

在罕萨灵岩,二号岩石的第二块岩石上,从上到下都有明显的汉文铭文,提到一位从大魏王朝宫廷来的中国使者,汉文铭文如下:

大魏使谷巍龍今向迷密使去

根据我国学者马雍研究,谷巍龍应是北魏使臣,约于公元444—453年间出使迷密,即今乌兹别克斯坦撒马尔罕东南,他在途径罕萨灵岩时,留下了这一题记。因为此事史籍中没有记载,因此这一岩刻十分珍贵。[51]

2. 叙利亚发现的汉字织物

在丝织品上编织汉字,将其作为一种表达艺术、美观的图案,是三国两晋时期的一种编织手法。"巴尔米拉和它东北幼发拉底河上游一带,原都位于当时罗马和安息交界地区,2—3世纪并入了罗马帝国的版图。巴尔米拉当时是丝绸之路西端的商业城市,所以那里发现的丝织品数量多、质量高,据发表的资料,有织出汉文字的锦。"[52]

三、汉字在其他语言中的发现

北魏时期,中国与中亚、南亚、西亚的交往仍然较多。如罽宾国(这时的罽宾国已用于称克什米尔)、阿婆罗(巴尔蒂斯坦的哈伯罗)、亚辛和吉尔吉特地区(史称波路、不崙、不流沙等),曾多次遣使来朝。所以说,一段时间内,外界对中国的认识主要来自对北魏建立者鲜卑拓跋的认识。后来,突厥语中指代中国的名字就被"拓跋—桃花石"替代。甚至,后来西域的一些少数民族首领很喜欢在自己的头衔上加上"桃花石"的称号。1218年,当成吉思汗的一支商队到花剌子模国不花剌城(今乌兹别克斯坦布哈拉)时,花剌子模算端向他打听成吉思汗攻金战争的情况,把金朝称为 Tamghaj,即桃花石。直至14世纪初,西班牙国王使臣克拉维约出使帖木儿帝时,还提到了当地的察合台人把中国皇帝称为 Tangus,即"拓跋—桃花石"。

11世纪突厥族的学者可失哈里(Mahmud al - Kashghari)写了一部著名的字典《突厥语辞典》(Lughat al - Turk),其中收录了"拓跋—桃花石"这个名词。该辞典说:桃花石是马秦(Macin,即中国南方)的名称,马秦距契丹有4个月的路程。秦(Cin,即中国)本来分为三部分,上秦(按,指中国南部)在东边,即桃花石;中秦就是契丹(按,指中国北方);下秦就是可失哈儿(按,即今新疆喀什)。在可失哈里写书的时代,桃花石与"马秦"是同义词,而契丹与秦是同义词。[53]

第五节 汉字的流传特点

一、汉字的流传呈现明显的地域差异

第一,河西走廊的汉字流传最为普遍。根据考古发现可知,河西走廊地区(敦煌)是汉字文献发现最多的地区,藏经洞就是其中的代表。除此以外,钱币、墓志等也发现不少。究其原因,主要是因为河西走廊与中原地区最为接近,受汉文化影响最大。其次是河西走廊的汉族数量较大,汉字作为汉族的文字系统自然流传广泛。

第二,新疆发现的汉字也不少。汉字在新疆的发现,主要集中在丝绸之路沿线的重要城镇里。这些城镇像丝绸之路上的明珠一样,吸引着人们前往这些地方居住、生活、交易等,其中也包括汉族在内,因此,汉字在这些城镇的流传较为广泛。

第五章 三国两晋南北朝时期汉字在西北丝绸之路上的传播

新疆以汉字为载体的实物主要有钱币、墓志、丝织品等。汉文文献的数量也有不少,主要集中在吐鲁番地区,这是由于高昌国统治时期,其控制下的吐鲁番地区汉文化发达所致。

第三,青海的汉字发现数量稀少。吐谷浑统治青海时期,虽然《晋书》记载其使用汉文,但是,考古发现的三国两晋南北朝时期的汉字实物及汉文文献数量极为稀少(主要的发现是刻有汉字的钱币、印信)。笔者认为,其最大的原因在于吐谷浑是鲜卑族建立起来的一个以畜牧业为主的国家,其境内大多数人民主要是"逐水草,庐帐而居,以肉酪为粮,且虽有城郭而不居",因此,其文化、教育的发展较为落后,且文字的重要性也远不及其他地区,故此导致汉字在这一地区的流传并不明显。[54]

第四,西北丝绸之路沿线的汉字已经流传到了今天中亚、西亚地区。其中,中亚的巴基斯坦、乌兹别克斯坦境内发现的汉字都是石刻,且中亚丝绸之路沿线的重要地点,如夏迪亚尔、吉拉斯、特尔班、罕萨都有汉字石刻的出土发现,说明了中国人沿丝绸之路在中亚地区有旅行及活动。而西亚(叙利亚)发现绣有汉字的丝织品则说明,当时在丝绸之路上的中外贸易中丝绸仍然是主要商品,且这些丝织品中的汉字也随着中外贸易的发展,流传到了西亚地区。

二、汉字书写材料的改变

两汉时期,汉字作为一种文字符号系统,主要刻写在竹简之上,西北汉简的大量出土就是明证。但是,到了三国两晋南北朝时期,尤其是南北朝时期以后,丝绸之路沿线的考古发现证明,这一时期的汉文文献主要以纸张作为其书写材料。在丝绸之路沿线纸质汉文文献(包括汉文纸质残片)的发现越来越多。

1. 楼兰地区

纸在敦煌以西新疆的使用,宿白的论述如下:"若羌东北罗布泊(罗布卓尔)西楼兰遗址,这里在3、4世纪时是西域长史治所所在地,曾出土了好几批古纸,都是作为书写公私文书用的,其中有纪年的是从曹魏嘉平四年(252)到西晋永嘉六年(312)。……若羌楼兰遗址的发现,清楚地告诉我们公元3世纪中期到4世纪中期,这里的公私文书已使用了纸。这里也出了不少木简和木牍,可知这里当时纸和木简是并用的。"[55]

2. 吐鲁番高昌及其附近地区

这里发现了有东晋隆安三年(399)纪年的纸,附近石窟和佛塔中出土了不少3—6世纪书写的纸卷佛经,其中最早的纪年是西晋元康六年(296),也出土了不少这个时期的非佛经的纸卷书籍。大约从3世纪以来,吐鲁番地带就集居了不少汉族人,因此这里4世纪以来的墓葬中出了不少用纸写的汉文文书和它的残件,所以可以据此推测,最晚4世纪吐鲁番地区已使用了纸。[56]

3. 库车地区

库车曾发现西凉建初七年(411)的纸卷写经。这卷经尽管还证明不了是否是在库车书写的,但也没有证据可以否定它不是在库车书写的。库车位于新疆中部偏西,如果可以推测是在库车书写,那么说明最迟5世纪初纸已出现在库车地区了。

4. 莎车地区

在莎车地区发现有婆罗谜直体字母书写的纸卷残卷,据字体估计时间约在公元500年以后,大约是6世纪的遗物。这说明,在6世纪纸已经传到葱岭的东麓了。

总之,纸的西传,分别为3、4世纪到达若羌,4世纪到达吐鲁番,5世纪到库车,6世纪到莎车。大约经历了300多年的历史,纸已经传遍新疆。[57]

随着廉价纸张的引入,书籍从奢侈品变成了很多人都买得起的商品,与之相应的是教育水平的提高,汉字的流传变得更加容易。

5. 纸的西传

我国发明的纸极大地改变了它所接触的社会。因为造纸术并不难

第五章 三国两晋南北朝时期汉字在西北丝绸之路上的传播

学,简单来说,就是把有机材料和碎布的混合物打制成纸浆,然后在帘子上晾干。这项技术慢慢从内地传播开去,8世纪以前传到了中亚。公元800年后,纸张逐渐取代皮革成为伊斯兰世界的主要书写材料。纸张价格低廉,制作快捷,比皮革方便得多,比起埃及的莎草,又容易得到得多。纸张在11世纪末12世纪早期从伊斯兰的门户西班牙和西西里传入了欧洲。具体来说,今天的研究发现,纸的西传在新疆主要是在三国两晋南北朝时期。

三、汉族沿丝绸之路的西迁

魏晋南北朝时期,内地的汉人(包括汉化的各族)因动乱或以出使、屯田、戍守等形式,不断移居于今新疆,主要集中在高昌、伊吾、鄯善、楼兰、尼雅、于阗等地。特别是处于丝绸之路门户的高昌地区,从出土的汉文文书看,汉人竟然占了高昌人口的一半,汉族传统文化在高昌也得到了迅速的发展。[58]

河西地区在西晋永嘉之乱后,成为中原人民主要逃亡的地区之一。从中原西逃的士族为河西地区带来的部曲、族人、门生、亲友中,有儒生、技艺人、舞乐、工匠、医卜等,使得河西地区的汉化成分大为加强。

四、佛教的东传与求法僧的西行也推动了汉字的向西流传

因为这一时期佛教的东传,佛教僧侣纷纷沿着丝绸之路来到中国境内,他们的足迹在这一时期几乎遍布大江南北。比如佛驮跋陀罗(汉名觉贤),沿着西北丝绸之路来到中国,先到达长安,后前往南京。

中国的僧侣前往西方求取佛教的活动在这一时期也开始出现。朱士行是中国历史上第一个前往西部求取真经的人,他曾经到过高昌,并最终在高昌圆寂。此后,法显、宋云等一大批僧人也都前往西方。

法显的生活年代,根据僧祐《出三藏记集》卷十五《法显法师传》记载,大概在公元342年至公元423年之间,他在近60岁高龄之时,从长安

西北丝绸之路上的汉字流传史

出发前往天竺(古印度)求取佛法。他所走的路线就是今天丝绸之路的路线,即从西安出发,取道兰州、西宁、张掖、敦煌进入新疆,最终到达印度、斯里兰卡。如果加上其后来沿海道回国的整个旅程,他总共用了15年时间完成了他的求法活动。[59]

宋云于公元518—522年间受魏国皇太后派遣,赴天竺求取佛教经典。他从洛阳出发,经过陕西、青海(吐谷浑占据青海时期)、甘肃,进入新疆,已知他曾于公元520年到达嚈哒宫廷。

注　释：

[1] 今天兰州至新疆乌鲁木齐的高铁就走这条路线。

[2] 法国探险家伯希和的考察路线西宁至兰州、西安段即通过这条路线。

[3] 伏俟城所在存在不同看法。《方舆纪要·陕西十三……西宁镇》(卷六十四)伏俟城条:伏俟城,在青海西十五里,本吐谷浑国都也。梁大同六年,吐谷浑王夸吕始称可汗,居伏俟城。后周主邕建德五年,遣太子伐吐谷浑,至伏俟城而还。隋大业五年,代吐谷浑,别将刘权出伊吾道至青海,乘胜追奔至伏俟城,因置西海郡,统县二,曰宣德,曰威定,皆在青海之西。隋乱废。唐贞观八年,李靖帅诸军讨吐谷浑,次伏俟城,吐谷浑退保大非川,靖击平之。亦谓之伏延城,后为吐蕃所据。黄文弼认为,伏俟城应该是今青海杜兰(黄文弼:《西北史地论丛》,上海人民出版社,1981年)。黄盛璋、方永:《吐谷浑故都——伏俟城发现与考证》一文中认为:"伏俟城应为青海省共和县黑马河乡乡科先大队东北1公里处,正南距赛什曲大队驻地约3公里。"

[4] 相关论述也可见周伟洲:《古青海路考》,载《西北大学学报》1982年第1期,第65—72页。

[5] 祝君:《丝绸之路——青海道》,见俄军主编:《丝绸之路沿线博物馆专业委员会论文集》,甘肃人民美术出版社,2014年,第13—21页。

[6] 王炳华:《西域考古历史论集》,中国人民大学出版社,2008年,第7页。

[7]《晋书》卷一百一十三《符坚载记》。

[8]《北史》卷九十六《吐谷浑传》。

第五章 三国两晋南北朝时期汉字在西北丝绸之路上的传播

[9]《辞海·民族》吐谷浑条:"吐谷浑,亦作吐浑。中国古代民族名。原为鲜卑的一支,用汉文"。但遗憾的是,目前为止青海基本未发现吐谷浑使用汉字的实物及文字资料,而甘肃、宁夏、陕西则发现唐朝时期吐谷浑王室的墓志9方,系用汉字书写。但唐朝时期,吐谷浑已然灭国,其王室使用汉字应该是其受汉文化影响的具体表现。

[10]《后汉书》卷八十八《西域传》。

[11]也可见于[法]郭鲁柏撰:《西域考古记举要》,冯承钧译,上海古籍出版社,2014年,第72页。

[12]《晋书》卷一百二十二《吕光载记》。

[13]详见王欣:《北魏对西域的经营与治理》,《西北民族论丛》(第十二辑),社会科学文献出版社,2015年,第53—67页。

[14][英]斯坦因:《西域考古记》,向达译,商务印书馆,2013年,第139页。

[15]公元397年,匈奴支系卢水胡沮渠蒙逊建立历史上的北凉政权,都城在今甘肃张掖。公元439年,北凉政权灭亡。

[16]见后文。

[17][英]斯坦因:《西域考古记》,向达译,商务印书馆,2013年,第137—138页。

[18][英]斯坦因:《西域考古记》,向达译,商务印书馆,2013年,第145—160页。

[19]1902—1914年,日本的大谷探险队曾经先后三次在西域进行了探险活动。橘瑞超参加了其中的两次,分别在1908—1909年和1910—1914年。另外,值得注意的是,大谷探险队的成员虽然比较多,但是唯一一位写有游记的探险家则只有橘瑞超。

[20]详见杨廉:《西域探险史上的东瀛释子橘瑞超》,[日]橘瑞超:《橘瑞超西行记》,柳洪亮译,新疆人民出版社,2013年,第1—11页。

[21]内藤虎次郎:《西本愿寺的出土文物》,见[日]橘瑞超:《橘瑞超西行记》,柳洪亮译,新疆人民出版社,2013年,第180页。

[22]内藤虎次郎:《西本愿寺的出土文物》,见[日]橘瑞超:《橘瑞超西行记》,柳洪亮译,新疆人民出版社,2013年,第181页。

[23]内藤虎次郎:《西本愿寺的出土文物》,见[日]橘瑞超:《橘瑞超西行记》,柳

洪亮译,新疆人民出版社,2013年,第182—183页。

[24]内藤虎次郎:《西本愿寺的出土文物》,见[日]橘瑞超:《橘瑞超西行记》,柳洪亮译,新疆人民出版社,2013年,第183页。

[25][瑞]沃尔克·贝格曼:《新疆考古记》,王安洪译,新疆人民出版社,2013年,第152页。

[26][瑞]沃尔克·贝格曼:《新疆考古记》,王安洪译,新疆人民出版社,2013年,第163页。

[27][瑞]沃尔克·贝格曼:《新疆考古记》,王安洪译,新疆人民出版社,2013年,第172页。

[28][瑞]沃尔克·贝格曼:《新疆考古记》,王安洪译,新疆人民出版社,2013年,第202—203页。

[29][瑞]沃尔克·贝格曼:《新疆考古记》,王安洪译,新疆人民出版社,2013年,第337页。

[30]黄文弼:《略述内蒙古、新疆第一次考古之经过及发现》,见《西域史地考古论集》,商务印书馆,2015年,第9页。

[31]黄文弼:《吐鲁番考察经过》,见《西域史地考古论集》,商务印书馆,2015年,第27页。

[32]尼雅遗址即历史上的精绝国。

[33]Palmyra,在今叙利亚境内。即前文中的"巴尔米拉"。

[34][美]芮乐伟·韩森:《丝绸之路新史》,张湛译,北京联合出版公司,2015年,第48—49页。

[35]《新疆图示》二,二八。

[36]黄文弼:《宁朔将军麴斌造寺碑校记》,见《西域史地考古论集》,商务印书馆,2015年,第369—373页。

[37]吐鲁番出土的最早契约年代为273年,记载了一件以20匹练换一口棺材的交易。转引自[美]芮乐伟·韩森:《丝绸之路新史》,张湛译,北京联合出版公司,2015年,第116页。

[38]周伟洲:《西域史地论集》,兰州大学出版社,2012年版,第37—44页。

[39][英]斯坦因:《西域考古记》,向达译,商务印书馆,2013年,第203—

第五章 三国两晋南北朝时期汉字在西北丝绸之路上的传播

214 页。

［40］详见各种刊物就这方面的研究。因数量过于巨大，本书不再进行一一详述。

［41］曹宇：《河西走廊魏晋十六国壁画墓画像砖题榜内容考论》，见俄军主编：《丝绸之路沿线博物馆专业委员会论文集》，甘肃人民美术出版社，2014 年，第 145—153 页。

［42］曹宇：《河西走廊魏晋十六国壁画墓画像砖题榜内容考论》，见俄军主编：《丝绸之路沿线博物馆专业委员会论文集》，甘肃人民美术出版社，2014 年，第 145—153 页。

［43］青海省文物考古研究所编著：《再现文明——青海省基本建设考古重要发现》，文物出版社，2013 年，第 150—155 页。

［44］青海省文物考古研究所编著：《再现文明——青海省基本建设考古重要发现》，文物出版社，2013 年，第 156—160 页。

［45］青海省文物考古研究所编著：《再现文明——青海省基本建设考古重要发现》，文物出版社，2013 年，第 161—165 页。

［46］许新国：《西陲之地与东西方文明》，北京燕山出版社，2006 年，第 234—235 页。

［47］因为资料过少，学者们把喀喇昆仑公路沿线的石刻时间确定在公元 1—8 世纪。本书在这里所提到的夏迪亚尔、吉拉斯Ⅰ、特尔班平原发现的汉文铭文并无清楚界定。但是，因为这些地区的石刻周围有 5 世纪的石刻，本书暂将之放置在此处，将来如有进一步的研究成果发现，再进行重新处理。

［48］［巴基斯坦］艾哈迈德·哈桑·达尼：《喀喇昆仑公路沿线人类文明遗迹》赵俏译，中国国际广播出版社，2011 年，第 27—28 页。

［49］［巴基斯坦］艾哈迈德·哈桑·达尼：《喀喇昆仑公路沿线人类文明遗迹》赵俏译，中国国际广播出版社，2011 年，第 52 页。

［50］［巴基斯坦］艾哈迈德·哈桑·达尼：《喀喇昆仑公路沿线人类文明遗迹》赵俏译，中国国际广播出版社，2011 年，第 54 页。

［51］［巴基斯坦］艾哈迈德·哈桑·达尼：《喀喇昆仑公路沿线人类文明遗迹》赵俏译，中国国际广播出版社，2011 年，第 76 页。

［52］宿白编：《考古发现与中西文化交流》，文物出版社，2012 年，第 51 页。

[53]刘迎胜:《丝绸之路》,江苏人民出版社,2014年,第95页。

[54]著者曾就此问题请教青海文物考古所的所长及相关专业人员,他们还认为目前之所以没有发现吐谷浑使用汉字的有效证据,并不排除以后可能也没有这方面的重大考古发现。因此,现在的观点仅是著者本人基于当前考古发掘的一个推论,不能保证将来不被推翻。

[55]宿白编:《考古发现与中西文化交流》,文物出版社,2012年,第67页。

[56]宿白编:《考古发现与中西文化交流》,文物出版社,2012年,第67—68页。

[57]相关论述见潘吉星:《新疆出土古纸研究》,载《文物》1973年第10期。

[58]杜斗城、郑炳林:《高昌王国的民族和人口结构》,载《西北民族研究》1988年第1期。

[59]法显的生活年代有争议,且其西行求法的详细过程可见《法显传》。本书依据东晋沙门释法显撰,章巽注:《法显传校注》,中华书局,2008年,第1—5页。

第六章　隋唐时期丝绸之路的全面繁盛

第一节　丝绸之路的全面重新开通

一、隋唐政府发动一系列军事活动，重新打通丝绸之路

在6和7世纪作为重新统一中华帝国的主人，隋唐两代都充分意识到自己是汉代的继承者，这种主人翁意识为他们利用军事力量控制位于通往中亚和西亚的西北丝绸之路上的诸绿洲王国的行动提供了动力。

在西北方向，隋唐两代面临的挑战主要是控制和保护经过甘肃和新疆通向中亚、伊朗和西方的贸易路线——丝绸之路，这是因为通往中亚和西方的丝绸之路作为通商要道，隋唐两代都要通过这条贸易路线出口丝织品以换取种类繁多的外国货。当然，这条路线后来证明其不仅在贸易方面有着极为重要的作用和意义，而且在文化交流与交往方面也发挥着巨大的作用。通过这些路线，许多中国的思想和技术传向西方，同时，西方很多的思想和技术也传入中国。

为了确保这些通道畅通，隋唐两代都在西北丝绸之路的沿线发动了很多军事活动。

在隋朝，604年，派韦节等出使西域。608年，派裴矩等率军进驻伊吾城，设伊吾镇（610年设伊吾郡）。609年，隋朝打败吐谷浑后，设4郡，分别为西海郡、河源郡、鄯善郡、且末郡。[1]唐朝重要的军事活动主要有：630年，灭东突厥；634年，灭吐谷浑；640年，灭高昌；647年，灭薛延陀；648年，征服焉耆；648年，征服龟兹；657年，灭西突厥。最

终到7世纪60年代,唐朝的力量在塔里木盆地、准噶尔盆地、伊犁河流域、中亚河中地区(撒马尔罕为核心地区)已经牢牢地扎根。

唐朝统一西域,保障了丝绸之路的畅通。张籍在其《凉州词》中称:"无数铃声遥过碛,应驼白练到安西。"我国的丝绸等商品,随着一队队骆驼运销于西方各地,西方的物品也由这条商道运达我国内地,中外使节也沿着丝绸之路进行互访。这些都是有积极意义的事。

二、隋唐时期丝绸之路的主要路线[2]

隋唐时期,尤其是唐安史之乱前,因为社会稳定、国力强盛、文化先进,表现在丝绸之路方面就是丝绸之路各条路线的繁荣与昌盛,隋唐时期的丝绸之路路线众多,丝绸之路上不同民族间、国家间的交往与交流呈现出一片繁荣景象,长安成为当时国际上声名远播的国际性大都市。

(一)河西之路的兴盛

首先,从丝绸之路东段路线来说,就是河西之路的兴盛。"河西之路"是指汉武帝"列四郡,据两关"之后至唐代从长安(西安)或洛阳(东汉时为都城)西至西域东境之路。其间河西走廊是主要干线,故称"河西之路"。"河西之路"在今西安到哈密之间,途经陕西省西部和甘肃省,并涉及青海和宁夏部分地区。

1. 长凉南道

唐代都城长安至凉州(治所在今甘肃武威)之路简称长凉道。根据文献记载,长凉道又有南北两条路线。其南道,出唐长安城开远门约9公里经中渭桥渡渭水,西行1公里至临皋驿。又西行经三桥、望贤宫10公里至咸阳县陶化驿。西行25公里经温泉驿至始平县槐里驿,又西行10公里至马嵬驿。西经望苑驿15公里至武功县,西35公里至扶风县。再西行15公里至龙尾驿(龙尾坡),西行10公里至岐山县石猪驿。西25公里经横水(横水店)至凤翔府治所雍县。

凤翔西微北行35公里至汧阳县(今千阳县西北),又西循汧水(千河)谷而上,40公里至汧源县。又经安戎关、大震关,抵小陇山分水岭分水驿。从分水驿西南行50.25公里,经弓川寨至清水县。又西南62.5公里至秦州治所上邽(今天水)。秦州为西北通安西、北庭,西通河、鄯,西南(经渭州)通岷、洮、松州之总枢纽。

渭州略西北行45公里至渭源县(今县东北),置渭源镇。又西北经高城岭、武阶驿、大耒谷50公里至临州、临洮军之治所狄道县(今临洮县)。从此北行沿洮水河谷经长城堡(狄道县北17.5公里处,秦长城起点),越沃干岭(今甘肃皋兰西南至临夏之间,是狄道至兰州必经之地),折入阿干河谷共95公里至兰州治所金城县,置金城镇临河驿。

金城县西行北渡黄河出金城关(一般认为在兰州西河口),北微西略溯逆水(又称丽水,今庄浪河)河谷而上110公里至广武县(今甘肃永登东南)。从广武北偏西越洪池岭(今乌鞘岭),经今古浪县共160公里至凉州治所姑臧县(武威)。

2. 长凉北道

长凉道的北道西出长安亦经临皋驿、咸阳驿,由此与南道分途。从咸阳驿西北行经磁门驿和管城驿,40公里至礼泉县泔北镇礼泉驿。西经骆驿20公里至奉天县(乾州治所,县址在今乾县以东)奉天驿,或从咸阳西至兴平县驿,再西偏北行35公里至奉天驿。

奉天北出经漠谷,逾梁山至永寿县(今永寿县东南),至邠州(彬县)治所新平县。经邠州西北略溯泾水河谷而上,经藁邱堡(在新平县西北94公里处)40公里至宜禄县(今长武)。又西25公里至长武城,西20公里至折墌城,再行5公里至泾州治所安定县(至德二年更名保定县,今泾川县北2.5公里处)。西行经连云堡50公里至阴盘县(今平凉县东15—20公里处),西约30公里至平凉县旧阳音川。

平凉西北行17.5公里至胡谷堡(安国镇略西),堡西入弹筝峡(因其在都卢山,又名都卢峡。峡东口在安国镇西北1公里处,西口在瓦亭东10公里处)。又10公里至瓦亭故关(今六盘山东麓,今宁夏固原

西北丝绸之路上的汉字流传史

西南瓦亭山的瓦亭砦,唐代置六盘关以替之,遂废),转西北行经汉萧关故城(或在今固原东南的古城乡),35公里至原州治所平高县(宁夏固原)。

原州西北行45公里至石门关,西90公里至河池(约在今盐池或其西打拉池附近),西60公里至会州治所会宁县(约在今靖远县之北百余里,在黄河东岸具体应在今陡城堡地区,或在陡城堡与打拉池之间)。从会州略沿黄河东岸西北行90公里至会宁关(约在今靖远北石门之西小口子附近,现在称之为索桥渡口),渡河至乌兰关(在乌兰县治,今景泰县东)。西行10公里至新泉军,西北205公里至凉州治所姑臧县(武威)。

总之,从长安取北道至姑臧(武威)约900公里,南道则1000余公里,南道较北道所走路程相对较远。但是,因为北道在原州以东主要是沿泾水河谷而行,到邠州又南折逾梁山至长安,行经道路要比南道更加险峻,因此,南道虽然略显遥远,但由于其更为平坦,沿途经过的又主要是富庶地区,南道反而成为唐朝时期人们选择的主要路线。

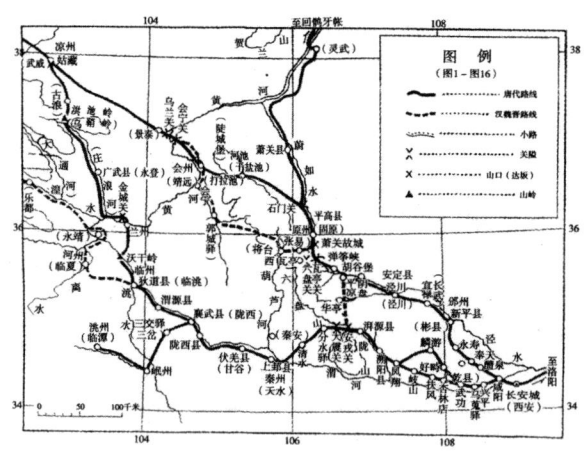

河西之路长凉道

128

第六章 隋唐时期丝绸之路的全面繁盛

3．凉伊道

从凉州至西域东境伊州之路，简称凉伊道（见下图）。隋唐时期，凉州首府在今武威，该城位于河西走廊最大的武威绿洲的中心，是河西走廊东部门户，地扼丝路孔道。"凉州为河西都会，襟带西蕃，葱左诸国，商旅往来，无有停绝"。凉伊道可分为三段。凉州至瓜州段，瓜州至沙州段，瓜州和沙州至伊州段。

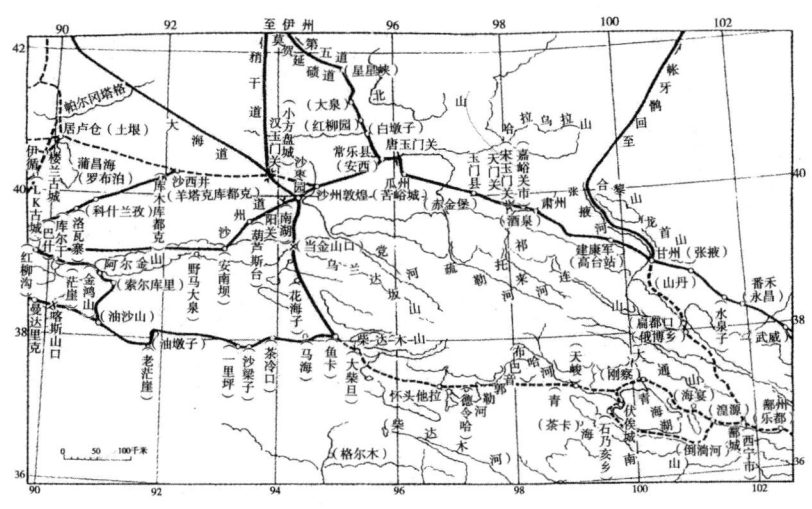

河西之路凉伊道

（1）凉州至瓜州段

凉州西北行90公里至番禾县（今永昌县西）。西北越删丹岭（今水泉子），经汉日勒故城（汉日勒县，山丹县东南），共100公里至删丹县（今山丹县）。该县在删丹山（焉支山）北25公里处，唐置删丹镇。又西行60公里至甘州治所张掖县。张掖地处河西走廊东西与南北交通的汇合点，是重要的交通枢纽。

甘州西行95公里至建康军（约在今高台县西南20公里处），西出崆峒山盐池之南，又西偏北行105公里至肃州治所酒泉县。另一路从甘州略循弱水（张掖河）西北行150余公里至盐池峰（盐池），西南过白亭海（今临水堡地区）南115余公里至肃州（此线不常用）。肃州西行110公里至玉门县,再西行经沙头故城共150公里至瓜州。

(2)瓜州至沙州段

瓜州西北行经唐玉门关,西行32.5公里至常乐县(今安西之西、苦水北)常乐驿。从常乐西至沙州有南北两道:南道有约115—120公里,计有驿站8个(后为6个),重要的有常乐驿、鱼泉驿、黄谷驿、其头驿等。北道计有约100公里,也有数量较多的驿站,如阶亭驿、甘草驿、长亭驿、神泉驿等。

沙州治所敦煌,位于河西走廊西端党河与疏勒河下游最大的绿洲上,是进入今新疆和西藏的门户。

(3)瓜州和沙州至伊州段

瓜州至伊州之路,唐朝时期称为第五道莫贺延碛道。今天可知,其间距离约为350公里,路线大致为从今安西北经白墩子、红柳园、大泉、星星峡、沙泉子、苦水、烟墩、大泉湾、一棵树至哈密。文献记载,瓜州至伊州之间置有10驿,其中最后两驿已不可知。主要的驿站有新井驿、乌山驿、双泉驿等。

沙州至伊州的路线早在东汉时期就已经开辟,此路在唐时称稍竿道,全长约350公里。其所行路线大致从今敦煌西北行下西宁堡(头道沟),折西经大月牙湖、波罗湖、大方盘城(河仓城)、小方盘城(汉玉门关,距敦煌约71公里),又北行33公里至唐盐(咸)泉戍,再北行至稍竿馆(稍竿戍)到达伊州。

(二)天山北路

天山北路,指沿天山北麓从伊州向西抵碎叶,沿额尔齐斯河的东西交通线,以及一些南北向的支线等。主要包括有伊庭道、碎叶道、伊吾军道、庭州北道、庭州南道等。

第六章 隋唐时期丝绸之路的全面繁盛

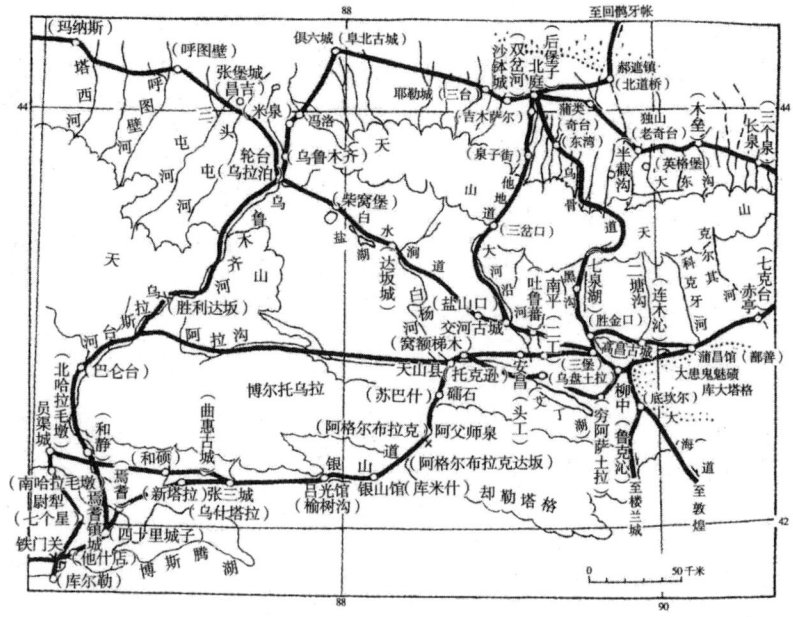

天山北路、天山东路东段诸道局部图

1. 伊庭道

伊州至庭州之间的道路称为伊庭道。伊州即今哈密,位于哈密盆地东部,是从天山北麓东端进入西域的重要门户和第一大站。《新唐书·地理志》记载:"(自伊州纳职县,约在今哈密西偏南60公里的四堡。)西经独泉、东华、西华、驼泉,渡茨其水,过神泉,三百九十里有罗护(有说在今惠井子,也有说在西盐池)守捉。又西南经达匪草堆,百九十里至赤亭守捉,与伊西路合。别自罗护守捉西北上乏驴岭(奥塔尔拉山),百二十里至赤谷;又出谷口,经长泉、龙泉,百八十里有独山(约在今老奇台城附近)守捉;又经蒲类(今奇台县城),百六十里至北庭都护府(今吉木莎尔县城北约12公里的后堡子附近,今称北庭古城)"。

2. 碎叶道

这条道路指庭州至碎叶之间的道路。碎叶在今吉尔吉斯斯坦伊

131

塞克湖之西托克马克城附近,唐以前受西突厥控制,是各族商人杂居之地。658年后唐在此设羁縻州,679年设碎叶镇,为安西四镇之一。719年西突厥十姓可汗请求移居碎叶城,遂以焉耆代碎叶设镇。后为突骑施、葛逻禄所居。

对于碎叶道的路线,《新唐书·地理志》记载:"自庭州西延城(约今北庭古城西南25余公里双岔河村北的双岔河古城)西六十里有沙钵城守捉(约今北庭古城西南25公里左右双岔河村北的双岔河古城),又有冯洛守捉(约今米泉县之北白杨沟附近),又八十里有耶勒城守捉(约系今南距三台镇6公里的古城遗址),又八十里有俱六城守捉(约今阜康北16公里处的阜北古城),又百里至轮台县(今乌鲁木齐南乌拉泊古城)。又百五十里有张堡城守捉(今昌吉县城附近的花园古城),又渡里移得建河(今玛纳斯河),七十里有乌宰守捉,又渡白杨河(似为乌兰乌苏河),七十里有清镇军城(今安集海一带)。又渡叶叶河,七十里有叶河守捉。又渡黑水(奎屯河),又七十里有黑水守捉,又七十里有东林守捉,又七十里有西林守捉。又经黄草泊、大漠、小碛,渡石漆河(精河),逾车岭(登努勒台山),至弓月城(今伊宁市东北26.2公里的吐鲁番圩孜古城)。过思浑川(霍尔果斯河),蛰失密城(不详),渡伊丽河(伊犁河),一名帝帝河,至碎叶界。又西行千里至碎叶城,水皆北流入碛及夷播海。"

3.伊吾军道

伊吾军道主要指伊州和北庭至伊吾军驻地之路。唐朝时期,伊吾军属北庭都护府统辖,驻扎在北庭东350公里、伊州西北150公里折罗漫山北甘露川。(折罗漫山又名时罗漫山,指今哈密之北巴里坤东南的松树塘一带的山岭。)伊吾军于唐景龙四年(710)置,兵士3 000人,马300匹,由伊州刺史兼任伊吾军使。伊吾军治所,约在巴里坤湖东北的大河古城,这条道路的具体路线是:从今哈密北上南山口,经南山口与口门子间 24 公里长的谷道,北行经奎苏斜插大河古城。伊吾军驻地到北庭的路线,大致是从大河古城西南行,经巴里坤湖南岸转西行,又经今石泉子、芨芨台、色必口、大石头,向西接三个泉与伊庭相合。《新疆图志·道路志》记载,北庭至伊吾军治所的里程在 860 里左右。

4. 庭州北道

庭州北道,指庭州辖境内伊庭道与碎叶道以北诸道。这条道路还可细分为五咄陆道[3]、回鹘道和额尔齐斯道三道。

回鹘道是值得注意的一条路线,这是因为 8 世纪 60 年代,由于吐蕃占据河西和陇右,传统的丝绸之路被阻断,唐安西、北庭都护府与中央政府的联系开始假道于回鹘道。[4]具体路线是,首先,从长安(西安)出发,至灵州。灵州在今宁夏回族自治区灵武县西南约 10 公里(或在今灵武县崇兴乡附近),这里"北控河朔,南引庆凉,据诸路上游,扼守西陲要害"。是漠北诸族入寇、中国大军出击漠北的重要孔道。灵州是据长安最近的重要边镇,唐在此设朔方节度使,置朔方军屯重兵。安史之乱时,唐朝靠此军收复两京。在秦、兰、原、会诸州陷于吐蕃后,灵州又成为东西交通的枢纽。唐长安至灵州有东西两道:东道自长安出发,西北行经邠州、庆州(庆阳),过青冈川大道至灵州,全长 605 公里;西道从长安至原州,又自原州北行经萧关县(萧关县,唐神龙年间以他楼县改置。在原州北 90 公里,今海原县李旺堡、上新堡蔡家沟一带。萧关县是原州北出灵州之要道,其南北的大道,唐代又称萧关道,唐诗中有不少吟诵萧关道的名句),折西沿葫芦河经黄河东南岸咀沙新县,再折东北沿黄河南岸到灵州。其次,从灵州至回鹘牙帐之路。这条路大体是从灵州北渡黄河 9 公里至唐代的灵武县,沿河西岸东北行约 21 公里至宏静县(汉故城,后更名保静)。又 30 公里至怀远县(银川),从此北行约百里至定远县、定远镇(约当今平罗县)。又沿黄河西岸北行过贺兰山北乞伏山(石嘴山?),北行至西受降城,西受降城距灵州450余公里。从西受降城西北行至高阙(西城),地处今狼山口或其北笔架山一带。高阙北行150公里至碛口即鹏鹈泉,再行750公里至回鹘牙帐。

额尔齐斯道,指沿额尔齐斯河行进的东西交通线。这条路线的东段,大致与科布多以东回鹘道重合,科布多以西越过阿尔泰山后沿额尔齐斯河西行至斋桑泊,然后南下河中地区与中亚交通线相连接,或越过阿尔泰山后沿布伦古河、布伦托湖经塔城一带至中亚地区。

5. 庭州南道

庭州南道,指庭州辖境内伊庭道与碎叶道之南,越天山,与天山以南相通之道。其中主要有庭西道、庭焉道和尤尔都斯三道。

庭西道,即从庭州南穿博格达山至西州诸道。唐时也称"他地道""乌骨道"等,其重要出入口约在今吉木萨尔县南泉子街一带。

庭焉道,据《旧唐书·西突厥传》记载:自焉耆"正北八日行,至其北庭(西突厥的北庭可汗浮图城,今之北庭古城)"。此路应是从今北庭古城西南经乌鲁木齐南乌拉泊古城(轮台县),南越胜利达阪入尤尔都斯盆地,经巴仑台至焉耆县南四十里城的博格达沁古城(焉耆镇)之路。

尤尔都斯道,指通过尤尔都斯盆地诸道,或称天山中道。此道与今从托克逊入山西经阿拉沟、巴仑台、察汗诺尔、小尤尔都斯沿巩乃斯河、伊犁河至伊宁公路基本相同。这是一条比较重要的交通线。

(三)天山东路

西起乌鲁木齐,东到伊吾附近的天山称东天山,该地区的交通路线可概称为天山东路。其主要路线有伊西道、西州北道、西州南道、焉耆道。

第六章 隋唐时期丝绸之路的全面繁盛

1. 伊西道

伊西道指唐代伊州至西州之路。《新唐书·地理志》记载：自伊州纳职县"西经独泉、东华、西华、驼泉，渡茨萁水，过神泉，三百九十里有罗护守捉。又西南经达匪草堆，百九十里至赤亭守捉，与伊西路合"。现在可知，这条路线大致是从今哈密（伊州）西经惠井子（罗护）、七克台、鄯善县、连木沁、胜金口南下高昌古城（西州治所），全程475—485公里。

2. 西州北道

唐代西州北至庭州之路，简称西州北道。《西州图经》记载，西州北至庭州有六条道路，目前较为清楚的主要为他地道、乌骨道，其他四条路线尚不甚清楚。

3. 西州南道

西州南道，大体可分向东南、南和西南三个方向，前两者因资料匮乏难以确指。西州西南通焉耆。这一路线应从柳中西偏南行，沿艾丁湖北岸直抵天山县。

4. 焉耆道

焉耆道，指从吕光馆至焉耆镇城和焉耆国都，并南出铁门关之路。今天看来，从吕光馆至焉耆镇城的路线，应该是从旧房川一带经额格尔齐塔克，西至乌什塔拉东南马兰的兰城子，又经新塔拉遗址附近，西南渡开都河抵焉耆城。还有一条路，应该是从兰城子西偏北行至曲惠古城（危须国都），向西经西地至北哈拉毛墩古城，渡开都河又至南哈拉毛墩古城。这条道路约长350公里。

（四）天山南路

天山南路，指天山南麓与塔克拉玛干大沙漠北缘之间的交通线。这条交通线东起今甘肃、新疆交界处，西止于碎叶。主要有龟兹东道、龟兹西道、热海道、龟兹南道四条主要的路线。

1. 龟兹东道

这条交通线指东出焉耆铁门关西到龟兹都城和唐安西都护府的路线。《新唐书·地理志》记载:"自焉耆西五十里过铁门关,又二十里至于术守捉城(今库尔勒之北),又二百里至榆林守捉(今阿克墩),又五十里至龙泉守捉(今策达雅附近),又六十里至东夷僻守捉(今阳霞附近),又七十里至西夷僻守捉(今轮台县附近恰库木拜克戍堡),又六十里至赤岸守捉(今拉伊苏河东岸戍堡),又百二十里至安西都护府。"

2. 龟兹西道

指从库车至阿克苏附近温宿县和乌什县城的道路。《新唐书·地理志》记载:"安西西出拓厥关,渡白马河,百八十里西入俱毗罗碛。经苦井,百二十里至俱毗罗城。又六十里至阿悉言城。又六十里至拨换城,一曰威戎城,曰姑墨州,南临思浑河。"孟凡人认为,龟兹西道大致是从皮朗古城西南经柯西吐尔烽、库木吐尔烽至玉其土尔古城渡渭干河、然后至羊塔克库都克,又西行至哈拉玉尔滚,至阿克苏。阿克苏至乌什县城,记载较为混乱,可知从拨换城至乌什县城,有100公里左右。

3. 热海道

唐代从安西都护府经热海至碎叶之路即"热海道"。这条交通线首先是如前文所言的由安西都护府到达乌什县城的路线,然后,就是从大石城(今乌什县城)到勃达岭(今别迭里达阪)再到碎叶(托克马克)的路线。这条道路的里程有282公里左右。

4. 龟兹南道

指从龟兹境内的拨换城南至据史德城之间的道路。《新唐书·地理志》记载:"自拨换……西南渡浑河(今浑巴什河),百八十里有济浊馆,故和平铺也。又经故达干城,百二十里至谒者馆。又六十里至据

第六章 隋唐时期丝绸之路的全面繁盛

史德城（今图木休克北托库沙赖古城，地在喀什喀尔河北岸孤石山），龟兹境也，一曰郁头州，在赤河北岸孤石山。"

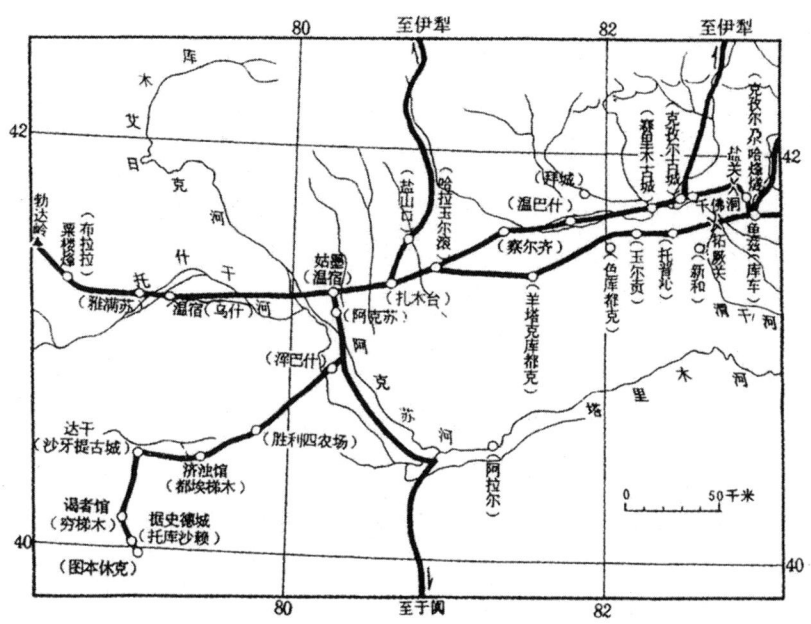

天山南路龟兹西道、南道和热海道

（五）昆仑北路

昆仑北路，指帕米尔以北、塔克拉玛干沙漠西缘之西，昆仑山和阿尔金山北麓与塔克拉玛干沙漠南缘之间的古代丝绸之路。昆仑北路的主要路段，即是汉代的西域南道。但是，这条道路在汉代、唐代差异较大。唐时，昆仑北路包括有疏勒道、于阗西道和南道、于阗北道和东道三条主要支线。

1. 疏勒道

疏勒道指以疏勒国都（今喀什附近）为中心，向四面展开的交通线。这里北通姑墨，南越帕米尔高原通往印度河上游地区，东通于阗，西通费尔干纳盆地，塔克拉玛干沙漠南、北缘交通线在此交汇，是丝绸之路上的重要交通枢纽。

2. 于阗西道和南道

两汉时期,西域南道终于莎车、葱岭。唐朝时期,这一路线有所延长。现在可知,这一交通线最西可达今天的巴基斯坦、阿富汗,并与中亚相通。

3. 于阗北道和东道

于阗北道和东道所经路线现在都已沦为沙漠,从历史来看,这条交通线主要指的是从于阗国都向北穿过塔克拉玛干沙漠至姑墨的道路。

4. 沙州道

沙州道即指从播仙镇、石城镇东北至沙州治所敦煌的交通线。《新唐书·地理志》记载:"又一路自沙州寿昌县西十里至阳关故城,又西至蒲昌海南岸千里。自蒲昌海南岸,西经七屯城……又至石城镇……又西至新城,亦谓之弩支城……又西经特勒井,渡且末河,五百里至播仙镇……"从今天的考察看来,路线应为敦煌、汉玉门关、疏勒河谷地、羊塔克库都克、库木库都克、科什兰孜、洛瓦寨、墩力克、帕合塔布拉克、米兰古城、若羌、石城镇故址。

(六) 隋唐时期通往南亚、中亚、西亚的其他路线

首先,葱岭西路,指从塔什库尔干越葱岭至今巴基斯坦和阿富汗北部,又北至今中亚地区的交通线。这条道路主要有吐火罗道(吐火罗地区主要包括了今天的阿富汗、巴基斯坦北部)、粟特(主要指今天布哈拉和撒马尔罕为中心的地区)道。这两条路线把中国与巴基斯坦、阿富汗、中亚连接在了一起。

另外,还有通往地中海的路线,主要包括了泰西封道、安俄克道和罗马道。它们将中国与西亚、欧洲连接了起来。

总之,唐朝安史之乱爆发前,丝绸之路的路线更加众多且日益成熟,汉字在这条道路沿线的流传明显增多。

第六章　隋唐时期丝绸之路的全面繁盛

第二节　隋唐时期中央政府对丝绸之路的经略

一、在丝绸之路沿线建立州郡、都护府进行直接统治或监督

隋唐两代政府都在丝绸之路上继军事活动的胜利之后,采取了一系列措施大大加强对这条路线沿线区域的控制。

1. 道、郡、州府等行政单位的设置

隋朝在吐谷浑灭亡后,在其原来控制的区域,设西平郡、西海郡、鄯善郡、且末郡、伊吾郡等。到了唐朝,则在其西北地区统一设陇右道。道下设府、州、县、乡、里等。其中,陇右道东部,唐朝在伊吾(新疆哈密)设西伊州(后改名为伊州)、沙州、瓜州、肃州、甘州、鄯州、兰州、河州、渭州、秦州等。唐朝在上述地区按律令推行与中原大同小异的均田制、租庸调制、差科、府兵制等制度。

2. 都护府的设置

陇右道西部,今天的新疆大部、中亚地区是唐朝时期西北丝绸之路的中段,唐朝在这些地区设置了大量的都护府。目前可知最大的都护府为安西都护府(640年所置)和北庭都护府(702年所置,前身为金山都护府)。安西都护府和北庭都护府是唐朝设在西域的最高军政统治机构,安西都护府的职责是管理天山以南的塔里木盆地及葱岭以西、楚河以南广大中亚地区的都督府和羁縻府州,而北庭都护府的职责则是管理天山以北及巴尔喀什湖以东、以南广大游牧地区的都督府。

在都护府之下,唐朝又设置都督府和州,这些州府称羁縻州,唐政府不向其征收赋税,其长官由原来的统治者充任。可知安西都护府有月氏都督府(设在吐火罗国阿缓城,今昆都士)、大汗都督府(设在嚈

哒部落控制的活路城,今阿富汗北部,或在巴里黑古城)、条支都督府(设在柯达罗支国治伏宝瑟颠城,柯达罗支《大唐西域记》和《新唐书》记载其都城为鹤悉那,今译为加兹尼或哥疾宁,在喀布尔以南155公里处)、天马都督府(设在解苏国数瞒城,在杜尚别西南20公里吉沙尔河旁的卡拉舒德曼城址)、高附都督府(设在骨咄施国治妙沙城,其地可能在今塔吉克斯坦库尔干秋别东偏北的库里亚布一带)、修鲜都督府(设在罽宾国纥城,其地有人认为在喀布尔以东,有人认为在喀布尔北80公里的贝格拉姆古城)、写凤都督府(设在帆延国罗烂城,其地有说在昆都斯河河源一带,也有说在巴米扬地区)、悦般州都督府(设在石汗那国,今乌兹别克斯坦东南部的迭脑附近)、奇沙洲都督府(设在护时犍国遏密城,其地当位于今阿富汗西北部的希比尔甘一带)、姑墨州都督府(设在怛没国的怛没城,今捷尔梅兹)、旅獒州都督府(设在乌拉喝国的摩喝城,其地可能在土库曼斯坦与阿富汗西北之安德胡伊地区)、昆墟州都督府(设在多勒建国的低宝那城,其地可能在波斯东部边境的塔里寒,即今土库曼斯坦东南部穆尔加布河流域)、至拔州都督府(设在俱密国的褚瑟城,其地约在塔吉克斯坦的达尔瓦兹地区)、飞鸟州都督府(设在護密多国的摸逵城,今阿富汗的瓦罕地区)、王庭州都督府(设在久越得犍国的步师城,其地介于卡菲尔尼汗河与瓦赫什河之间,今塔吉克斯坦西南角沙尔图兹北库巴地雍)、波斯都督府(设在波斯国疾陵城,波斯王子卑路斯为都督。疾陵城在波斯东境锡斯坦的首府扎兰季)等,同时,这些都督府又都设有较多的州。像月氏都督府是最大的都督府,下面就有20个州,如蓝氏州、大夏州、粟特州等。

　　北庭都护府则有哥係州都督府、孤舒州都督府、西盐州都督府、东盐州都督府、叱勒州都督府、迦瑟州都督府、答烂州都督府等。遗憾的是,由于年代久远,北庭都护府内都督府下辖的很多州府多已不能知晓。[5]

作为军政统治机构,都护府之下的军事建置有军、镇、戍、守捉、堡、烽燧等。各军都有专名,如北庭都护府的伊吾军(在伊州)、天山军(在西州)、瀚海军(在庭州)、静塞军(在轮台县)、清海军(在都护府西 350 公里)、金牙军(伊犁地区)等。军队数量较多,如安西都护府天宝元年前后驻军 2.4 万人。守捉以帕米尔高原的葱岭守捉最著名。镇主要指安西四镇,即碎叶镇(后以焉耆代碎叶)、于阗镇、疏勒镇、龟兹镇。

总之,隋唐时期,丝绸之路的东段(今甘肃、宁夏、青海)长期受到中原汉文化的影响,因此这些地区的统治是以直接建立与中原相同的行政制度为其统治特点的,但是,丝绸之路的中段(即今天的新疆)、西段,唐朝政府西部乃至丝绸之路的西段,均因离中原过于遥远,因此唐朝政府设置羁縻府州进行间接管理与监督(新疆东部某些地区除外,如高昌,系直接统治)。

二、大力发展丝绸之路沿线的邮驿事业

1. 隋唐时期驿数量的增加

隋唐时期继续发展南北朝时期的驿传合一制度,"驿"代替了以往所有的"邮""亭""传"。驿的任务包罗万象,既负责国家公文书信的传递,又负责传达紧急军事情报,还兼管接送官员、怀柔少数民族、平息内乱、追捕罪犯、慰抚灾区和押送犯人等各种事务,有时还管理贡品运输和其他小件物品的运输。隋唐时期的驿遍布全国,像一面大网覆盖全国各地。

2. 西北驿道(丝绸之路)为唐朝时期最重要的驿道之一

著名散文家柳宗元在《馆驿使壁记》中记载,唐时以首都长安为中心,有七条重要的放射状的驿道,通往全国各地。其中,第一条即是从

长安到西域的西北驿道。这条驿道,自长安经泾州(治所在今甘肃泾川北)、会州(治所在今甘肃靖远北)、兰州、鄯州(治所在今青海乐都)、凉州(治所在今甘肃武威)、瓜州(治所在今甘肃安西东南)、沙州(治所在今甘肃敦煌)直达安西(今库车)都护府。

从新疆到中亚也有驿道。安西西域道,即是从安西出发,向西到达中亚、西亚、南亚的重要路线。在这条道路上,同样穿梭着因公文、军事、贸易而往返于这条道路上的各色人等。

3.完善的邮驿制度

隋唐时期,邮驿制度的完善,保证了丝绸之路上驿传的正常进行。通过《唐会要》和《大唐六典》关于邮驿律令的记载,可以看出唐王朝存在一个相当完备的邮驿系统。在王朝中央和地方,有专职的邮驿官吏。按照《大唐六典》的记载,唐政府规定,六部中的兵部下设的驾部郎中,专管国家的驾舆和驿传之事。驾部郎中同时也管马政,这样方便邮驿中马匹的统一使用。在地方,唐朝有一整套的邮驿管理机构。诸道节度使下,有专管邮驿的馆驿巡官四名;各州,则由州兵曹司兵参军分掌邮驿;到县一级,则县令兼管驿事。县以下,唐肃宗以后,任命驿长主管。

唐朝时期,由于对西北地区的重视,新疆的驿路建设引人注目。唐朝的西州(今吐鲁番一带),北可以抵达庭州(今乌鲁木齐),南可以到达沙州,东抵伊州(治所在今哈密),西至安西,宽阔的驿路将这些地区紧密联系在一起。西州内部建有驿路11条,据今存《西州志》残卷载,计有花谷道、大海道、银山道等。敦煌遗书《沙洲图经》一共记载了20个驿站,名称有州城驿、横涧驿、阶亭驿、双泉驿、第五驿、悬泉驿、无穷驿、空谷驿等。可以看出,这些驿,有些近城,有些近涧泉,有些在惊险的山路上。值得注意的是,这20个驿站集中在今敦煌县一个县境内。一县就有这么多驿站,可见当时敦煌地区驿路是相当发达

第六章　隋唐时期丝绸之路的全面繁盛

的,管理也十分严格。

据《新唐书·地理志》记载,唐朝在新疆设有许多驿馆。如在焉耆设有吕光馆、新城馆,在交河设有龙泉馆,在碎叶、疏勒沿途设有谒者馆、羯饭馆等等。这些驿馆很明显是为了接待少数民族客人和外国使节、客商用的。

唐朝规定,全国各地的邮驿机构,各有不等的驿产,以保证邮驿活动的正常开支。这些驿产,包括驿舍、驿田、驿马等有关邮驿工具、日常办公用品和馆舍的食宿所需等等。1973年,在吐鲁番阿斯塔纳古墓群挖掘出土了当年马料收支账本,则证明了上述观点。

完善的邮驿制度保证了邮递的高效率。唐代著名诗人岑参,在从敦煌西行到北庭都护府(今新疆吉木萨尔北破城子)时,描写沿途的驿站设施说:"一驿过一驿,驿骑如星流",可见当时中外交通的盛况。

从吐鲁番遗址中发现一篇唐代军事文书,是唐高宗时所任命的波斯军的将军怀岌寄给波斯军使(波斯军的最高长官)杜怀宝的文书。怀岌向长官汇报了军情,同时提出要求在军中配备向导(傔人)和翻译(译语)。这封信给历史研究者提供了一个重要证据,即唐高宗年间中国和波斯曾存在过长期的军事争夺,有过直接军事交锋,这才有当时唐朝"波斯军"的编制。而这封信的出土,也说明了唐朝时期边疆邮驿十分发达,邮递军事文书的效率是相当高的。

最后,在唐朝法律中,关于邮递过程中出现的种种失误都有细致的处罚规定。稍有差错,便要受到严厉的处置。驿丁中,大部分是被迫服劳役的百姓,也有一部分是犯法的囚徒。

不过,唐朝中期以后,邮驿制度开始混乱,一些贪官污吏利用驿传任意克扣驿丁的口粮,使他们的生活更为艰苦。唐武宗时候,肃州(治所在今甘肃酒泉)地区终于爆发了我国历史上第一次驿丁起义。这次起义为首者氾国忠、张忠都是亡命的囚犯。他们从肃州一直打到沙州,一路上得到了各驿户的响应。这给予唐统治者很大震动。

三、设立关卡,加强管理

1."公验""过所"制度的推行

为纠察奸宄、保证丝绸之路沿线的交通安全,唐朝政府对来往行人颁发"过所"。行人通过关戍、守捉,必须勘验过所。这是自汉代以来就实行并取得效果的一种制度。唐朝时期,这一制度更加完备。

目前已知,吐鲁番出土的石染典过所、唐益谦过所、蒋化明过所等,是研究"过所"制度的重要资料。

唐代的公验、过所是由政府以立法和法律形式加以确立和规范,对商品流通领域进行综合管理的政治制度,在当时已趋于成熟和完善,并具有申请复杂、批给谨慎、检查严格的特点,是唐政府统治意志的具体体现。

2. 设军置守

为维护社会安定,保证交通安全,唐朝政府在丝绸之路沿线设军置守,从戍、烽、铺到守捉、军、镇,组织严密。据吐鲁番出土文书,自甘州至西州途中有悬泉、苦水、常乐、盐池守捉;自西州至庭州,有赤亭峰、酸枣戍、岸头府游弈所;自西州至安西都护府途中有铁门关镇戍守捉。通过阿拉沟进入焉耆或伊犁,虽有孔道可以翻越,但山高路险,行旅穿行困难。就是这样的所在,也同样有烽、铺派兵把守,维护交通安全,可见其组织的严密。[6]

四、在丝绸之路沿线实行屯田制度,保障给养

为保障丝绸之路交通所需的给养,自汉代以来,一项成功的政策就是实行屯田制度。唐代屯田制度同样取得了巨大成功。唐代在西北的军屯,主要分布于河源、河西、河东和西域地区。其中,这些军屯

除了军事需要之外,就起着保护丝绸之路畅通的作用。因此,在已知西域地区,唐朝设安西、北庭两大都护府,驻军四万四千余名。其中,安西都护府有20屯、疏勒7屯、焉耆7屯、北庭都护府20屯、伊吾军1屯、天山军1屯等。屯田制度的实行,其目的是保障丝绸之路上的行政管理机构、沿线驻军、驿馆的开支等。

五、唐朝失去对新疆、中亚地区的控制权与影响力

自7世纪中叶开始,崛起的吐蕃、大食给唐王朝在中亚的影响力以沉重打击。尤其是在唐玄宗天宝九年(750)怛罗斯之战唐军惨败后,加之唐朝内部"安史之乱"的爆发,唐朝军队撤离甘肃,在塔里木盆地、准噶尔盆地的驻军被弃之不顾,他们因为吐蕃占领河西走廊而被截断了退路。842年吐蕃国亡,唐朝决定不再收复其失去的新疆、中亚地区。"这意味着在18世纪清朝收复新疆前,中国再也不能有效地控制敦煌和哈密以西的地区了。这也意味着中国永远丧失了作为中国文化区的一部分的中亚地区。集印欧、伊朗、印度和中国诸影响于一身的这一地区的丰富复杂的文化,在突厥人、中国人、吐蕃人、阿拉伯人和回鹘人的连续的冲击下被破坏;在以后的几个世纪中,从伊朗直至甘肃边境的整个区域逐渐成为伊斯兰教世界的外围区,而不再是中国文化和中国政治势力的前哨了。"[7]

六、丝绸之路的衰落

在主要的遗址中,包括尼雅、龟兹、高昌、撒马尔罕、敦煌等,贸易都存在,但规模有限。已知的贸易,多以本地货物的贸易为主。隋唐时期,官府作为货物的购买者在丝路贸易中扮演了主要的角色。海量财富从中原注入有大量驻军的西北地区,这是755年之前盛唐时期丝路贸易繁荣的原因。例如,745年有两批丝绢运到敦煌的军营,总量

达到 15 000 匹。据《通典》记载,730 年至 750 年,唐朝政府每年向西域投入多达 90 万匹绢帛,这比任何有记载的个人贸易的交易额都要大得多。正是这种投入支撑了西部丝路的繁荣。755 年安史之乱爆发后,唐朝就切断了对该地区丝帛的供应,丝路经济随之崩溃,丝绸之路走向衰落。

第三节　西北丝绸之路上的主要民族及国家

隋唐时期是中国历史上的又一个大一统时期,隋朝建立的很多制度与政策对后世都产生了重大的影响,尤其是对紧随其后的唐朝。唐朝基本上沿袭了隋朝的各项制度与政策,并成为这些制度与政策最大的受益者。隋唐统治的 300 多年,是中国文化影响整个东亚文化政治的历史时期,在此后,东亚文化圈正式形成。

西北丝绸之路在隋唐时期发挥着重大的作用,其沿线的重要少数民族及国家主要有突厥、吐谷浑、薛延陀、回纥、吐蕃、粟特、吐火罗、大食等。

一、突厥

突厥族原来游牧于中亚的叶尼塞河上游,后来迁徙到高昌的北山(博格多山),以从事锻铁而闻名。5 世纪中叶,柔然征服了突厥,把他们迁到金山(阿尔泰山)南麓,强迫突厥人成为柔然汗国的锻奴。6 世纪中叶以后,突厥兴盛起来,先向东于 552 年征服了柔然,拓地到河套以东与东西魏及后来的北周、北齐为邻,567 年又在西边联合了萨珊波斯灭掉了嚈哒。接着突厥人向南侵占到阿姆河以南,囊括了全部中亚地区。此时,突厥的势力比过去的匈奴、嚈哒都要强大。隋开皇三年(583),由于突厥统治阶级的内讧,以阿尔泰山为界,分裂为东、西两个汗国。贞观三年(629),唐太宗派李靖、李勣率兵出击东突厥,贞观四年(630),东突厥灭亡。之后,西突厥汗国统治西域、中亚,它是突厥人在西域、中亚建立的第一个政权。西突厥汗国统治西域、中亚100多年(552—657)之后,于657年被唐朝灭掉,西突厥的领地全部划入了唐朝的疆域。唐朝在西突厥汗国统治区建立了羁縻统治,羁縻州府的官员大多数由突厥贵族担任。661年,唐朝在于阗以西至原萨珊波斯东北界,设置了二十多个都督府,这些都督府属于安西大都护府管辖,后来又设北庭都护府,对这些都督府进行分别管理。一直到751年(唐天宝十年)安西四镇节度使高仙芝被大食在怛罗斯之役中击败,唐朝的势力才随之逐渐退缩到葱岭以东。

二、吐谷浑

吐谷浑是鲜卑慕容部的一支,原居于徒河之青山(辽宁义县境内)。在西晋末年鲜卑大迁徙的时候,吐谷浑部迁徙到今青海。它逐渐征服了当地的羌族,建立起吐谷浑国。5世纪中叶,吐谷浑又扩张到今新疆东南部地区,辖境"东西三千里,南北千余里"[8],形成一股强大势力。

在东突厥帝国全盛时期,吐谷浑早已是突厥的附庸。他们在青海湖周围有牧地,其地位于通往玉门关沿线一些卫戍市镇之南,几个世纪以来,他们对这些市镇不时进行袭扰。608年,他们受铁勒部的攻击,其可汗派一使者要求臣服于隋朝并得到援助。炀帝派凶悍的宇文述率军前往"欢迎"。吐谷浑一见这支欢迎的军队就四方溃逃。隋朝军队发动进攻,取首级数千,俘获其首领,并使约4000人沦为奴隶。据记载,"其故地皆空,东西四千里,南北二千里为隋有。置州、县镇戍,天下轻罪徙居之"。[9]但是,吐谷浑后来仍然一度复国。

唐初,吐谷浑数次侵袭唐朝的西北边境。贞观九年(635),唐出兵吐谷浑。吐谷浑王伏允兵败，奔走至鄯善，自杀。从此吐谷浑分成东西二部。西部吐谷浑由伏允子达延芒结波率领，居鄯善，后来降伏吐蕃，吐蕃称作"阿柴"或"阿辖"。伏允另一个儿子伏顺，也自立为君，举国投唐，此为东部吐谷浑。因为伏顺曾在长安为隋朝的质子，深受汉文化的影响。唐太宗认为，伏顺成长于长安，易受唐朝的政治影响，故而承认他为新可汗。但是后来，随着吐蕃向甘青地区的扩张，唐龙朔三年（663），东部吐谷浑也为吐蕃所灭。

吐谷浑人民主要过着游牧生活，但已开始有了农业。由于和汉族关系密切，因而汉族的制度、文化对吐谷浑影响很大。《晋书·吐谷浑传》中说，吐谷浑初期的官号有长史、司马和将军等，均沿用汉名。还说吐谷浑人颇识文字，懂得历史，并有简单的法律。这里，它的"颇识文字"显然应该是汉字。

三、薛延陀、回纥

汉、魏时期的丁零族（又有敕勒、高车等名称），隋唐时期称为铁勒。突厥兴起后，居住在漠北的铁勒有薛延陀、回纥等十五部，都受突厥汗国的统治。其中，薛延陀和回纥在东突厥汗国瓦解后，相继在漠北建立了政权。

1. 薛延陀汗国

薛延陀是由薛、延陀两个部落合成的。628年，薛延陀首领夷男被推举为可汗，唐太宗为了拉拢其共同对付东突厥，册封其为真珠毗伽可汗。东突厥630年灭亡后，薛延陀汗国的领土东接室韦（额尔古纳河一带），西至金山，南接漠南突厥，北临瀚海，成为漠北的一大势力。646年，薛延陀为回纥、唐朝所灭。647，唐太宗于其地设六府七州。

2. 回纥汗国

回纥即今天维吾尔族的祖先。回纥因其部众多，又有"九姓回纥"

之称。隋唐时期,其与仆固、浑、拔也古等结成联盟,史称"九姓"铁勒。在反抗突厥统治者的长期斗争中,回纥日益强大。647 年或 648 年,唐在铁勒诸部置羁縻州府,回纥部为瀚海都督府,唐朝委任回纥酋长吐迷度为怀化大将军兼瀚海都督,由唐燕然都护府管辖。但吐迷度在部落联盟内部却自称可汗,置官吏,建立起汗国。682 年,因受东突厥后汗国压迫,迁到甘(张掖)、凉(武威)间近 40 年。8 世纪 40 年代初,东突厥汗国内乱,回纥趁机返回漠北。回纥首领骨力裴罗时期,唐玄宗册封其为怀仁可汗。840 年,回纥将军句录莫贺勾引黠戛斯破可汗城,回纥汗国灭亡。

回纥汗国灭亡后,一支迁移到河西走廊定居,史称"甘州回鹘"。一支进入吐鲁番,史称"西州回鹘"。一支十五部迁至天山北麓及葱岭以西地区。后两支定居新疆的回纥,发展为今天的维吾尔族。

回纥与唐的关系较好,两者有大规模的绢、茶与马匹的互市贸易。755 年安史之乱后,回纥发兵援唐,助唐收复长安和洛阳。

四、吐蕃

吐蕃是藏族的祖先。629 年,松赞干布继赞普位,在他统治时期,吐蕃成为一个奴隶制强国。在松赞干布以后,吐蕃和唐朝展开了激烈的斗争。663 年,吐蕃灭唐朝的属国吐谷浑,占有今青海地区。不久,吐蕃又侵入西域地区。安史之乱后,唐朝国力衰落,吐蕃不仅完全控制了西域,还夺走了河西和陇右地区。763 年,吐蕃一度攻陷唐朝的首都长安。8 世纪下半叶吐蕃达到了其国力的巅峰时期。

进入 9 世纪后,吐蕃开始由盛转衰,不再向外扩张。842 年后,吐蕃也很快陷入分裂。851 年,河陇地区重又为唐朝所控制。

五、粟特人

粟特人主要分布在今天的中亚地区。658 年,唐朝在撒马尔罕城设置康居都督府,以康国国王拂呼曼为都督。此后,康国国王的继位都要得到唐朝的册封。696—697 年间,武则天封康国大首领笃娑钵提为康国国王;笃娑钵提死后,其子泥涅师的继位也得到唐朝册封。731 年,康国国王乌勒(710—739 在位)上表,请封其子咄曷为曹国国王,唐玄宗同意。739 年,乌勒卒,唐遣使册封咄曷继承父位。天宝三载(744),唐又封咄曷为钦化王,他的母亲被封为郡夫人。

六、大食

632 年穆罕默德去世时,阿拉伯半岛已经完成统一。穆罕默德建立的帝国,中国史书一般称之为"大食"。大食在哈里发统治时期,四处扩张,向东它消灭了萨珊帝国,然后逐渐吞并在吐火罗和河中地的一些四分五裂的城邦;这些城邦原来是突厥的附庸,后来一度受唐王朝的保护。尽管遭到一些挫折,751 年怛罗斯之战后,大食的政治统治以及伊斯兰教的地位在吐火罗、河中地和拔汗那(费尔干纳)区已很牢固。

注 释:

[1]《隋书·炀帝纪》大业五年:三月己巳,车驾西巡河右。庚午,有司言,武功(今陕西武功西北)男子史遵与从父昆弟同居、上嘉之、赐物一百段,米二百石,表其闾门。乙亥辛扶风(陕西凤翔)旧宅。夏四月己亥,大猎于陇西。壬寅,高昌、吐谷浑、伊吾并遣使来朝。乙巳,次狄道(今甘肃临洮)。党项强来贡方物。癸亥,出临津关(今青海循化东),渡黄河,至西平(青海乐都),陈兵讲武。

[2]本章所述丝绸之路上的主要线路,主要借鉴自孟凡人的《丝绸之路史话》一书中的观点与分析,详见孟凡人:《丝绸之路史话》,社会科学文献出版社,2011 年。

[3]五咄陆诸部中的处木昆部、胡禄屋部、摄舍提部、突骑施部 4 部,大部分都分布在今额尔齐斯河流域塔城、博乐、精河、乌苏一带。北庭都护府与这些部落之间的

第六章 隋唐时期丝绸之路的全面繁盛

交通线,资料记载不甚明确。

[4]回鹘道主要有三条。第一条是灵州(宁夏灵武)至回鹘牙帐之路;第二条是甘州(张掖)至回鹘牙帐之路;第三条是北庭至回鹘牙帐之路。此外,还有一条很少使用的从长安至延州(延安)、夏州、丰州至西受降城(今五加河附近),达回鹘牙帐之路。

[5]谭其骧主编:《中国历史地图集——隋·唐·五代十国时期》,中国地图出版社,1982年,第61—62页,第63—64页。

[6]王炳华:《西域考古历史论集》,中国人民大学出版社,2008年,第10页。

[7][英]崔瑞德编,中国社会科学院历史研究所、西方汉学研究课题组译:《剑桥中国隋唐史》,中国社会科学出版社,1990年,第34页。

[8]《周书》卷五十《吐谷浑传》。

[9]《隋书》卷八十三《吐谷浑传》。

第七章 隋唐时期汉字在西北丝绸之路上的流传

第一节 19世纪末20世纪初外国探险家的汉字考古发现

一、斯坦因的考察

（一）和阗地区

（注：和阗丹丹乌里克）在附近垃圾堆积的地方所掘得的中国，由此可以判断此地的年代。

在其他寺庙遗址中发现的一些中国文书，经巴黎大汉学家、斯坦因的中国记载方面的导师，故沙畹教授(prof. Chavannes)的审查，证明这些文书是一些要求偿债、小借款的字据，以及当地小官吏的报告之类。中国人对于年代的观念甚强，所以这些文书上都有着明确的年代，自建中二年(781)至贞元二年(791)不等。

这些文书都散置于居室或厨房的底层房屋垃圾堆中，从文书的性质和发现时的情形来看，可以断言文书书写的年代当在此地被占领的最后几年，因最后放弃此地，因而弃置。这由在此所得的中国古钱年代只至上元元年(760)为止，更可以完全证明。

这样所推定的放弃时代，与中国正史所记唐代中国据有塔里木盆地止于贞元七年(791)左右的记事，非常符合。中国权力之衰落以及西藏人之入侵，必然导致和阗此时陷入一个特别混乱的时期。

第七章 隋唐时期汉字在西北丝绸之路上的流传

自 1998 年起,很多于阗语文书和来源不明的文物——最可能来自丹丹乌里克或其附近——开始在文物市场上出现。2004 年,中国国家图书馆买下一部分来自丹丹乌里克的文书。于天宇专家辛勤工作,解读并翻译了这些文书。最早的丹丹乌里克文书年代为 722 年,是一组木简,发现于丹丹乌里克以南、达玛沟的一处小遗址。这些木简宽不过 2.5 厘米,长 19 厘米到 46 厘米不等。木简主要是用于记录政府的税收情况的。因此,木简上用汉语和于阗语给出了纳税人姓名、粮食缴纳量以及缴税年份,并且所有木简都遵循同一格式。

这些双语木简非常珍贵。它们反映了 8 世纪唐朝政府对社会的管理一直延伸到最基层,即使是缴纳最小额的税谷也要用当地人的语言于阗语和中央政府的文字做双语记录。同样,官员的头衔也有于阗语和汉语两种。这说明于阗地区至少是双语地区。

1901 年斯坦因第一次去安得悦遗址考察,在一有圆形城壁保护的小堡内开始发掘,寺内殿壁嵌有一块汉字碑,记一中国官员到此之事,年代为唐玄宗开元七年(719)。加以所得西藏文文书,可以断定此堡在 8 世纪必已为西藏人所据,到 8 世纪终了时,连塔里木盆地也受到西藏人的统治了。

(二)吐鲁番遗址的考察[1]

"1915 年 1 月在木头沟附近……从木头沟口峡口下降处有一满是石块的荒地,位于阿思塔那(Astana)大村之上,西边和哈剌和卓相接,那里有一大片古坟场。……把每一座坟墓作有系统的研究之后,可以明白这些坟墓都是西元后第七世纪初年到第八世纪中叶之物。……紧靠许多坟墓的入口处并还找到一些汉文砖志,可为年代上作一证明。据翟理斯博士(Dr. Giles)和马伯乐教授(Professor Maspero)的解释,这些墓志记的是死者的姓名、年代、生平,等等。这同在有些坟墓中所找出的汉文文书上面所写的年代也相符合。那些文书的内容都是一些日常例行的琐细公事,如驿站的建立,书信的登记,部属的过失之类,大约视为废纸,所以放入坟内。"

如前文所述,吐鲁番当地的人们习惯于把有字的纸做成鞋、腰带、帽子和衣服进行陪葬,而吐鲁番的干燥气候又有助于保存纸张织物等。因而斯坦因在这里能够发现一些中文文书。到了1958年,阿斯塔纳得以系统发掘。遗址中出土了大量的文书。学者们把这些文书进行了拼接,并予以发表。1959年以来,考古学家在阿斯塔纳和哈拉和卓共发掘墓葬465座,其中205座有文书出土。截至目前,发现了大概2000件文书,其中有超过300件的契约。

这些文书最早的时间为公元273年,最晚的为768年。后因吐蕃军队进入西州(吐鲁番)地区,接着回鹘汗国控制西州地区,吐鲁番的文字由汉字而改变为回鹘文,汉字退出了吐鲁番地区。一直到了清朝,吐鲁番重新成为中国中央政府控制的一部分,汉字的流传再次成为可能。

(三)从库鲁克塔格山到疏勒[2]

斯坦因于1914年2月16日离开吐鲁番向库鲁克塔格山出发……后来在从东北经过沙漠以达库尔勒(Korla)的途中,沿着库鲁克塔格山麓,发现古代障塞遗迹,绵延到一百余英里。……这种碉楼显然建于西元前100年左右,那时汉武帝开通西域,因筑长城建障塞,以保护从敦煌到楼兰的通路。……从在碉楼旁边垃圾堆里所找得的古钱,纸质的破烂中国文书之类,还可以看出碉楼所在的那条路线,到了唐朝,仍然有人来往。

(四)沿妫水上游纪行[3]

(1915)斯坦因自从离开阿拉山,经过所有的山道和峡谷以后,到达识匿山地,那些中国旅行家和军队要经过帕米尔以向识匿和妫水中部之须使用这一条路线,除有历史记载流传至今外,斯坦因还有直接

第七章　隋唐时期汉字在西北丝绸之路上的流传

的证据。

一、德国吐鲁番考察队的考古发现[4]

（一）柏孜克里克寺遗址、哈拉和卓古城遗址的发现

哈拉和卓是过去吐鲁番郡王的王府。1904年,普鲁士皇家第一次（德国第二次）的吐鲁番考察,在哈拉和卓古城遗址中,勒柯克[5]他们在这里收集到比较多的古币,根据他的记述,"大部分都是来自中原的铜钱,多半是唐代的。"[6]

（二）胜金口的发现

在哈拉和卓以北的胜金口,有大大小小的古代寺庙、石窟和佛塔遗址,勒柯克他们对这些废墟也进行了发掘,"从中发现了大量的古代文献,大部分是用婆罗谜文和回鹘文书写的,也有一些汉语佛教经卷。"[7]

（三）木头沟的发现

在第二次吐鲁番探险队的考察中,勒柯克考察了柏孜克里克寺遗址。在对这个遗址的记述中,他提到了他发现汉字的情况,他讲到在这个遗址中,有100多个石窟,其中的一个较大的洞窟过道的右边墙壁壁画上,绘有3个手里各拿着一枝紫罗兰的东亚佛教僧侣,在他们的头顶上,写有他们各自的姓名,是用汉文和回鹘文写的。其反映的时间应该是公元9世纪。[8]

勒柯克对木头沟的发现,还有这样的记载:"木头沟河的拐弯处,有一台地,上面有一处古老的佛教寺窟遗址,当地人称作柏孜克里克（Bǝzklik,意为'有壁画装饰的地方'）……洞窟中通往神坛两边及后边的狭窄甬道两边的墙壁上,绘制有12位几乎如真人大小的中原僧侣,两边各有6位。头上均有白色榜题,记载着他们的中文姓名及回鹘文的译名……根据缪勒教授的研究,这些作品应属于唐代。"[9]

（四）吐峪沟的发现

在勒柯克所写的《胜金口、柏孜克里克、七康湖和吐峪沟诸地的寺窟》一文中，他讲到吐峪沟有一些石窟寺，勒柯克本人在考察峡谷中一座规模很大的建筑时，发现洞窟屋中有好几堆古代文书，其中就有一些卷轴装的汉文文书。而文书的时间在8世纪到9世纪。[10]

根据勒柯克本人对这一地区的考察做出的进一步解释，现在知道，他还"在小河东岸的一处废墟中，发现了大量的古写本，大部分是汉文佛经，有些背面署有日期，属8世纪。"

最后，他谈及在其主持的德国第二次的考察中，各地的考察都有发现汉文文献。[11]

三、伯希和的考古发现

（一）库车地区[12]

"4月17日（1907）。努埃特和我共带领25人在都勒都尔－阿乎尔（Douldour - Aqour）遗址上进行发掘。……在其中一座建筑中，出土了两枚钱币（其中一枚为五铢钱），……那里还同时出土了某些汉文文书残卷，其中有一片为经文残叶。"

"4月18日。我还发现了一些相当大的桦皮纸卷，尤其是一些梵文和汉文纸卷残叶。汉文残卷主要是属于籍账，它们一般是在那些混合有粪肥、粮食粒、杏核和核桃皮的垃圾堆中发现的。……在那些不大常见的文物中，我发现了一块带有用墨书写的一条汉文题记的卵石。"

"4月19日。我们继续自己的发掘工作。发现了许多婆罗谜文和汉文的纸卷、纺织物。在一座被烧毁的建筑的瓦砾之中，有一枚开元通宝，它肯定地证明该寺院直到8世纪中叶还有人居住。"

第七章　隋唐时期汉字在西北丝绸之路上的流传

"4月22日。如同以往一样,我们又发现了一些婆罗谜文和汉文写本残卷,在最初几天部分清理出来的被烧毁的建筑中,又发现了一枚五铢钱。"

"4月24日。我们在西北角还发现了某些新的婆罗谜文残卷。此外还有一卷汉文文书,它虽不完整,却提供了天宝二年这一时间。如果我的记忆是正确的话,那么这一时间恰恰正是750年左右。(天宝二年为743。——译者)在藏经室中发现了一枚钱币,它是大历年间的,即近50年之后。"

"4月25日。从其他发掘点也出土了一些没有多大价值的残破纸卷。唯有一件不太完整的汉文文书向我们提供了几个地名,尤其是明威镇和凉州两个地名。"

"4月27日。萨马克的发掘,获得一枚乾元通宝。"

"5月7日。对紧靠第二座窣堵波的大街上的建筑进行了发掘,……还有一批五铢钱,几乎全都有损。"

"5月22日,星期三。……萨马克沿第二座窣堵波的院子完成了对一个小过道的清理。他从中发掘出了一卷只有几行写在汉地纸上的婆罗谜文写本和一些汉文写本。其中一卷汉文文书上标有'上元三年'(公元676年——笔者注)的时间,它是我们所获得的第1卷7世纪的文书。"

"5月23日,星期四。在伊利亚佐夫(Ilyazov)清理出的带台阶的院子中,我们今天搜集到了一批钱币:18枚建中通宝、9枚大历元宝、9枚开元通宝。……此外,我们正在清理的第二座窣堵波的院子,也为我们提供了某些汉文残卷。它们基本上是在此发现的第一批汉文残卷,它们的存在与该院子中的巨大塑像的纯汉地风格非常吻合。"

"5月25日,星期六。我们发现了不少汉地纸残卷,上面写有婆罗谜文和汉文文献。"

西北丝绸之路上的汉字流传史

"6月26日,星期日。……我们今天还发现了几卷汉文经文写本残卷。在寺院进口的地方,在大门上部搜集到了一些婆罗谜文宗教残卷;在残卷下部则发现了一些汉文残卷,过去未曾见到以此纸作为'敬事字纸'的。"

"5月27日,星期一。……在大院落的北角,我们也发现了不少纸页,在沙子中找到了一些婆罗谜文和汉文写本。"

"6月6日,星期四。我将前往苏巴什重新看一下遗址。……我刚刚重新审视过该洞,洞中写满了游人题记,主要是婆罗谜文,但也有回鹘文和汉文。汉文游人题记之一提供了一个时间:开元十三年(725年)三月十二日。这就是说当在公元8世纪期间。"

"6月17日,星期一。……在靠近由贝勒佐夫斯基发掘的那间带壁画的房间的地方,我们又发现了一个小垃圾堆。我们在此地首次找到了一些写在汉地纸上的婆罗谜文和汉文残卷。其中可以读到几个专用名词,但经初步研究,我未从中找到时间标识。"[13]

王炳华在其《新疆库车玉其土尔遗址与唐安西柘厥关》一文中对上述汉文资料进行了考察与分析。他认为,都勒杜尔·阿乎尔遗址出土的汉语材料共有212件。其中,除几件为佛经抄件外,几乎全部都是世俗文书,大多是唐朝官府文书,可以见到涉及安西都护府、龟兹都督府、柘厥关的文字及有关屯垦、掏拓渠道、征发差役、供应马匹及支领马料、借贷纠纷、私人书信等,涉及社会政治、军事、经济生活状况,文书残纸上,见唐代"麟德""开元""天宝""上元""大中""大历"等纪年,从状牒格式及这些纪年,可以肯定文书为唐代遗存。

而关于"都勒杜尔·阿乎尔"遗址性质的判断,王炳华认为伯希和的论断是值得商榷的。他提出该遗址应该为安西都护府属下的一区重要军事、政治单元。这里驻有军队,承担着屯田的使命。有驿馆,驿馆内有供差的马匹。往来的"行客",组织成"行客营"。居民中,有

158

第七章 隋唐时期汉字在西北丝绸之路上的流传

坊、里及村的不同组织,除佛教信仰外,还有祆教的信徒。[14]

美国历史学家芮乐伟认为,这批汉文资料,究其年代,应该从唐朝强盛的7世纪90年代开始,一直延续到792年,这一年唐朝最终失去了对龟兹的控制。查看这些汉语材料,其内容多种多样,均出自驻扎在龟兹的唐朝士兵之手。

汉语材料有家信,也有颂扬死者英勇的讣告、僧人在寺院诵经、女子写信、农田大小、道教仪式中用了多少面幡子等内容,以及一位官员的政绩考课。这些文书显示,此处有一个独立的唐人聚落,很可能居住着士兵及其家眷。

这些材料也记录了商队的活动。这些文书中的主要交易物品是马。表明当地有贸易存在,但是这些贸易仅仅是唐朝官员购买自己所需,绝大部分是马。证明了当地有政府管控下的贸易存在。由于贸易的存在,都勒杜尔·阿乎尔文书中经常提到钱币,这证明当地有货币经济,个人可以在交易中使用钱币。[15]

(二)喀什与图木舒克[16]

伯希和还说道:"我们在那里发现了一枚开元时代的铜钱,这是'九僧房'(托克孜-萨莱)是8世纪建筑的决定性证据。……我让人于窣堵波背后进行发掘,无重大收获。我们发现了一枚中国铜钱,但仅保留了其下部和左侧。这很可能是第2枚开元通宝,因此它又一次证明了这个窣堵波后部应断代为唐代后期。"

伯希和在《喀什与图木舒克考古笔记(节录)》:"这个窣堵波后部应断代为唐代后期。在我们上文称之为畜棚或马厩的房子一侧,我们也清理出了很厚的一层垃圾和废渣,在那里发现了分别为汉文和婆罗谜文的各一种残卷文书。……在最后一个垃圾坑中,又发现了几份汉文和婆罗谜文残卷。"[17]

(三)敦煌地区的考察[18]

1. 敦煌藏经洞

伯希和说,他在敦煌藏经洞中发现有15 000—20 000卷文书,经过他3个星期的勤奋用功,他发现汉文文书中的最后年号是宋代最初的几个年号:太平兴国(976—983)和至道(995—997)年间。此外,在整批藏经中,没有任何一个西夏字。因此,很明显,该龛是于11世纪上半叶封闭的,很可能是发生在1035年左右,在西夏人征服时代。

他认为,汉传佛教的常用文献组成了藏经洞中的重要部分。他从中发现了鸠摩罗什、玄奘和义净那卷帙浩繁的译经中的整整一大批,虽不完整,但却存在有许多份。而期间他还发现了很多注经文。最后,他指出,藏经洞有相当数量的写于700年左右的文献,它们使用了由武则天皇后于689年创造的某些异体新字。

伯希和还在藏经洞中发现了道教文献,且发现说明其起源的千佛洞的所有道教写本,均出自神泉观。这些道教写本抄写得很工整,一般均抄写于580—750年左右。他推测,后来随着吐蕃的到来,神泉观消失,道教写本就被抛弃于千佛洞。

地志文献的发现。伯希和在藏经洞中搜集到有关敦煌地区、水系的文书,其中提到了千佛洞。

俗文学的发现。伯希和在此发现了小学书使用的童蒙课本。包括《千字文》《感应篇》《太公家教》《辨才家教》和一种佛教《千字文》等。另外,有关算学、星相学、堪舆、解梦手册、民间药典等的册子也有大量发现。

总之,伯希和指出,整个藏经洞主要是一座图书馆。而当伯希和离开时,他拿走了文书中的精华部分,共计有6000余种。[19]

2. 敦煌千佛洞的考察

(1)汉文文书

伯希和认为,中原文明在敦煌地区后来走向衰落。他认为,这种

第七章　隋唐时期汉字在西北丝绸之路上的流传

文明在唐代非常发达兴旺,后来一直艰难地维持到五代时期。很可能是 10 世纪的地方王公们在山上开凿了最重要的阿兰若(佛寺)。但从其文字的书写来看,他在石窟中发现的这个时代的文书、租约、布施账簿、入破历、文学作品等,它们都证明了教育水平的低下。僧众们还保留了 7—8 世纪的漂亮写本,但不再制作其他此类写本了,这些珍贵的卷子在他们笨拙的手中成为破烂了。正如事态发展的那样,外敌只不过是加速了一种已经发生的破坏。

2. 敦煌千佛洞的碑刻

这些汉文碑文应分别断代为 698 年、776 年、851 年、894 年(里面也包括 1348 年和 1351 年)。

四、大谷探险队的考古发现

(一)古写经

内藤虎次郎介绍西本愿寺内所藏的佛教古写经时说:"唐代时期的写经残片非常多,难以一一说明。有的与日本奈良朝前后的写经非常相似。"[20]

(二)古画

中国古代的绘画往往伴随着题记、诗作等信息,因此西本愿寺保存的唐画中基本都可以找到汉字的身影。内藤虎次郎提到:"有年号的都是唐代的。一幅为天宝十年,一幅是大历六年的。……有一幅罗汉图非常珍贵,罗汉形象已残缺不存,标写罗汉名字的文字和背景残存下来,书法与唐徐皓的《不空三藏碑》和颜真卿的《朱巨川告身》等相似。"[21]

(三)渡边哲信的考古发现[22]

渡边哲信作为日本中亚探险队的成员,明治三十五年(1902)从伦敦出发对丝绸之路进行了考察。根据他的记述,他们在库车大发掘,收获相当大,其中带有汉字的主要是唐代文书、古钱。[23]

(四)野村荣三郎的发现

1908年日本的大谷光瑞又组织了一次对丝绸之路的考察(大谷探险队的第二次考察)。其中野村荣三郎曾经在蒙古、新疆旅行,考察丝绸之路沿线的主要遗址。根据他的记述,他在才答木[24]发现两块石碑。一块是突厥的阙特勤碑,一块是突厥的默棘连可汗碑。其中,默棘连可汗碑碑面的汉文中只能勉强看出"开元""二十三年"(735)等数字。阙特勤碑的正面是汉文,反面和侧面是突厥文,但因重修时用砖围起来了,只能看到汉文。碑文的磨损程度相当严重。根据碑文可知,阙特勤碑为开元二十年(732)七月所建,有"御制御书"字样,可知是唐玄宗亲自手书。碑文中有"特勤系可汗之弟,可汗犹朕之子,既有父子之义,厚尊兄弟之亲"等字句。野村荣三郎认为,玄宗采取怀柔政策,与可汗结为义父子关系,所以特勤相当于玄宗的侄子。

在木头沟的考察,根据野村荣三郎的记述,他们在对佛洞的发掘中,得到了《金刚经》的断碑。[25]

(五)吉川小一郎的发现

吉川小一郎于明治四十四年来到敦煌,后与橘瑞超汇合前往新疆考察。在吐峪沟的哈拉和卓,他们挖掘了一些坟墓,得到了一些唐代的任命书。[26]

五、德国"吐鲁番考察队"的汉字考古发现

1902—1914年,德国先后四次派出"吐鲁番考察队"在新疆吐鲁番盆地(后两次的重点考察区域在库车、巴楚地区,即古代龟兹国)进行了科学考察。发现了一些有价值的文物,包括一些汉文典籍与文书等。学者们研究认为,这些典籍与文书,多涉及唐代的法律(《唐律·擅兴律》)、语言(《切韵》)、史书(《左氏春秋传》《史记》《汉书》等)、

第七章 隋唐时期汉字在西北丝绸之路上的流传

汉文佛经(《金刚般若波罗蜜经》《妙法莲华经》《四分律比丘戒本》等)。荣新江认为,德藏"吐鲁番收集品"中的汉文文献反映了唐朝势力进入西域以后汉文化流行的情况,表明了中原的传统文化和当代文化在新疆吐鲁番、龟兹地区的传播。汉文文献构成了唐代龟兹古代文化史的一个重要方面。同时,他还认为,这些汉文文献是唐朝中原文化在西域的一个缩影。[27]

六、瑞典探险家的考察活动[28]

1928年,贝格曼在车尔臣、瓦石峡和米兰等古代遗址中进行了考察。根据他的叙述,在车尔臣他获得5枚铜币,其中一枚是开元币。

第二节 国内学者和机构发掘出土的汉字实物及资料[29]

一、新疆的考古发现

新疆的考古发现主要有以黄文弼为代表的考古发现。其中,汉字的发现是重要的组成部分,主要有以下内容。

(一)新中国成立前黄文弼的考古发现[30]

1. 墓碑

1930年3月,在吐鲁番城西10公里,有旧城,即古交河城。……其在城西坟院所得者,有陶器八百余件,墓碑百余方,皆为北魏至唐之古物,推其年号,可补高昌世次之阙。[31]

2. 题记

1928年9月考察库车库木土拉的佛洞时,黄文弼在很多佛洞中发现了数量较大的书写于唐朝时期的汉文题识,他分析认为,这些汉文题识,应该均是这一地区的僧侣在参观时所留。同样是在库车的库木土拉的罗汉窟中,他也发现了"大唐大顺五年"(894)题识。[32]

1928年11月,在考察苏巴什古城时,黄文弼还发现了唐朝时期僧侣们在古城北废塔的墙上用金属或木具划的文字,因剥离过甚,仅认出"惠宝题记""僧进"等字。[33]

1928年11月的拜城遗址考察中,在克孜尔明屋的佛洞中,黄文弼发现洞壁上题有"惠灯坚行""法兴"的汉字题识。他认为,这些题识与库木土拉C洞题识同名,必为一人同时所题。[34]

1930年4月初,黄文弼在吐鲁番鲁克沁使力克普沟口,塔木和塔什地方发现有一废塔,塔顶部朱书"贞元七年"(791)年号,知为唐代建筑遗物。[35]

3. 石刻

黄文弼提到,进入吐鲁番鲁克沁使力克普沟,沿沟北行约4公里,转西过沟,山上有古庙基遗址及刻石三块。一石上镌"□男年安"四字,旁刻有"龙"字,下缺,疑为"朔"字,如所推不误,则此石刻为唐高宗龙朔间物也。[36]

4. 钱币

首先,1928年6月,黄文弼在焉耆考古时,于锡科沁之明屋(明屋为维语,为千房之义)的大庙甬道中掘出"建中通宝"铜钱一枚(780)。[37]同时,在四十里城市旧城,黄文弼提到当地人常捡到汉唐,而他自己也发现了开元钱。[38]另外,在其后同年8月对轮台的考古调查中,黄文弼也在第纳尔河畔的古城中发现了铜钱,拾到一乾元钱(758)。[39]

黄文弼的第一次考察,同样到达了南疆的其他古遗址。1928年9月在新和西部之古址的考察过程中,黄文弼在通古斯巴什旧城及周围之古址里,发现了四枚开元钱。[40]在羊达克沁大城及周围之古址,拾有"大历元宝"大钱一枚(739年铸),以及开元钱等。[41]1928年10

第七章 隋唐时期汉字在西北丝绸之路上的流传

月,考察库车东南部之古迹时,黄文弼在库车东部之古址,发掘出了"建中通宝"一枚(780年铸)。[42]

拜城的克孜尔明屋也有大量佛洞。1928年12月9日,黄文弼在依洞一洞即第三十六洞中(D),发掘出汉文铜钱二枚,一为"大口元宝",他认为,"大"下当为"历"字,"大历元宝"为唐代宗大历四年(769)所铸;一枚字不明。[43]

5. 佛教经文类

1928年9月—11月,黄文弼赴库车、新和、沙雅、拜城等地进行考察,在库木土拉千佛洞,他在考察河堤佛洞时,"掘出写经残纸一条,上写'尊致病交公夹行夫人例不及一君礼刺公宠之过',反面书汉文《法华经》,盖当时人用《法华经》残纸作书牍之用也。"[44]他怀疑那座佛寺为唐人所建,因此,发现的写经应该是属于唐朝时期的。

6. 刻写于陶器上面的汉字

黄文弼在库木土拉佛洞中,"发现划字陶片一,上刻'法诚'二字。法诚疑为汉僧之名,或此洞属于汉僧主持。"[45]同时,在库木土拉村庄附近的旧城(色乃当),他也发现了数枚陶片,其中一陶片上有划字,字迹模糊。[46]

7. 汉字文书残纸

(1)克孜尔明屋的汉文残纸

1928年11月,黄文弼前往克孜尔明屋考察。克孜尔明屋(《新疆图志》称为褐色勒千佛洞)是新疆有名的佛教遗址,属于拜城县。在这些佛洞中,黄文弼在第一洞中发掘出了一汉文文书残纸,上面写有"贞元七年西行牛二十一头",贞元为唐德宗的年号,贞元七年为公元791年。黄文弼认为,此纸可能为唐朝时期往来人员之签证。[47]同时,在这个地方他还发现了一汉文文书。上面是"□□节度押牙特进太常卿"等字,黄文弼认为,"节度上可能为'碛西'二字,节上按其笔画痕迹,亦类西字。按《资治通鉴》:'碛西节度使,为开元十二年三月起杜暹为安西副大都护,碛西节度使。为有碛西节度使之始。'押牙为碛西节度属官。故此纸为开元间所写。在另一佛洞中亦掘识一残纸,上写'碛西行军押官',必为同时所书。"[48]

在克孜尔明屋的第十八洞中,在其甬道口,黄文弼掘出汉文残纸。此纸长14.2厘米、宽11.4厘米。上面的汉文为:"碛行军押官杨思礼请取……阗镇军库讫被问依……"他认为残纸上记载的是碛西行军押官杨思礼到于阗镇军库押取军械之文书,当是唐开元时所写。[49]

(2)通古斯巴什古城的汉文残纸

①李明达借粮契残纸

1928年9月,在通古斯巴什旧城及周围之古址里,黄文弼提到当地居民在城中拾一残纸,上有唐大历年号。[50]他对此汉文写本残纸进行了研究,指出,"此纸长27.7厘米,宽17厘米。起'大历'讫'为限不'。系李明达向蔡明义借粮的契约残纸。李明达、蔡明义皆为汉人,由内地迁往龟兹,以耕种为业。契约的书写时间应该是唐德宗建中元年,因为北庭、安西自吐蕃攻陷河陇后,跟内地的联系中断,因此写的是大历十五年(大历仅十四年,大历十五年为德宗建中元年)。"他认为,"巴什古城为唐代汉人所驻之城。"

②白苏毕梨领屯米状

此汉文残纸同样发现于巴什旧城。长25.5厘米,宽8厘米。起"历十"讫"五朕"。黄文弼认为,白苏毕梨当为人名,首冠白字。其理由是《新唐书》中有"龟兹百姓白"的记载,因此,他认为此残纸说明自从安史之乱后,边兵被征入援,广德后,吐蕃取河陇,中外隔绝不通,巴什古城的屯田戍卒乃用本地人充之。[51]

③将军妣闰奴烽子钱残纸

出土于通古斯巴什古城。长22.5厘米,宽4.2厘米。起"将军"

第七章　隋唐时期汉字在西北丝绸之路上的流传

讫"□抄"。黄文弼认为,此纸当在唐末或五代时所写。当时,回鹘人已经进入新疆,龟兹也已经属于回鹘,文书仍用汉文,但不奉内地正朔,故以干支纪年,回鹘、蒙古均如此。同时,他还认为,此残纸也证明了回鹘制度多取法于唐的说法是正确的。[52]

(二) 新中国成立后的考古发现

1. 黄文弼的考古发现

在苏巴什古城发现残纸,其中有一张纸上墨书"一十人于田兵"七字,颇为珍贵。黄文弼认为,此纸或系写在唐设安西都护府于龟兹之后,记录从于田调来士兵的数目。[53]

哈拉墩的发掘中,发现一批陶缸。其中,B组缸黄文弼等发现了五铢钱和一陶片上墨书汉文"章"(?)的汉字实物。但年代不能确定。C组陶缸中,发现"开元通宝"铜钱、"大历元宝""建中通宝"等。虽然出现五铢钱,但是,黄文弼认为应该是梁武帝时的女钱,为后人抛入。[54]

1930年初,黄文弼再次去吐鲁番雅尔湖,发掘雅尔崖古坟茔约100多座。在对这些墓茔进行考察之后,他认为:"每冢均有墓志一方或两方不等。其墓志之多寡,以墓中死者之多寡为比例,然至多不过三方,盖一夫一妻或兼妾也。墓志皆烧砖质,作方形,上书死者姓名官职,及死葬年月与葬地。共得120余方。或为朱书,或为墨书,或刻字填朱,均在每冢墓道两壁嵌砌,纳入墓中者甚少。由墓志上所书之年号,除其重复,得重光、章和、永平、和平、建昌、延昌、延和、义和、延寿九年号。"[55]

墓表的发现,弥补了此前人们对高昌王麴氏有国时间的认识不够的问题。

张怀寂墓志铭出土于吐鲁番哈拉和卓(汉名三堡)古坟中。此坟在高昌旧城西北0.5公里左右。王树枏《新疆访古录》所摹碑文收尾

167

完整无缺。且其在文中记载了此墓志铭的发现过程,"清宣统二年十月,巡检张清在吐鲁番之三堡掘取古迹,得张怀寂墓志……"另外,此墓志在《新疆图志·金石志》及罗振玉的《西陲石刻录》中也均有摹录。

黄文弼对其进行了考证,认为此墓志铭的刻写时间在武则天时期,因为其中有年号"长寿三年",且其文字中,有武则天时期所造的新字夹杂其中,应该是明证。

2. 吐鲁番文书

1972年发掘的阿斯塔纳第209号墓,入葬女尸,自女尸所著之纸鞋折得一件汉文文书,该文书中,年、月、日、天等都是武周新字,被断定为武周时期,有关西州天山府人索进达去白水镇值番的一件呈文。[56]

3. 新疆文物考古研究所的考古发现

王炳华在其《阿拉沟古堡及其出土唐文书残纸》一文中,指出,文书残片出土的时间是1976年4月,地点在择古堡东墙外的旷地上。在第三层中,发现数块唐代文书残片。这些文书破碎严重。其最小残片,只存些许墨迹,一撇或一捺,字形不明;稍大,也才二三字;最大的纸片,不过十数字,缺头失尾,文意并不完整。但从文书特定格式,还是可以断定,它们是唐代文书的残纸。

经过王炳华等人的努力,断断续续费时近月,终于得到残文书9件,其中较完整文书4件。王炳华认为,这些残文书主要提供了当时西州地区的唐边防建设情况,对研究唐朝时期在西州地区的边防建设有较大的文献价值。[56]

1994—1996年,新疆文物考古研究所与日本早稻田大学文学部丝路研究中心继续合作,对吐鲁番交河古城沟西的高昌—唐代墓地进行了考察,共出土7方志表。其中高昌时期墓表6方、唐代墓志1方。

第七章　隋唐时期汉字在西北丝绸之路上的流传

表、志材质主要为砖,个别为土坯。所见高昌墓表均为延昌时期(561—601),始自延昌十八年,终于延昌二十九年。唐代墓志为咸亨五年(唐高宗时期,即674)。发现的志表,高昌时期的文字较简单,一般说明姓氏、年岁、生卒年月等。唐朝的志表则稍显复杂,不仅有卒年、姓氏、籍贯、职官,还有从流行观念引发的感慨。

详细分析这7方墓表、墓志,王炳华认为:"说明在高昌王国到唐代西州阶段,吐鲁番盆地居民,汉族居于主体地位。从高昌至唐,在吐鲁番地区,汉文是社会各界主要使用的文字工具,而且书法娴熟,水平不低。"[57]

最后,王炳华还认为:"这7方志表,可以有助于了解高昌王国—唐王朝这一历史阶段内吐鲁番地区居民的汉文化素养。在高昌时期的墓表中,文字非常朴素,一般只说明死者姓名,死亡年、月与年寿,最多及于死因是遇害还是寝疾。文字不过短短一二十字。而入唐以后,则墓记行文风格有了十分显著的变化,除说明死者姓名、身份、逝年、春秋多少外,还讲究华丽的辞藻。以优美的文字语言歌颂死者品行,表示后人的伤痛。……说明入唐以后,经过儒学教育,传统汉文化在吐鲁番地区一般居民中有了相当深入的影响。"[58]

4. 新疆维吾尔自治区博物馆考古队的考察发现

(1)吐鲁番市阿斯塔纳和哈拉和卓古墓葬区的考古发现

1950年以来,新疆维吾尔自治区博物馆考古队在这两个地区进行了多次清理发掘,每次出土相当数量的麻类织物,包括衣服、被、褥、袜、五谷袋等,其时代自两晋至唐。其中,在部分唐代麻织物——庸调布上,可以看到墨书题款,写明年月、地区、布帛性质、纳布人姓名、数量等,并钤有州县以及库司的印鉴。这是一批反映唐代租庸调制度实施情况的实物资料。王炳华和李征曾经对1972—1973年阿斯塔纳古墓区出土的麻类织物进行初步整理,并写有文章进行介绍。他认为,虽然只统计了两年间的这些织物,但是,所见出土唐代墨书题记的布、绢,涉及唐河南道、山南东道、山南西道、江南东道、江南西道、剑南道,包括今河南、陕西、湖北、湖南、四川、江苏、浙江等省区,这反映了唐代国家高度统一,新疆和内地省区间密切的政治、经济关系。

值得注意的是,王炳华指出,唐代中原的麻、丝织物,通过军资、赏赐、货币流通等途径,到达新疆。而调布,是唐朝政府赋敛的重要物资。[59]

(2)铜印

1972年新疆吉木萨尔县北庭故城西北隅出土唐"蒲类州之印"铜印。该印桥钮,通高3.8厘米,正方形印面边长5.6厘米。此铜印的出土,说明当年唐朝政府亦在蒲类海地区设立了与庭州级别相当的行政机构,弥补了史料记载之不足。[60]

二、甘肃的考古发现

八角城遗址位于夏河县北约37公里的甘加乡东侧的台地上,是丝绸之路河南道隆务河支道[61]上的重要城镇。城内发现大量遗物,主要有隋五铢钱、唐宋钱币等。

三、青海的考古发现[62]

1. 杜兰吐蕃三号墓[63]

这个墓中出土的带有汉字的资料有3件。第一件,黄色带字丝绸1件,标本号99DRNM3:53,残宽11.5厘米。大约存9个字,墨书只有"州"与"教"字较清楚。第二件,道符。上面墨书有汉字,可辨认的有"日""昌""市""来""大吉"等字。第三件,带字木构件残件。一共2件,其中一件有一汉字"六",系楷书。另一件3个汉字,后2字是"季任"。

第七章　隋唐时期汉字在西北丝绸之路上的流传

2. 张尕古城[64]

张尕古城位于青海省循化县白庄乡张尕村起台河与科哇河交汇的台地上，因坍塌严重也被当地居民称作塌城。1976年，该城出土石门构件残件，上镌有"大唐□□年"字样。

3. 光华村古城[65]

光华村古城位于湟源县城关镇光华村东湟源峡的西端，西距湟源县城约2公里。城址内遗物较多，文物普查时，在此采集到开元钱币。结合文献记载，该城当为唐白水军所在地。

4. 石门儿古城[66]

石门儿古城位于湟源县佛海乡石门儿村南。文物普查时，发现隋五铢钱。

第三节　中亚、西亚地区发现的汉字实物及文献资料

一、中亚地区汉字实物发现

（一）货币上的汉字

1. 安西四镇地区发现的唐朝货币数量众多

碎叶城是安西四镇之一，据考证，该地区位于今天的吉尔吉斯斯坦共和国首都伏龙芝与托克马克之间，在托克马克西南8公里处。此城系土坯垒砌，扁方形，东西约750米，南北约550米，城周约8—9公里。城内发掘出了七八世纪各地的货币，说明碎叶城在七八世纪时是中亚的政治、经济中心。其中也包括了唐朝货币。唐朝时期共铸造了五种铜钱，分别是开元通宝、乾元重宝、大历通宝、乾封通宝、建中通宝五种，碎叶城中出土了前三种货币。

2. 撒马尔罕东南的片治肯特（Pyanjikent）古城出土的货币

片治肯特古城，根据《隋书》《新唐书》的记载，应该是"西北去康

百里"的米国。古城位于现在片城的东南郊,是 8 世纪后大食入侵后废弃的。在古城址的发掘中,人们发现了一些中原器物,其中包括唐朝的开元钱。

3. 外国铸造的带有汉字的钱币——突骑施钱

突骑施是西突厥东部的一个部落,唐灭西突厥后,归北庭都护府管辖,7 世纪末该部落势力强大,虽接受了唐朝的封号(唐朝封突骑施部长乌质勒为怀德郡王),但实际上是恢复并继承了当年西突厥的情况。突骑施钱即 7 世纪末以后这个地区自己所铸的货币——正面铸"开元通宝"或粟特文,背面铸一张弓。突骑施钱有大量的发现。前面所提及的碎叶城址,就出土有数量众多的突骑施钱。后来,唐朝的力量逐渐退缩后,这一货币上面"开元通宝"字样的钱币逐渐被粟特文字的钱币取代。

(二)撒马尔罕地区出土的汉文资料

1933 年,苏联考古学家 A. A. 弗莱曼率领的考古队对穆格山城堡进行发掘研究。后期的报告指出,城堡内出土了 81 件文书写本。这批写本是在粟特本土发现的第一批粟特语世俗文书,它们的年代在 8 世纪初的 25 年间,系阿拉伯人征服中亚时期。81 件文书写本中包括汉语文书 8 件,将之进行拼合,发现是 3 件残文书,一件是地籍,一件是借券,还有一件是神龙二年(706)河西地方的公文残件。宿白先生认为:"这 3 件汉文文书,与此地无关,是从河西地方带过来的。"[67] 不过,这 3 件汉文文书,是当时中国与撒马尔罕之间长距离贸易的证据。

(三)喀喇昆仑公路沿线夏迪亚尔遗址[68]的汉字题刻

斯坦因在经过这一路段时,记载其看到很多古人在石墙上留下的画和字,认为那时人们通常必须等到夏天雪化了才能翻山,等到冬天气温下降才能取道沙漠。在等待期间,他们用锐器或石头在岩石表面

第七章 隋唐时期汉字在西北丝绸之路上的流传

刻下很短的句子,或者画下简单的画。

1979年喀喇昆仑公路通车后,学者们沿路记录、拍摄,发现古人在这条路上留下了5000条以上的题记和图画。另外,在吉尔吉特南边的奇拉斯下游50公里左右的夏迪亚尔遗址中,人们也发现较多的题记。其语言以粟特语为主,也包括了汉语、藏语以及伊朗语。

这些文字说明,这条路线上曾经有许多民族进行了迁徙,包括汉族人在内,因此留下了汉字的题记。但是,因线索有限,学者们认为这些文字的时间范围应该在1—8世纪之间。[69]

(四)托克马克发现的汉字残碑

20世纪80年代,吉尔吉斯斯坦学者和日本学者在今吉尔吉斯斯坦托克马克西南8公里的阿克别希姆古城遗址(City site AK – Beshim)发现了两块刻有汉文的残碑,其一是残存40余字的较富文采的碑文残片,另一件是先后任过唐安西都护、安西副都护使杜怀宝,为其亡父母及众生暝福造像碑之基座。周伟洲教授受新疆考古所于志勇先生的委托,进行了考释。周伟洲教授认为,杜怀宝造像(基座)当镌刻于调露元年末二年初至垂拱二年(679—686)之间。40余字的残碑,周伟洲教授认为,出土于唐碎叶遗址(阿克别希姆古城遗址)的唐代残碑,无论从史籍所载唐立碑碎叶,或是从残留文字分析,均可断此残碑为唐调露元年裴行俭平西突厥都支、遮匐之乱后,于碎叶所立记功碑之残石,碑文也有可能系裴行俭本人所书写。最后,周伟洲教授认为,如其考证能成立,则此残碑为唐经营西域碎叶又一历史见证,其意义和价值均无法估量。[70]

西北丝绸之路上的汉字流传史

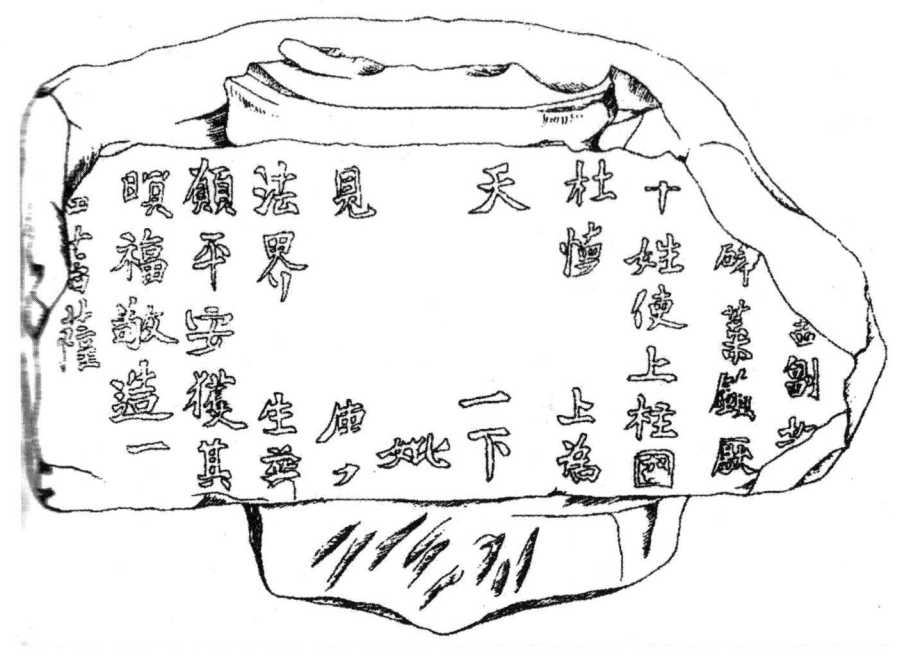

杜怀宝造像题铭摹本

二、西亚地区的汉字发现

8世纪和9世纪,中国纸张远抵中亚,最远到达高加索的摩谢瓦亚·巴尔卡(MoshchevaiaBalka),这个地名的意思是"遗迹谷"。该遗址位于黑海东北,有一些在石灰石高台上或者山边岩洞中的墓葬,是目前所知发现中国纸张的最远处。20世纪初,发掘者挖出了一些有汉字的纸片。最完整的一件有15厘米长,8厘米宽,潦草的几行字写着日期和支出的金额(2000文,800文)。尽管极为残破,还是能看出这是一个账簿。该遗址还出土了一些很明显来自中国的其他东西:一件画有佛像和骑马人(出城以前的悉达多王子?)的绢画、一件佛经残片、某种纸糊物件上的信封残片。这些物品表明至少中国纸张和绢画——甚至中国商人——在八九世纪时曾抵达高加索地区。[71]

第七章　隋唐时期汉字在西北丝绸之路上的流传

三、当代汉语中保留下来的粟特外来词语

这些词语较少,已知有"金俞石"一词,该词系粟特人传入中国的。一些粟特人甚至在唐朝做了官,安禄山就是粟特人。

第四节　隋唐时期丝绸之路上汉字的流传特点

一、汉字的流传范围明显扩大

两汉时期,汉字的考古发现最西到达今天的新疆,到了隋唐时期,汉字的流传已到达中亚、西亚一带。首先,中亚地区,考古学家们在吉尔吉斯斯坦托克马克发现的汉字石像碑,明确用汉文记载了唐朝时期的官员杜怀宝、裴行俭的活动。同时,西亚高加索地区纸张的发现,汉字纸片的出土也说明,西亚地区在唐朝时期已经受到了汉字的影响。

二、汉字的流传得益于隋唐时期中原中央政府的强大与繁荣

汉字在丝绸之路东段和中段的流传属于汉字作为官方文字在其国境内的流传。已知出土的大量汉文文书都是政府公文或者官方的军事文书,这些出土文书的出土,证明了当时中原中央政府与其地方之间的政治、军事、经济等各个方面的联系,属于中国国内的文献资料,汉字是作为官方文字在这些领域中被使用的。因此,当唐朝军队及政治力量因安史之乱而逐渐走向衰落后,汉字在西域的流传逐渐走向没落。

三、汉字的流传得益于汉族人民在丝绸之路上的迁徙

隋唐时期,随着内地统一的中央王朝的建立和强大,以及对西域

的积极经营,内地大批汉人以镇戍、屯田、经商、移民等各种方式移居今西北地区。隋朝灭吐谷浑后,在吐谷浑故地置4郡,并"摘天下罪人,配为戍卒,大开屯田,发四方诸郡运粮以给之"。[72]《旧唐书·哥舒翰传》:"(天宝七载),筑神威军于青海(青海湖)上,吐蕃至,攻破之;又筑城于青海中龙驹岛,有白龙见,遂名为应龙城,吐蕃屏迹不敢近青海。"[73]而根据《新唐书·哥舒翰传》的记载,筑就该城后,第二年,唐"摘罪人二千戍之,由是吐蕃不敢近青海。"[74]唐朝在西域的驻军数量较多,武周长寿年间(692—694),唐驻守西域地区的军士达3万人左右。[75]

吐鲁番出土的大量唐代汉文文献中,当地人将唐朝时内地商人称为"行客",中亚胡商为"兴胡"。"行客"在文书中出现很多,说明当地汉族商人数量不少。

总之,唐代沿兴盛的丝绸之路,以戍守、屯田、贸易、移民等方式入居今甘肃、青海、新疆的汉人的数量和规模,远远超过了两汉和魏晋南北朝时期。

四、造纸术的进一步西传与雕版印刷术的出现也加快了汉字的流传进程

唐朝时期,吐鲁番地区已经有了官办的造纸作坊,这得到阿斯塔纳第93号墓中出土唐代文书的证明。文书存字"当上典狱配纸坊驱使",可作为唐朝时期吐鲁番已存在"纸坊"的确证。唐代西州既有纸坊,纸质标本显示的工艺与敦煌地区用纸又一样,说明当年吐鲁番地区纸张生产工艺受河西地区的影响;甚至,生产者就直接来自河西地区。汉晋时期,吐鲁番居民多"汉魏遗黎",大量河西地区移民进入了吐鲁番,造纸工艺随之进入这片地区,自是情理中事。[76]另外,橘瑞超提到,在和阗(汉代的于阗国)发掘出的文书证明,造纸业从公元719

第七章　隋唐时期汉字在西北丝绸之路上的流传

年前后开始也很发达。[77]

上述发现和言论证明,唐朝时期造纸技术在西域已经不是秘密,西域已经可以自己生产纸张。汉字的流传大大便利。

同时,因为纸张吸墨,因此,利用纸张进行印刷在当时也成为可能。唐朝时期,雕版印刷技术出现。敦煌藏经洞出土的刻本主要由佛经、佛像和民间日历构成。其中最重要的刻本应属唐咸通九年(868)王玠施印的卷轴装《金刚经》。该经刻本保存情况良好,首尾完整,是世界上现存最早的具有可靠印刷时间的刻本,堪称研究唐代刻本的标准。[78]《金刚经》的发现说明,到了唐朝晚期,雕版印刷术已经出现,这对后来汉字的传播起到了很大的推动作用。

总之,造纸技术的日益普及和印刷术的出现,大大促进了以汉字为代表的汉文化的流传。

五、中国钱币是汉字在丝绸之路上得以流传的又一个通道

隋唐时期,由于国力强盛,中原地区与西域、中亚、西亚之间存在着较为密切的联系,其中包括频繁的商业贸易。今天沿丝绸之路发现的大量钱币就是最为重要的证据。汉字,作为铸刻在中国钱币上的文字,也随之得到广泛的流传。

六、墓葬中出土的汉字实物及资料大大增多

隋唐时期很多墓葬中都发现了大量的汉文墓志及写有汉字的废弃纸张,这是一个与以前相比出现的新情况。这一情况说明,隋唐时期汉族沿丝绸之路进行的迁徙更加广泛,因此,汉族的墓葬也有了大量新发现。另外,由于汉族墓葬文化的改变,墓葬中出土了大量汉字实物及资料。根据考古发现汉族墓葬文化的变化表现为两方面:一方面是墓葬中加入墓志、墓表成为隋唐时期汉族常见的一种墓葬行为;另一方面是人们开始用废纸裁剪各种东西来陪伴死去的亲人、朋友前

往另一个世界。上述这些变化解释了隋唐时期丝绸之路沿线墓葬中出土了很多汉字实物及资料的原因。汉字因为这一文化习惯而随之流传。

七、汉字的流传得益于佛教在丝绸之路沿线的流传

首先，今天甘肃（敦煌等）、新疆（库车等）、中亚（吉尔吉斯斯坦等）发现了大量的佛教寺庙，其中有些佛教寺庙是当时的唐政府建造的，里面有一定数量的僧侣，这些僧侣使用、阅读汉文佛教经典。

其次，隋唐时期大量往返于古代中亚、印度的中国僧人也将汉字带到了丝绸之路沿线地区，包括中亚。像喀喇昆仑公路沿线发现的汉字石刻，就是汉族僧侣所为。

总之，汉字的流传也与佛教在丝绸之路上的流传有一定的联系，很多的汉族佛教僧侣成为丝绸之路沿线汉字的使用者与传播者。

八、汉字在中亚、西亚地区的流传是中外政治、经济、文化交流与交往的真实写照

由于使用汉字的中国使者、商人等在丝绸之路上的活动，汉字走出了国门，走向了中亚、西亚地区，今天考古发现的这些汉文资料证明了隋唐时期中国与丝绸之路沿线国家和地区之间的文化交流与交往，是中外政治、经济、文化交流与交往的真实写照。当然，应该看到，这方面的考古发现还是比较少的，就考古资料来看，当时的中外文化交流并不是特别频繁与兴盛。

第七章　隋唐时期汉字在西北丝绸之路上的流传

九、汉字为代表的汉文化的流传遭到了其他文化(文字)的阻挠与抵抗

隋唐时期,中原中央政府国力强盛,文化先进,也对丝绸之路给予了高度重视。这使得丝绸之路焕发出新的繁荣景象。大量的使者与军队行进在这条道路上,这条道路空前繁荣。汉字以及汉文化也随之向中国西北以及中亚、西亚、欧洲传播开来。

对于隋唐时期的周边国家来说,中国及其文化对他们产生了一种较大的威胁。周边民族一方面要与隋唐这样一个具有强大的国力及高度的文化,而且有着巨大包容力的王朝做邻居打交道,另一方面,又要努力避免使自己完全卷入其体制之中。以汉字为例,北方的突厥王庭里就有不少汉人,用汉字书写的碑文在其领域内也有发现。可是其公共语言却使用始于粟特文字的突厥文字,其后又成为回鹘文字。另一方面,吐蕃也从很早的时期开始就和中国王朝接触,派出了大量留学生在唐朝学习,同时也接受了不少唐人以及唐文化。可是,吐蕃的初代国王松赞干布(弃宗弄赞)却派遣部下到印度,以印度文字为母体创制了藏文。上述突厥和吐蕃都是尽管知道并了解汉字,却最终都没有采用汉字的例子。

突厥以及吐蕃之所以做出上述选择,一般认为其原因之一是作为表意文字的汉字是农耕定居民族的文字,需要长时间的学习才能掌握。而突厥以及吐蕃都是游牧民族,因而更容易接受表音的粟特系统的文字。另一个原因是在汉字所具有的文化力量面前,欠缺文化积蓄的他们缺乏自信,害怕被汉字完全吞没。他们采取了不接受汉字的做法,反而使得他们在这个文化圈中有了自己的一席之地。

西北丝绸之路上的汉字流传史

注　释：

[1]［英］斯坦因:《西域考古记》,向达译,商务印书馆,2013年,第263—276页。

[2]［英］斯坦因:《西域考古记》,向达译,商务印书馆,2013年,第277—290页。

[3]［英］斯坦因:《西域考古记》,向达译,商务印书馆,2013年,第309—323页。

[4]德国吐鲁番探险队先后四次对丝绸之路新疆段进行了考察,第一次是在1902年8月—1903年11月,这次考察从德国柏林出发,主要考察吐鲁番绿洲,由阿·格伦威德尔(A. Grünwedel)教授和乔治·胡特(George Huth)博士带领。这次考察最终于1903年11月结束。第二次考察从1904年10月一直到1905年10月,考察的范围包括吐鲁番绿洲和哈密周围的地区。第三次考察于1905年12月到1907年6月,调查是在库车、焉耆、吐鲁番和哈密几个绿洲中进行的。第四次考察于1913年4月到1914年2月之间进行,主要的考察范围是库车和巴楚(Maralbashi)绿洲。四次吐鲁番考察队所获资料最初入藏于柏林民俗博物馆(Museum für Volkerkunde),第二次世界大战期间分藏在各地,二战后分别归东、西德国所有。东、西德统一后,凡文献类材料一律归德国国家图书馆收藏,文物材料一律归印度艺术博物馆收藏。详见荣新江的《勒柯克其人其事》,陈海涛的《德国吐鲁番考察队综述》及《德国四次吐鲁番考察活动时间及路线图》,《新疆地下文化宝藏》第1—6页,第210—218页及第219—223页。

[5]勒柯克1860年出生在柏林,是个制酒商的儿子,家境富裕。勒柯克曾经在德国东方语言学校学习阿拉伯语、突厥语、波斯语、梵语,受到过较好的东方学习训练。1902年,进入柏林民俗学博物馆印度部工作。1904年,由于第一次考察队队长格伦威德尔身体不适,另一位队员胡特已经去世,勒柯克被选为第二次、第三次、第四次吐鲁番考察队的队长。勒柯克对待新疆地下文化宝藏的态度,是探险家式的,是找宝和挖宝式的,而不是严格意义的考古,而其对新疆地下文化宝藏的掠夺是不可原谅的。

[6]［德］阿尔伯特·冯·勒柯克:《新疆地下文化宝藏》,新疆人民出版社,2013年,第201页。

[7]［德］阿尔伯特·冯·勒柯克:《新疆地下文化宝藏》,新疆人民出版社,2013年,第201页。

[8]详见［德］阿尔伯特·冯·勒柯克:《新疆地下文化宝藏》,新疆人民出版社,2013年,第84页。

[9]［德］阿尔伯特·冯·勒柯克:《新疆地下文化宝藏》,新疆人民出版社,2013

第七章 隋唐时期汉字在西北丝绸之路上的流传

年,第204—205页。

[10][德]阿尔伯特·冯·勒柯克:《新疆地下文化宝藏》,新疆人民出版社,2013年,第96页。

[11][德]阿尔伯特·冯·勒柯克:《新疆地下文化宝藏》,新疆人民出版社,2013年,第206—207页。

[12]详见[法]伯希和:《库车地区考古笔记》,耿昇译,《伯希和西域探险记》,人民出版社,2011年,第198—221页。

[13]伯希和将出土于这片遗址内的汉文文书资料,共编号249号,但第157—200号空缺,不见文物。而其中第157号文书,又包括七小块,因此,实际现存汉文文书资料为22件,均存于巴黎国家图书馆。关于"都勒杜尔·阿乎尔"遗址的性质,伯希和断定其为阿奢理贰大寺。

[14]王炳华:《新疆库车玉其土尔遗址与唐安西柘厥关》,见《西域考古历史论集》,中国人民大学出版社,2008年,第90—91页。

[15][美]芮乐伟·韩森:《丝绸之路新史》,张湛译,北京联合出版公司,2015年,第101—102页。

[16][法]伯希和等:《伯希和西域探险记》,耿昇译,人民出版社,2011年,第126—183页。

[17][法]伯希和等:《伯希和西域探险记》,耿昇译,人民出版社,2011年,第178页、第180页。

[18][法]伯希和等:《伯希和西域探险记》,耿昇译,人民出版社,2011年,第230—268页。

[19]伯希和的发现收藏于法国巴黎图书馆。据法国现已出版和即将出版的《巴黎国家图书馆所藏伯希和敦煌汉文写本目录》5卷6册统计,共有2001—6040号,这样算来,伯希和敦煌汉文写本共有4040个号。

[20]内藤虎次郎:《西本愿寺的出土文物》,见[日]橘瑞超:《橘瑞超西行记》,柳洪亮译,新疆人民出版社,2013年,第183页。

[21]内藤虎次郎:《西本愿寺的出土文物》,见[日]橘瑞超:《橘瑞超西行记》,柳洪亮译,新疆人民出版社,2013年,第183页。

[22][日]渡边哲信:《在中亚古道上》,见[日]大谷光瑞等:《丝路探险记》,章

莹译,新疆人民出版社,1998年,第28—60页。

[23][日]渡边哲信:《在中亚古道上》,见[日]大谷光瑞等:《丝路探险记》,章莹译,新疆人民出版社,1998年,第48页。

[24]今蒙古呼舒柴达木湖畔。

[25][日]野村荣三郎:《蒙古、新疆之行》,见[日]大谷光瑞等:《丝路探险记》,章莹译,新疆人民出版社,1998年,第154页。

[26][日]吉川小一郎:《敦煌见闻》,见[日]大谷光瑞等:《丝路探险记》,章莹译,新疆人民出版社,1998年,第48页。

[27]荣新江:《丝绸之路与东西方文化交流》,北京大学出版社,2015年,第161—172页。

[28][瑞]沃尔克·贝格曼:《新疆考古记》,王安洪译,新疆人民出版社,2013年,第337页。

[29]塔里木盆地汉字文书在751年怛逻斯之役后随着中国军队撤离中亚、新疆,中国势力的衰落而完全消失。此处出土的汉字文献完全是公元8世纪中期以前的。相关论断也可见斯坦因著《西域考古记》第七章"磨朗的遗址"。

[30]黄文弼的考古活动见第三章的注释。

[31]黄文弼:《略述内蒙古、新疆第一次考古之经过及发现》,见《西域史地考古论集》,商务印书馆,2015年,第3—10页。

[32]黄文弼:《库车考古调查简记》,见《西域史地考古论集》,商务印书馆,2015年,第56—59页。

[33]黄文弼:《库车考古调查简记》,见《西域史地考古论集》,商务印书馆,2015年,第79页。

[34]黄文弼:《库车考古调查简记》,见《西域史地考古论集》,商务印书馆,2015年,第94页。

[35]黄文弼:《吐鲁番考察经过》,见《西域史地考古论集》,商务印书馆,2015年,第28页。

[36]黄文弼:《吐鲁番考察经过》,见《西域史地考古论集》,商务印书馆,2015年,第28页。

[37]黄文弼:《焉耆考古调查简记》,见《西域史地考古论集》,商务印书馆,2015

第七章　隋唐时期汉字在西北丝绸之路上的流传

年,第35页。

[38]黄文弼:《焉耆考古调查简记》,见《西域史地考古论集》,商务印书馆,2015年,第40页。

[39]黄文弼:《轮台考古调查简记》,见《西域史地考古论集》,商务印书馆,2015年,第51页。

[40]黄文弼:《库车考古调查简记》,见《西域史地考古论集》,商务印书馆,2015年,第67页。

[41]黄文弼:《库车考古调查简记》,见《西域史地考古论集》,商务印书馆,2015年,第70页。

[42]黄文弼:《库车考古调查简记》,见《西域史地考古论集》,商务印书馆,2015年,第78页。

[43]黄文弼:《库车考古调查简记》,见《西域史地考古论集》,商务印书馆,2015年,第94页。

[44]黄文弼:《库车考古调查简记》,见《西域史地考古论集》,商务印书馆,2015年,第55页。

[45]黄文弼:《库车考古调查简记》,见《西域史地考古论集》,商务印书馆,2015年,第55页。

[46]黄文弼:《库车考古调查简记》,见《西域史地考古论集》,商务印书馆,2015年,第60页。

[47]黄文弼:《库车考古调查简记》,见《西域史地考古论集》,商务印书馆,2015年,第93页。

[48]黄文弼:《库车考古调查简记》,见《西域史地考古论集》,商务印书馆,2015年,第93页。

[49]黄文弼:《库车考古调查简记》《汉文写本残纸简释》,见《西域史地考古论集》,商务印书馆,2015年,第94页;第393—395页。

[50]黄文弼:《汉文写本残纸简释》,见《西域史地考古论集》,商务印书馆,2015年,第391—392页。

[51]黄文弼:《汉文写本残纸简释》,见《西域史地考古论集》,商务印书馆,2015年,第392页。

[52]黄文弼:《汉文写本残纸简释》,见《西域史地考古论集》,商务印书馆,2015年,第393页。

[53]黄文弼:《1957—1958年新疆考古调查简记》,见《西域史地考古论集》,商务印书馆2015年,第159页。

[54]黄文弼:《1957—1958年新疆考古调查简记》,见《西域史地考古论集》,商务印书馆2015年,第163页。

[55]黄文弼:《雅尔崖古坟茔发掘报告》《高昌史事略》,见《西域史地考古论集》,商务印书馆,2015年,第271—291页;第337页。

[56]王炳华:《阿拉沟古堡及其出土唐文书残纸》,见《西域考古历史论集》,2008年,第95—120页。

[57]王炳华:《交河沟西考古收获》,见《西域考古历史论集》,2008年,第595—608页。

[58]王炳华:《交河沟西考古收获》,见《西域考古历史论集》,2008年,第595—608页。

[59]王炳华:《吐鲁番出土唐代租庸调布研究》,见《西域考古历史论集》,2008年,第348—359页。

[60]唐代铜印虽然目前为止在新疆仅出土一枚,但1966年至1969年新疆文物部门在吐鲁番阿斯塔纳、哈拉和卓墓地出土了一件"贞观十九年(645)行兵请赐物牒"文书,文书钤有三处朱文篆书的"安西都护府之印"。另外,1964年在吐鲁番阿斯塔纳发掘永淳元年(682)《高昌县申太平乡贮粮状》(64TAM35:24)一件,状中钤有四方朱色篆文的"高昌县之印"。最后,大谷吐鲁番文书《唐开元十九年正月——三月西州天山县到来符帖目》,是一件天山县开元十九年正月至三月的抄目残卷,推测内容应是兵曹帖为鸜鹆镇别将康欢奴等官考功事。卷内钤有"天山县之令"。上述资料引自张乃翥:《新疆出土汉文印信的文化生态考察》,载《石河子大学学报(哲学社会科学版)》2016年第1期,第7—14页。

[61]隆务河支道因沿线主要行经河南地区非常重要的河流隆务河,故而得名。该河起自卡坝古城,经今迭部、卓尼、临潭、合作、同仁、尖扎、群科、平安、西宁、湟源、刚察、伏俟城。

[62]笔者曾亲赴青海省博物馆和青海省文物考古所就隋唐时期汉字的流传问

第七章　隋唐时期汉字在西北丝绸之路上的流传

题进行专门的请教,据博物馆的柳春城研究员和考古所所长介绍,由于大量的考古发掘材料尚未整理出来,因此,这一时期的考古成果无法向笔者提供,且据他们的回忆,这一时期的汉字实物及资料并不多见。因此,本书关于青海隋唐时期的汉字考古资料较为稀少,希望以后随着考古资料的整理与考察活动的进一步开展,这方面的资料可以得到充实与补充。

[63]北京大学考古文博学院、青海省文物考古研究所编著:《杜兰吐蕃墓》,科学出版社,2005年版,第76—77页;72—73页;94—95页。

[64]陈良伟:《丝绸之路河南道》,中国社会科学出版社,2002年,第172页。

[65]陈良伟:《丝绸之路河南道》,中国社会科学出版社,2002年,第179—183页。

[66]陈良伟:《丝绸之路河南道》,中国社会科学出版社,2002年,第183—184页。

[67]详见宿白编:《考古发现与中西文化交流》,文物出版社,2012年,第72—83页。

[68]从印度到中国塔克拉玛干沙漠地区,有一条经过巴基斯坦吉尔吉特的路线,具体为走特拉格巴尔山口(Tragbal Pass,海拔3642米)和布尔兹尔山口(Burzil Pass,海拔4161米),沿印度河而行,到达吉尔吉特河,在沿吉尔吉特河进入罕萨河谷,从明铁盖山口(海拔4629米)进入中国,到达喀什、和田、尼雅。1979年连接中巴的喀喇昆仑公路即经过这些地区,最终将新疆喀什和巴基斯坦的伊斯兰堡、白沙瓦等城市连接起来。历史上,这些地区一度称为犍陀罗。

[69]转引自[美]芮乐伟·韩森:《丝绸之路新史》,张湛译,北京联合出版公司,2015年,第36—39页。

[70]周伟洲:《吉尔吉斯斯坦阿克别希姆遗址出土两件汉文碑铭考释——兼论唐朝经营西域中疆臣的作用》,见《西域史地论集》,兰州大学出版社,2012年,第56—69页。

[71][美]芮乐伟·韩森:《丝绸之路新史》,张湛译,北京联合出版公司,2015年,第176页。

[72]《通典》卷十《食货》。

[73]《旧唐书》卷一百四《哥舒翰传》列传五十四。其中,神威城之所在,《西宁府新志·地理·古迹·西宁县》神威城条:"神威城,在县西。唐天宝七年哥舒翰筑城

于海上,吐蕃攻破之,更筑于海中龙驹多,有白龙见,因名曰应龙城。后陷吐蕃废。"

[74]《新唐书》卷一百三十五《翰传》列传六十。

[75]《新唐书》卷二百二十一《西域传上》,"龟兹"条。

[76]王炳华:《西域考古历史论集》,中国人民大学出版社,2008年,第30页。

[77][日]橘瑞超:《橘瑞超西行记》,柳洪亮译,新疆人民出版社,2013年,第56页。

[78]从数量上看,敦煌藏经洞发现的刻本虽不过20余本,数量较少,但是,作为一种新技术的问世,此后的影响却是非常巨大的。

第八章 宋元时期汉字在西北丝绸之路上的传播

第一节 宋元时期的丝绸之路

一、两宋时期的西北丝绸之路

公元960年,赵匡胤在河南开封建立了中国历史上的北宋王朝。这个时期是我国历史上重要的分裂割据时期,与北宋并立的国家还有辽、西夏、回鹘等。丝绸之路的东段、中段,即今天我国的青海、甘肃、宁夏、新疆、陕西西北五省地区,被不同的割据政权控制。如河西走廊的大部、新疆东南部、青海东部地区等,当时基本被西夏占领。回鹘(西州回鹘、黄头回鹘)黑汉、吐蕃等也控制了新疆、青海西部等大部分地区。

由于宋政权失去了对西北边疆的控制,同时,北宋与这些少数民族政权之间,尤其是辽、西夏之间爆发过多次大规模的战争,双方之间的关系经常处于紧张状态,彼此之间政治、经济、文化、思想等领域的交流与交往受到了很大的限制,反映到丝绸之路这条连接各民族、各国家间交流、交往的桥梁上,就是其逐渐被毁坏、废弃,西北陆上丝绸之路走向衰落。

南宋时期,西北丝绸之路的衰落没有丝毫改变,甚至更进一步,具体表现在海上丝绸之路的进一步兴盛。首先,由于南宋首都在杭州,南宋政府的统治重心已然向中国东南沿海倾斜。另外,由于西北丝绸之路主要由金、西夏、西辽、吐蕃控制,南宋与这些割据政权之间的战争也较为频繁,如南宋与金之间的长期战争,这些因素都严重影响了丝绸之路的正常发展。同时,这一时期,南宋政府与中亚、西亚国家之间的联系也开始由海上丝绸之路进行,西北陆上丝绸之路的衰落进一步加速。

二、元朝时期陆上丝绸之路的兴盛

13世纪初,随着蒙古族的兴起与强大,以及元朝建都北京,陆上丝绸之路又重新繁荣起来。

元朝时期通过驿路和西方有频繁的往来。当时中西国际驿站共有三条。一条是从蒙古通往中亚;另一条是通往叶尼塞河、鄂毕河、额尔齐斯河上游的驿路;第三条为经过甘肃走廊通往中亚、欧洲的传统丝绸之路。对当时中西驿站的畅通,人们赞誉有加。清初史学家万斯同说:"元有天下,薄海内外,人际所及,皆置驿传,使驿往来,如行国中。"

元朝的驿站制度,也同样施行到中亚一些蒙古统治者管辖的地区。据波斯史学家拉施特的《史集》记载:伊利汗在位时候,在今中亚也设置了驿站。他"下令在所有要道上,每三程设置一个驿站。每个驿站设有健马十五匹",他"还下令任何人只有出示君主的御笔和金符之后,才能获得驿马,他把每一个驿站交给一个大统领,让他们掌握一定的地区和足够使用的钱"。

从拉施特的记载可以看出,元朝的驿站制度,已经有效地在国外辖地施行。这一制度大大促进了13至14世纪的中外经济文化交流。

三、西北陆上丝绸之路的衰落

西北丝绸之路历史上在中国境内曾经形成很多线路。元朝时期,北方以首都北京为起点,形成一条商道,即由北京西行,经内蒙古、甘肃北部,进入新疆,直至中亚、西亚(因为元朝之后的明清时期,北京是

第八章　宋元时期汉字在西北丝绸之路上的传播

这两个王朝的首都,因此,这条路线自元朝以后仍然一直是明清时期中国与中亚、西亚各地的最重要连接通道)。马可·波罗就是经由这条线路到达中国北京的。[1]因此,蒙古统一的时期有时被称作蒙古式的和平时期,在世界历史上第一次可以从欧洲一直走到蒙古帝国东端的中国。很多人都走这条路,有些人还留下了记载。大多数人从克里米亚半岛出发,穿越如浩瀚大洋一般绵延不断的欧亚大草原一路到达蒙古,并不绕行塔克拉玛干的传统丝路。由长安出发的西北丝绸之路在长安至新疆、中亚的路段逐渐走向衰落。

第二节　西北丝绸之路上的主要民族与国家

一、西夏

公元1038年,李元昊称帝,国号"大夏",自称"大白高国""白高大夏国"。《宋史》称之为"夏国";《辽史》和《金史》因其地处辽金之西,称之为"西夏",后人多沿用"西夏"之称。西夏都城为兴庆府,后改称"中兴府"(今宁夏银川)。西夏共传十主:景宗元昊、毅宗谅祚、惠宗秉常、崇宗乾顺、仁宗仁孝、桓宗纯祐、襄宗安全、神宗遵顼、献宗德旺、末帝睍,历时190年(1038—1227)[2]。

西夏作为我国古代少数民族党项族建立的一个地处西北的封建割据政权,强盛时曾统治从今天的内蒙古西南部、陕西北部一直到宁夏大部、甘肃中北部、青海东部一带的广大地区。西夏统治者创制文字(即"西夏文"),广泛吸取内地汉族传统文化和吐蕃的藏传佛教及其文化,形成了中国历史上具有特色的西夏文化。

二、金

金朝政权初建时是以女真贵族为核心,并联合汉、契丹、渤海的上层人物共同统治的奴隶制政权。熙宗时全面推行汉官制。金的统治区域广大,曾经长期统治丝绸之路的东段,对丝绸之路的发展产生了一定的影响。

女真人长期受契丹人的管辖,因此受契丹文化的影响较深。文字方面,女真文尚未问世时,便使用契丹文、汉文,契丹、宋朝对其的影响较大。到金不断南下,攻占今长城以南大片地区,包括今河南、陕西地区时,女真受汉文化的影响进一步加大。

因为要有自己的文字,女真后来也创制了文字,一般称之为"女真文",内有大、小之分。

三、唃厮啰

960年北宋建国不久,吐蕃的一个部落首领的后裔唃厮啰在以邈川(今乐都)、青唐(今西宁)为中心的青海省湟水流域建立了政权,这当时是一个以吐蕃、羌为主体的地方封建政权。唃厮啰多次遣使向宋朝皇帝纳贡,并乞官职。公元1032年(明道元年),宋仁宗封唃厮啰为"宁远大将军,爱州团练使",并给予优厚的俸禄。公元1041年(康定二年),宋朝又封唃厮啰为"检校太保充保顺,河西等军节度使"。此后,唃厮啰的继承人董毡、阿里骨、瞎征等,世代接受北宋的册封。

随着西夏的崛起,北宋开始进一步拉拢这些吐蕃后裔,给他们拨发弓箭及其他武器,并招募藏族弓箭手,在他们中间建立类似北宋民兵的军事体制,以共同防御西夏人的入犯及袭扰。因为吐蕃有自己的民族文字——藏文,而且,这一时期传统西北陆上丝绸之路的河西路、河南道基本掌控在吐蕃的手中,所以以汉字为代表的汉文化对青海的影响不如对其他地区的影响明显。

四、回鹘

北宋时期,今天的新疆区域主要有西州回鹘和黄头回鹘。回鹘统

第八章　宋元时期汉字在西北丝绸之路上的传播

治新疆 300 多年,并有自己的民族文字——回鹘文。这是一种跟汉文截然不同的文字系统,在长达 300 多年的时间中,回鹘文逐渐成为新疆区域普遍流行的文字,汉字逐渐退出新疆。

五、中亚、西亚地区的主要国家

宋元时期,当时的中亚、西亚主要是回鹘族建立的黑汉王朝(喀喇汗国)、塞尔柱王国、花剌子模、西辽、蒙古。这个时期大体上可分为前后两个时期。前期相当于宋朝和西辽、黑汉、塞尔柱、花剌子模时期;后期即蒙元和察合台汗国、伊利汗国时期。

(一) 西辽

西辽是辽代契丹人于 1132 年在中亚东部楚河和伊塞克湖建立的政权。1137 年,西辽军队进入费尔干纳谷地,在此没有遭到抵抗,继续西达忽毡(今塔吉克斯坦的霍占),在此遭到了马赫默德汗率领的西喀喇汗军队的抵抗。1141 年 9 月,塞尔柱苏丹桑扎尔率领的军队与西辽皇帝(称菊尔汗)耶律大石的军队交战,这一战役被称为"卡特万之战"。这是中亚史上的一次大战役,是西辽定国最关键的一战,其影响不但远播西亚和欧洲,而且这一战役也结束了 11 世纪下半叶至 12 世纪上半叶塞尔柱人一统中亚的局面。西喀喇汗王朝自此承认了西辽的宗主权,其都城撒马尔罕被西辽称为"河中府"。

契丹创制了契丹大字、契丹小字,并与汉文一起在辽境内通行(但是,后来契丹文却被废而不用了。这主要是因为契丹文在广大人民群众中没有流行开来)。由于契丹紧邻宋朝,受汉文的影响很大,所以实际上汉文的使用更为广泛。

西辽时期,对于西辽的官方语言文字问题,巴尔托尔德说,"看来是汉语"。陈垣先生指出,"西辽五主,凡八十八年,皆有汉文年号,可知其在西域曾行使汉文"[3]。根据西辽王朝政府机构的名称和一些官名,特别是从《辽史》的《西辽本末》中保存下来的一些文诰来看,巴尔

191

托尔德和陈垣先生的看法是正确的(但是,契丹文也在使用)。[4]

西辽时期汉文化在中亚地区的传播,对中亚人民的精神文化和物质文化发展起了推动作用。

(二)黑汉王朝

10世纪上半叶,西迁回鹘与葛逻禄、样磨、处月等游牧突厥人一起,推翻了萨曼王朝(874—999),在中亚建立了突厥政权——黑汉王朝(又被称为喀喇汗王朝)。强盛时期,喀喇汗王朝在北部统治了天山至里海以东地区,在南部统治着塔里木盆地南缘至阿姆河以北的河中地区。后来,喀喇汗王朝又分裂为东喀喇汗王朝和西喀喇汗王朝。1041年,易卜拉欣在阿姆河以南的山区招募军队,并在石汗那位基地发动了夺取河中地区统治权的战争。胜利之后,易卜拉欣选择撒马尔罕城为其首都,建立了历史上的西喀喇汗王朝(1041—1212),该王朝于1212年被花剌子模所灭。突厥人对中亚河中地区200多年的统治,使得河中地区的人种和语言都走向了突厥化。

(三)塞尔柱帝国

10世纪下半叶,突厥古思人中的一支——塞尔柱人,南下河中地区,参与了萨曼王朝(874—999)的政治斗争,并在此过程中壮大起来,后来,建立了统治西亚和中亚的塞尔柱帝国(1055—1194)。

(四)花剌子模

花剌子模是中亚古国,历史上曾先后属于很多国家。到11世纪晚期,库特布丁·摩诃末建立了花剌子模国,摆脱了塞尔柱帝国的控制。花剌子模意为"太阳土地"。1212年,撒马尔罕成为花剌子模帝国的新都。1221年,花剌子模为成吉思汗所灭。

(五)察合台汗国

1227年,成吉思汗在征服西夏时去世,1229年窝阔台继承汗位。由于察合台拥立有功,窝阔台尊察合台为皇兄,赐予其正式封号并铸有印信。

第八章 宋元时期汉字在西北丝绸之路上的传播

窝阔台时期,蒙古帝国统治的中亚分为两大行省,即河中行省和阿姆河西行省(即波斯行省)。

忽必烈的统治(1260—1294)标志着蒙古势力达到巅峰。正是因为蒙古的这种大一统和时代风云的激荡,欧亚大陆各部之间出现了最密切的交流。

第三节 考古发现宋元时期西北丝绸之路上的汉字

一、西方探险家发现的汉字实物及资料

(一)斯坦因的发现

1. 从额济纳河到天山的发现[5]

在《从额济纳河到天山》一文中,斯坦因指出:"(1914年5月)当我前进考察黑城子(Khara-khoto)……此城的黄金时代,应在西元后十一世纪初叶以至元朝的西夏或唐古忒统治的时期。从这一个时期以后,自南方来的西藏人势力似乎逐渐地强起来了,充满了废城内外的佛寺和窣堵波,大都是这一时期所建。(俄国)科斯洛夫大佐(Colonel Kosloff)就在城外的一所寺院里发现了很重要的佛经和古画。……城里那些很大的垃圾堆中又找出好些用汉文、西夏、回鹘以及突厥字体写的各种记载的残纸。其中特别可以称述的是西元1260年马可·波罗的恩人元世祖忽必烈时代的一张宝钞。……我们到达镇西城的时候,已经是冬季了,在北山经过冰风的吹打,至是能得到内中有一块重要的汉碑紧紧封闭着的古庙以为荫蔽,真是不胜欢迎之至。"

2. 吐鲁番遗迹的考察[6]

1914年11月,斯坦因在吐鲁番进行了考察。邻接哈拉和卓大村一称为Dakianus城的亦都护城(Idikut-Shahri)是他们发掘的第一个地点。此地被认为是高昌故址,唐朝以及后来回鹘统治时期的吐鲁番

都城。在那里还找出许多中国古钱,由此断定遗物的年代是在宋朝,可算相差无几。到末了在吐峪沟找到不少好看的壁画和塑像残片。此外汉文和回鹘文的写本也很多。

(二)瑞典贝格曼在新疆的考古发现

1928年,贝格曼在车尔臣、瓦石峡和米兰等古代遗址进行考察。根据他的叙述,1928年7月,在车尔臣"大堤"出土的文物中,他获得5枚铜币,其中两枚是宋币。两枚宋币上面的日期相当于公元1017—1022年和1023—1032年。贝格曼认为,车尔臣在唐代因吐蕃的占领而与中国断绝的贸易往来,在宋代又得到了部分恢复。另外,他仍提到,在编号为K.13341:21的青铜花押的第3部分内图案的第4个图案为一"万"字。[7]

1928年在瓦石峡的考纳沙尔,贝格曼提到,斯坦因在这里发现5枚宋代钱币,其颁发的年代在1023—1107年之间。另外,他自己也发现5枚无法确定的宋代或元代残币。[8]

二、国内学者机构的考古发现

(一)新疆的考古发现

1. 黄文弼的考古发现

黄文弼于1927年夏,以北京大学考古学会名义,参加了西北科学考察团赴甘、新一带考察古迹古物的活动。黄文弼于1930年9月返回北平(今北京),此次考察共计用时3年多。关于这次考察,他发表论文进行了介绍,关于汉字的发现,有如下叙述。[9]

(1)叶城附近之古址

(1928年8月初)在叶城东10公里许,地名拉一普,陶片、铜件甚多,区域颇大。在此,拾有古代铜钱百余枚,面圆无孔,两面均刻有用阿拉伯字母拼写的文字。同时拾有宋咸平、天禧、崇宁诸钱,则此地为宋以前之古址,今几及千年也。

第八章　宋元时期汉字在西北丝绸之路上的传播

（2）雅尔湖（吐鲁番附近）

（1930年2月）在吐鲁番城西10公里，有旧城，即古交河城。其在城西坟院所得者，有陶器八余件，墓碑百余方，皆为北魏至唐之古物，推其年号，可补高昌世次之阙。

（3）杨囗亨课程钱残纸

出土于库木土拉佛洞中。长18厘米，宽34厘米。现存下半段。汉文字两行。蒙文字三行。黄文弼认为，"新蒙文为元至元六年八思巴依据藏文字母制成，除钱币及文书应用外，民间并不通行。此纸与古维文土尔迷失的斤卖地契同出库木土拉佛洞中，必为同一时代之物。自成吉思汗灭西辽后，此地已属于元朝，故一切公文程式悉遵元式也。"[10]

2. 石头城的发现

石头城位于若羌县城南偏东若羌河出山口处，其西北距县城公路为45公里，直线距离约33公里。在距若羌县城西南约9公里的若羌瓦石峡境内发现了两件元代文书。文书质地为麻纸，行书兼有俗体字。其中1号文书，残存13个字，为"月二十五日管军副元帅 兀浑察"，其中"月""察"残甚，但能辨识。文书的左上角有折叠转送时加盖的"矩形"黑色戳印，为一件公文的末尾部分。

第二件文书内容似为"逃军申文"，内容较长。出土时对折线被火烧焦，部分文字脱损。

张平认为："若羌之地东临甘、沙二州，北援火州，西接于田，是进出塔里木盆地南缘的交通门户，为元初用兵驻防的要塞。元代文书及遗物在瓦石峡遗址中发现，为研究这一时期的历史以及南缘站赤屯戍设置的情况，提供了重要的线索。"[11]

（二）青海的考古发现

1. 西宁南山路钰兴花园墓地[12]

青海东部在宋代主要由唃厮啰人控制，并与宋王朝有密切往来，在南宋时金、西夏曾相继占领该地,直到元统一。宋代墓葬在青海省极为罕见,而在西宁地区钰兴花园发现的墓葬是西宁地区的首次发现。里面因为破坏严重,未有重要发现。

2. 张尕古城的发现

1989年,该城附近征集到宋"大观通宝"大钱一枚。

3. 三角城古城[13]

发现宋代崇宁重宝、圣宋元宝等。

4. 诺木洪元代干尸[14]

1958年秋,诺木洪农业第二耕作站开垦荒地时,发现了一具干尸,死者系元代蒙古族武将。墓中随葬一包"中统元宝交钞"的交子,数量颇多,均以丝绸作底本。中统元年为公元1260年,说明此人生活时代为元代。

5. 格尔木元钞[15]

1956年秋,在平整土地进行造田时,格尔木农场第一工作站的职工发现了一包元代纸币,共计500余件。纸币是用毛毡包裹在一起的,保存得十分完整。纸币用皮纸印刷,比较粗糙,面值分为五百文、一贯和三贯三种。纸币上盖有中书省和尚书省等朱红印钤。据研究,这些纸币分别制作于元中统年间(1260—1263)、元至元年间(1271—1294)和元至正年间(1341—1368)。

6. 克图古城的发现[16]

克图古城在门源县北山乡东南约75里的克图乡克图村境内。文物普查时,在城内采集到一枚"天禧通宝"——宋时的钱币。

(三)甘肃的考古发现

1. 敦煌藏经洞

敦煌藏经洞中保存有汉语—于阗语常用语手册中的几页。这种辅助学习的书籍不用汉字,而是用婆罗谜字母写出汉语句子的读音,然后再给出于阗语的释义。研究这些文书的语文学家造诣很深,他们

第八章 宋元时期汉字在西北丝绸之路上的传播

复原出了这些用于阗字母写的 10 世纪汉语发音的句子。和所有好的语言教科书一样,这件汉语—于阗语常用语手册不断重复重要的句子结构以便学生练习。手册中还包括在市场上买卖时会用到的句子。考虑到 10 世纪敦煌和于阗的诸多交往,形形色色的于阗人——包括使节、僧侣和商人——似乎都能从基本的汉语教学中获益。手册的假想使用者是朝觐路上的僧侣。这些僧侣从藏地或于阗出发向东,经停敦煌,最终目的地是文殊菩萨的道场:五台山(今山西五台山)。有些对话让人可以猜出手册使用者的身份:

你有书吗?

我有。

什么书?

经、律、论、密。

你有哪个?

你喜欢哪个?

我喜欢密。

"经"泛指佛经,"律"指佛教戒律,"论"指佛教的教理文献,"密"指佛教密宗的文献。可以看出,上述对话中的词语只有僧人或者资深的佛教学习者才会用到。[17]当然,相似的句子还有许多,本书不再一一举出。

2. 亦都护高昌王世勋碑[18]

亦都护高昌王世勋碑是 1933 年于甘肃武威县北 15 公里石碑沟由当地人发现的。此石碑现在仅存下半段,高 1.8 米,宽 1.62 米,36 行,每行残存 40 字(原碑每行 90 字),正面为汉文,背面为回鹘文。可惜现已不知去向。黄文弼曾经托人代拓一份,故现仅有拓片存世。依据碑文可知,此碑碑文是叙述回鹘人的起源和流派的。黄文弼研究之后认为,此碑立石时间应该为元文宗至顺三年(1332)。[19]

(四)内蒙古的考古发现

丝绸之路沿线出土汉文文献最多的三个地点是敦煌、吐鲁番和黑水城。黑水城是西夏在西部地区重要的农牧业基地和边防要塞,是元代河西走廊通往岭北行省的驿站要道,西夏十二监军司之一黑山威福司治所。黑水城东西长470米,南北宽384米,总面积18.05万平方米。它是"古丝绸之路"以北保存最完整的一座古城遗址,这里出土了大量文物,晚清末年,俄国、英国、日本等国的文物贩子曾从这里盗窃了不计其数的文物、文献资料。1983年及1984年内蒙古文物考古所在黑水城先后两次进行发掘,所得文书近3000件,这些文书均为残卷,绝大部分属于元代,其中汉文文书2200件。[20]

据杜建录统计:"中国藏黑水城汉文文献4000多件,孟列夫统计的俄藏黑水城汉文文献488件,如果加上混入敦煌文献与后来揭下的写有文字的裱糊用纸,也就500多件。《中国藏黑水城文献》收集4213件,其中社会文献2800件,占绝大多数,宗教文献只是很少一部分。在社会文书中,有公文,有民间文书,有票据、印本等等。"而对于黑水城汉文文献的时间,他指出:"黑水城汉文文献时间跨度较大,包括唐、五代、宋、西夏、伪齐、金、元(含北元),其中元代的数量最多,其次是西夏、宋,对研究宋、夏、金、元历史文化提供了珍贵的史料。"[21]

第四节 汉字在辽、西夏、金境内的传播

宋、辽、夏、金时期是中国历史上一个重要的分裂割据时期,这一时期建立的各少数民族政权虽然纷纷建立了各自的民族政权,但是,汉字在这些地区的流传及巨大影响却是不容回避的历史事实。

一、汉字对契丹文的影响

契丹文字分为契丹大字和契丹小字两种。辽代契丹人的语言材

第八章 宋元时期汉字在西北丝绸之路上的传播

料除了极少数保存在宋人著作及《辽史语解》中外,其余的已经亡佚,无法得知了。

契丹文的创制,王溥的《五代会要》记载:"契丹本无文纪,惟刻木为信,汉人陷番者以隶书之半,就加增减,撰为胡书。"[22]另外,欧阳修撰《新五代史》时也说:"至阿保机,稍并服旁诸小国,而多用汉人,汉人教之以隶书之半增损之,作文字数千,以代刻木之约。"[23]

元人脱脱修的《辽史》,更为详细地介绍了契丹文,人们知道契丹文字有大小字之别。但是,两种契丹文字除了有不少直接借用汉字的字形外,即便与汉字不全相同的字,其形体特征、笔画走向,也是套取汉字而来,很像汉字的偏旁部首。如果把契丹大、小字拿来与汉字相比,可知契丹大字与汉字的关系更为密切,可以说汉字是契丹大字之源。契丹大字与汉字同是方块字,契丹大字不过是在汉字的基础上进行了减少笔画和字数的改造而已。具体地说,分为以下几种情况:一是直接借用汉字的形、音、义,如"皇帝""太后""太王"等;二是借用汉字的形和义,如"一""二""五""十"等;三是借用的形,如"仁""住""弟""田""有""行""未""高""画""全""乃"等。

契丹小字是由一至七不等的基本读写单位——"原字"所组成。所谓"原字"是指在进一步减少汉字和契丹大字的笔画并改造其字形的基础上制成的契丹小字。这种小字参照汉字的反切创出拼音的方法,以"原字"作为基本读写单位拼成字(词)。契丹小字在创制过程中也可能参考了回鹘文字,因为两者除了同属拼音文字外,还同属一个语系,即阿尔泰语系。契丹小字有一部分字形与汉字完全相同,如"一""丁""丙""而""天""十""卡""木""杏""土""犬""太""丈""又""刀""力""了""子""乙""欠""久""各""乃""及""丸""午""伏""仕""付""仍""公""山""出""小""目""由""口""文""火""米""主"等。不过,这些字虽然字形与汉字相同,但音、义却不同,因而不能按汉语套读。"原字"中也有用汉字俗体字造成的,如

"几"就可能借用汉字"几";有的"原字"则是汉字稍加改造而成,如"兴"源于汉字"益"等。据《契丹小字》一书统计,"原字"数大约有350个,笔画也不多,最多十画,一般情况下在6画左右。

二、汉字对西夏文的影响

1. 西夏文字创制说

《隋书·党项传》记载:党项初"无文字,但候草木以记岁时"[24]。但是,随着西夏的建国,民族自信心的提高,文字的创制被提上日程。"辽、夏、金建国前后,政府和社会对本民族文化的发展和文字的创制都有迫切需求,作为强大民族政权的主体民族,创制民族文字也是民族自尊、自信的表现"[25]。关于西夏文字的创立情况,史书不乏记载,但有抵牾。从创制西夏文字的人来说,有三种说法。

(1)李德明创制说

《辽史》:"(李继迁)子德明,晓佛书,通法律,尝观《太乙金鉴诀》《野战歌》,制蕃书十二卷,又制字若符篆。"[26]

(2)李元昊创制说

这方面的记载较多。《宋史·夏国传上》:"元昊自制蕃书,命野利仁荣演绎之,成十二卷。字形体方整,类八分,而画颇繁复。教国人纪事用蕃书,而译《孝经》《尔雅》《四言杂字》为蕃语"。《辽史补遗》:"元昊自制蕃书十二卷,字画繁冗,曲屈类符篆。教国人记事悉用蕃语。"

(3)李元昊时期的野利仁荣创制说

沈括在其《梦溪笔谈》中说:"景德中,党项首领赵德明卒,其子元昊嗣立……其徒遇乞,先创造蕃书,独居一楼上,累年方成,至是献之。元昊乃改元,制衣冠礼乐,下令国中悉用蕃书、蕃礼,自称大夏。"且到了南宋绍兴三十二年(1162),西夏"始封制蕃字师野利仁荣为广惠王"[27]。

第八章　宋元时期汉字在西北丝绸之路上的传播

本书认为,西夏文字的创制当是在李元昊时期,但应该是野利仁荣所造,并非李元昊本人。因为,李元昊当时正在准备立国称帝,应该是没有时间亲自创制大量繁复的文字的,因此,其大臣野利仁荣作为李元昊的重要谋臣,后又能被封为"莫宁令"(天大王),称为西夏第一文士,应该与其创制文字、翻译典籍、促进西夏文化事业的发展有关。另外,西夏仁宗时期,追认野利仁荣为"广惠王",更是证明了西夏文字为野利仁荣所造之事实。

2. 西夏文字的特点

语言是标示国家或团体的一种方式。西夏反对跟汉族书同文,创制了自己的民族文字。但是,研究西夏文字的学者们仍然普遍认为,西夏文化并非是完全独立发展起来的文化系统。它除了继承党项民族固有的民族文化因素以外,还受到吐蕃文化的影响,尤其是受到了汉族传统文化的深刻影响。故此,当相对出现较晚的西夏文在创制的时候,仿照汉字的创制以及汉字的结构法则,便显得顺理成章。

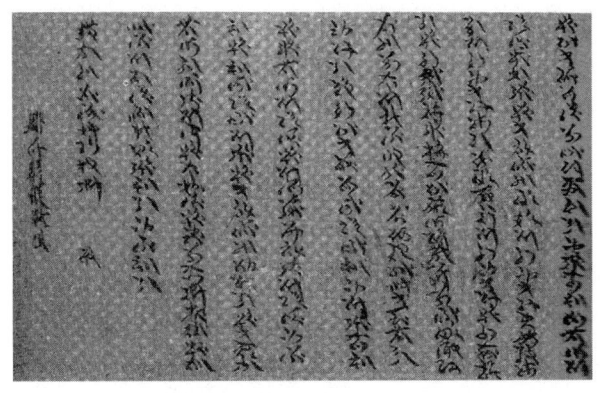

黑水城出土西夏文书

任何文字都可以根据其构造分为独体字和合体字。西夏中期出版的字典《文海》虽然在解释西夏字的构造时,没有像当前学界分析一种文字时采取上述方法,但是,独体字和合体字的分类却仍然是存在的。根据史金波先生的分析,"《文海》对西夏文字的构造解释有这样一些方法。(1)用包括了独体字的更复杂的字和其他字牵强地合成该字;(2)用包括被解释字的复杂字减去其中一部分来构成一字,形成一种特殊的构字方式:①减去左部;②减去头部;③减去偏旁"。根据目前的研究来看,西夏文中数量不多的单纯字可以分为两种,一种往往是常用词,有其固有的字义;另一种单纯字多为借词,系地名、人名或佛经真言注音。[28]

西夏文字绝大多数是合体字。合体字中又多用会意合成法和音意合成法。所谓会意合成法是由两个(少数字是由三个或四个)西夏字各用其一部分或全部组成一个新字,新字的字义是两个西夏字字义的合成,西夏文中会意字比汉字中会意字的比例大得多。

"意音文字和拼音文字的本质区别在于记录语言的方式,意音文字可以区别语言中的两种信息:一是通过不同的字形把不同的音位或音节区别开,二是通过不同的字形把读音相同的不同语素或词区别开"。[29]

西夏文中音意合体字的数量也相当大。不过,音意合体字中的意符不固定。

合成字是合体字一个比较特殊的门类。间接音意合成法是受汉语影响的又一造字方法,长音合成是针对转注梵语长音字的造字方法。西夏文中还有小部分字,其字形的一部分由表意字组成,另一部分由一个既不表意、又不直接表音的西夏字组成。这个字虽不直接表示新字字音,但把它意译成汉字后,该汉字字音恰恰表示了新字的字音,我们称之为间接音意合成字。这类字数不多,大都为借汉词语或汉族人名、地名用字,这实际是专为汉语借词造字的一种特殊方法。它突出地表明了由于河西一带党项族长期以来和其他民族特别是汉族密切交往,在语言文字上受到巨大影响的一个侧面。从《文海》和其他西夏文资料都可以看到大量的汉语借词进入了西夏语,其中既有常用人名、地名,也有基本词汇里的词。由于这些汉语借词使用频率高、

第八章 宋元时期汉字在西北丝绸之路上的传播

范围广,已经完全成为西夏词汇当中的一部分。西夏人为这些词单独造字,而且在西夏文音韵书籍中也完全承认了它们的存在,它们已经是西夏语词汇中不可分割的一个组成部分。间接音意合成字表明汉语不仅对西夏语有巨大影响,而且对西夏文字构造也产生了一定的影响。

另外,"在西夏字中,有一部分字是由一个西夏字的左右两部分和另一个西夏字的左右两部分正好相反,而它们的字义往往有密切的关系,这种字义相近、字形左右两部分相反的字,是一个字左右两边互换构成的,故称其为互换合成字。西夏字中这类字数目不少。除左右互换之外,还有上下互换等多种形式"。[30]

最后,汉字文字史上,由于时间的流动、字义的引申或假借等原因,出现了累增字,我们现在称之为加形字,如益产生出溢、共与拱、辟与避、劈、僻等。从总体上看,这种字在汉字中数量不大,同汉字比较,西夏字使用此法造出的形意字数量相当多。这些形符不表义也不表音,"在西夏字中有十种"。形意字的大量存在也是西夏文字的又一个特征。

3. 西夏语中的汉语借词

借词也称外来词,指的是语音形式和意义都借自外民族语言的词。借词是语言接触中产生的一种最常见的语言现象。我们知道,不同的民族、不同的群体之间,不可避免地要相互接触,不同民族的不同语言在相互接触之中,必然要从对方语言中吸收一些有用成分来丰富自己的语汇,满足交际的需要,这是各种语言发展的一个共同现象。因此,任何一种语言中都有一定数量的借词。西夏人民与汉族人民共处,由直接交往在口头上吸收了汉语的借词,又通过大量翻译汉文典籍,如《论语》《孟子》《列子》《左传》《孝经》《孙子兵法》等以及汉译佛经,在书面语中吸收了汉语借词。这两方面的汉语借词是西夏语中汉语借词的主要组成部分。

在西夏语常用词中,这些借词约占百分之十。这仅仅是据书面文献的大致统计,在口语中汉语借词数量可能会更大。这些汉语借词已经成为西夏语的有机组成部分。当时的西夏人在多种不同类型的西夏文字典中,收入了这些借词,并按其读音分门别类地归入相应的西夏语声类、韵类之中,从而把汉语借词的声韵纳入了西夏语的语音体系中。这不仅反映了汉语借词在西夏语中的稳定地位,也表明了当时的西夏人对汉语借词的重视程度。

西夏语中汉语借词范围很宽。以词类划分,数量最多的是名词,其次是动词、形容词,还有一些是数量词、方位词等。从其来源和使用范围上,大致包括以下几个方面:①由于社会的发展、政治制度的改变而产生的借词,如经略、通判、使、府、州、县、堡、寨等。②随着生产力的发展和生产方式的演变出现的借词。如簸箕、秤、寸、隘、杏等。③由于与汉族联系甚密,一些反映日常生产、生活的词,也往往自汉语借入。这类词多属基本词汇,如织、车、物、兵、矢、山、海、沙、枝、茎、身、女、赶、弃、栏、转、散、大、粗、细等。④由于文化的交流和佛教的信仰而增加的借词,如圣、卷、和尚、僧、涅集、沙门、璎珞、禅、诵等。佛教用语大部分是汉语音译自梵语,西夏语又从汉语借入。⑤西夏的主要地名大都因袭旧称,自汉语音译转写,这些专有名词使用频率很高,也可列入借词一类。汉族姓氏,也用音译,如凉州、甘州、瓜州、沙州、夏州、银州、敦州、贺兰、鸣沙、武威、梁、赵、杨、陈、王、张等。

汉字传播到非汉语地区,起初都是"原样移植",大家学习汉语文文言的儒家文献。党项羌人也是如此,在其杰出领袖李继迁、李德明时期,党项羌的上层贵族都通晓儒家典籍。

熟悉汉语汉字之后,部分西夏党项羌人开始借用汉字书写自己的语言,于是汉字"归化"成为非汉语的民族汉字——西夏字。"归化"的方法主要有三种:①"借词"(音意兼借),②"音读"(借音不借意),③"训读"(借意不借音)。借用汉字书写西夏主体民族番族的语言,

第八章 宋元时期汉字在西北丝绸之路上的传播

是番族民族觉醒和文化上升的表现。

借用汉语汉字感到不便和不够用,西夏进一步仿照汉字的原理和形体,自造本民族专用的文字。"变异仿造"指只取汉字的造字原理,自造不同于原有汉字的形体。变异仿造有两种,一种是完全写成跟母体汉字不相同的文字。另一种是新造文字虽然变形而仍旧能认出与母体汉字的关系。西夏的文字属于前者,水族的文字水书属于后者。

三、汉字在金境内的流传

金朝首先使用契丹文、汉文,后来又创制了自己的女真文字(女真大小字),形成最为繁复的三字五体的文字体制。

女真立国,不甘于用外族语和外族文字,故"依本国语制字"。天辅三年(1119)八月,完颜希尹依本国语言制字,字书成,同月"颁女直字"[31]。当时以字书形式颁行。1973 年,西安碑林发现女真字书残件,共 11 片,有女真字 237 行,2300 余字,中多重复。研究认为,女真字书的面貌与汉字蒙学字书相仿。女真文字是汉式文字。

女真小字稍晚于女真大字。《金史·熙宗纪》记载:天眷元年(1138)正月,"颁女直小字。"几年后,皇统五年(1145),"初用御制小字"。

学习女真字的人并不多,流传范围也很狭小。尤其在金朝将其首都迁至汴梁(今河南开封)后,金朝完全被汉文化包围,虽然女真文字是官方支持推行的文字,但是汉字的使用在金非常普遍,女真文字反而没有留下太多的身影。今天存世的女真文字的实物及资料也是微乎其微的。

可以说,汉字是契丹文、西夏文、女真文的源头,在当时是国际文字,使用人群最广,使用价值最高。

四、回鹘文中的汉语借词

余欣在其《回鹘文中的汉语借词》一文中指出,回鹘文中可以找到汉语借词的身影,汉语借词在回鹘文中的比例大约为5%,这些借词主要为佛教词语、职官名称,以及一些名词、动词等。[32]

五、结 论

宋元时期,由于少数民族纷纷崛起,汉文化的影响相对较弱,建立民族政权的政权都先后创制了各自的民族文字。把这些民族文字和汉字的关系进行一个界定的话,赵丽明认为:"汉字在传播过程中,发生的功能变异、形符变异、体制变异,大致经历了这样几种形态:汉字汉文(照搬)—汉字某(民族)文(假借)—某族汉字(转注仿制)—改创民族文字(变异)—新'书同文'和大字符集建设"[33]。因此,学者们在研究少数民族文字如契丹文、西夏文字时也多将其纳入汉字体系中进行研究。赵丽明认为:"将契丹字、西夏字纳入'大汉字'体系进行研究,有助于研究汉字本体的标记功能和结构体制,以及汉字的历史作用和传播文明的文化功能。"[34]

契丹文、西夏文、女真文,这些少数民族创制的文字后来都从历史的长河中消失了,究其原因,主要有以下两个方面。

第一,失去了国家层面的支持。契丹文、西夏文、女真文都是辽、西夏、金的民族文字,主要依靠着民族国家的大量推行和支持才使其得以局部流通,因此等到这些民族国家消失,使用这些文字的政治基础不再存在,这些文字的消失就成为必然。

第二,汉字及汉文化的强大。自从商朝中晚期汉字问世以来,汉字一直是中原土地上的主流文字。经历1000多年的发展,汉字使用者众多,这使得其他文字的流传受到了明显的限制和制约。同时,以汉字为载体的汉文化在宋元时期是当时东亚地区最先进、最发达的文化,其对周边地区的吸引力巨大,汉字的广泛流传符合历史发展的进程。

第八章　宋元时期汉字在西北丝绸之路上的传播

第五节　宋元时期西北丝绸之路上汉字的流传特点

一、宋元时期的丝绸之路是一条"书籍之路"[35]

宋元时期的书籍形态正式从写本时代迈入刻本时代。书籍的传播流通以刻本为主。汉文刻本是一种特殊的文化产品,其流布之广、传播之远,几乎达到了前所未有的程度。敦煌、吐鲁番、黑水城位于西北丝绸之路沿线的重要节点。这些地方发现大量各个时期、不同地域的汉文刻本,说明了丝绸之路对西域与中原之间文化交流的重要作用和意义。

二、汉文化的先进是丝绸之路上汉文书籍流传的重要前提和条件

宋元时期,西北少数民族力量的日益强大成为当时的一大特点。但是,尽管先后出现了众多的少数民族政权,儒学却不约而同地成了中国境内少数民族选择的文化内容。儒家著名的典籍,如《尚书》《左传》《论语》《春秋》等汉文文献流行一时。

三、少数民族创制的文字多受汉字的影响

契丹文(包括契丹大字、契丹小字)、西夏文、女真文,这三种西北地区流行的少数民族文字,几乎都是重点借鉴了汉字的特点和创制,因此,这些文字的外形为方块字,文字内部保留有大量的汉语借词。这充分说明了汉字的强大与生命力的旺盛。

四、汉字的流传在这一时期受到其他民族、国家的抵制

1. 丝绸之路上汉民族的迁徙相对较少,阻碍了汉字的流传

10 世纪至 13 世纪蒙古族兴起之前,是五代十国和宋、辽、夏、金的对峙时期。因此,这一时期内地汉人移居新疆、甘肃、宁夏、青海的人数较之两汉、隋唐时期要少。

高昌回鹘王国自 9 世纪 60 年代建立到 13 世纪 70 年代为蒙古所灭,立国 400 多年。在回鹘统一政令的管辖之下,其境内的各族人民(包括汉族)因长期的共同生活逐渐融合为"高昌回鹘人"。后在蒙古兴起后,被称为"畏吾儿",即后来构成近代维吾尔族的主体之一。汉字、汉文化的流传在这一时期就无从谈起。

2. 强烈民族意识背景下少数民族对汉字汉文化的抵制

由于宋元时期是我国北方、西北方少数民族纷纷崛起的时期,这些少数民族建立的政权,一方面积极汲取中原先进的汉文化,另一方面,他们坚持其落后的文化传统意识与做法,这对汉字及其背后汉文化的流传产生了较为明显的负面影响。这里最典型的例子就是金世宗。他为了制止女真人的汉化趋势,禁止女真人的姓氏译为汉姓,在服饰上也不得仿效汉人。金国内部汉字的流传自然是不被接受的或者是受到抵制的。相同的例子还有李元昊。他在劝谏其父李德明不要臣服北宋时,就曾经说过:"衣皮毛,事畜牧,蕃性所使。英雄之主,当王霸耳,何锦绮为?"[36]

3. 汉字的流传沿丝绸之路(由内向外)呈现出由强到弱的明显特点

作为汉族的书写符号,汉字首先是汉族的民族文字,其背后代表的也是汉民族的文化。但是,宋元时期,北宋北阻于辽,西北阻于西

第八章　宋元时期汉字在西北丝绸之路上的传播

夏、回鹘。以长安为起点的西北丝绸之路完全为其他少数民族控制，汉字的直接流传显得较为困难。首先，从长安出发，河西之路主要为西夏所把持，西夏文是其官方文字。尽管西夏与北宋关系紧密，中原文化又有其强大的吸引力，但是，西夏境内汉字的流传仍然受到了一定的限制。另外，丝绸之路河南道，这一时期在唐安史之乱后长期受到吐蕃（藏）文字的影响。新疆区域的回鹘，本身使用自己的民族文字——回鹘文（后来的维吾尔文），汉字在新疆的流传也明显衰落。首先，到了中亚、西亚地区，黑汉王朝和塞尔柱帝国虽然和北宋曾多次发生联系，但较大规模的陆路上的往来，特别是贸易往来是不大可能的。汉文的流传几乎为零。

南宋时期，首都迁往临安（今浙江杭州），西北丝绸之路离南宋政权更为遥远，汉字及汉文化在丝绸之路上的流传更为微弱。

及至蒙古族崛起，元帝国统治时期，西北陆上丝绸之路呈现出了一片繁荣，但是因为当时的统治者是蒙古族，元代教育形式与宋代大致相同，推行学校、书院、科举三项制度。但是，蒙古族在国内使用的官方文字是蒙古字，且又有意识地保留自己的民族特点，汉字在全国境内的学习表现在丝绸之路沿线，就是河西走廊地区主要以汉字为最主要的流行文字，青海区域因为是当时的藏区，藏文才是其主要的通行文字，而新疆区域，则是回鹘文的流行地区，宁夏作为当时色目人的主要聚居区，汉字也自然不在流行中，尤其在西夏时期，这一地区主要为西夏文的使用地区。

总之，宋元时期，汉字在丝绸之路沿线的流传呈现出严重的衰退情形，汉字背后所代表的汉文化原来在丝绸之路上的流传区域，也逐渐为其他少数民族文化所取代，中国文化表现出多样性特点。

西北丝绸之路上的汉字流传史

注　释：

[1]马可·波罗及其父亲与叔叔从意大利到北京的路上行经路线详见[意]马可波罗:《马可波罗行纪》,[法]沙海昂注,冯承钧译,上海古籍出版社,2014年。

[2]李范文主编:《西夏通史》,宁夏人民出版社,2005年,第3页。

[3]转引自任崇岳主编,郑师渠总主编:《中国文化通史——辽西夏金元卷》,北京师范大学出版社,2009年,第65页。陈垣:《元西域人华化考》,见《励耘书屋丛刻》第1卷第2页,北京师范大学出版社,1982年。

[4]《吉尔吉斯地区史》的作者在其著作中认为,"吉尔吉斯斯坦出现的高度发展的汉文化的新浪潮,归功于哈喇契丹(西辽)"。转引自魏良弢:《西辽时期汉文化对中亚的影响》,载《历史研究》1985年第4期,第46—53页。

[5][英]斯坦因:《西域考古记》,向达译,商务印书馆,2013年,第246—261页。

[6][英]斯坦因:《西域考古记》,向达译,商务印书馆,2013年,第263—276页。

[7][瑞]沃尔克·贝格曼译:《新疆考古记》,王安洪,新疆人民出版社,2013年,第337—339页。

[8][瑞]沃尔克·贝格曼:《新疆考古记》,王安洪译,新疆人民出版社,2013年,第356页。

[9]黄文弼:《略述内蒙古、新疆第一次考古之经过及发现》,见《西域史地考古论集》,商务印书馆,2015年,第3—10页。

[10]黄文弼:《汉文写本残纸简释》,见《西域史地考古论集》,商务印书馆,2015年,第395—396页。

[11]张平:《新疆若羌出土两件元代文书》,载《文物》1987年第5期,第91—93页。

[12]青海省文物考古研究所编著:《再现文明——青海省基本建设考古重要发现》,文物出版社,2013年,第166—167页。

[13]陈良伟:《丝绸之路河南道》,中国社会科学出版社,2002年,第184—185页。

[14]陈良伟:《丝绸之路河南道》,中国社会科学出版社,2002年,第203页。

第八章　宋元时期汉字在西北丝绸之路上的传播

[15]陈良伟:《丝绸之路河南道》,中国社会科学出版社,2002年,第204页。

[16]陈良伟:《丝绸之路河南道》,中国社会科学出版社,2002年,第231—232页。

[17][美]芮乐伟·韩森:《丝绸之路新史》,张湛译,北京联合出版公司,2015年,第277—280页。

[18]亦都护系我国古代高昌回鹘等突厥语诸部首领的称号,意为"幸福之主"或"神圣陛下"。有说"亦都护"一词借自汉语"都护"一词,也有说是突厥族所自有。

[19]黄文弼:《亦都护高昌王世勋碑复原并校记》,见《西域史地考古论集》,商务印书馆,2015年,第354—368页。

[20]张玉祥、陈晓艳、杨洁明:《西北边疆民族地区濒危汉文历史档案保护研究》,载《档案学研究》2015年第4期,第119—123页。

[21]杜建录:《黑水城汉文文献综述》,载《西夏学》2009年7月第4辑,第3—14页。

[22]王溥:《五代会要·契丹条》。

[23]欧阳修:《新五代史·四夷附录第二》。

[24]《隋书》卷八十三《党项传》。

[25]史金波:《汉族和少数民族文字书籍印刷出版之互动》,载《文献》2006年第1期,第11—24页。

[26]《辽史》卷一百一十五《西夏传》。

[27]《宋史》卷四百八十六《夏国传下》。

[28]《宋史》卷四百八十六《夏国传下》。

[29]陈保亚:《意音文字存在的民族语言文化条件》,载《思想战线》2002年第1期,第110—114页。

[30]韩振西:《谈谈西夏字的结构特点》,载《宁夏大学学报(人文社会科学版)》2003年第1期,第24—27页。

[31]《金史·太祖纪二》。

[32]详见余欣:《回鹘文中的汉语借词》,载《西域研究》2000年第4期,第65—

西北丝绸之路上的汉字流传史

71页。

[33]赵丽明:《汉字在传播中的变异研究》,载《清华大学学报(哲学社会科学版)》1999年第1期,第48—54页。

[34]同上。

[35]王勇仿照丝绸之路提出的"书籍之路"概念主要着眼于中日、中韩之间的文化交流。本书认为,西北丝绸之路上也存在着一条与中日、中韩不尽相同的书籍之路。因为两宋时期汉文化的先进,西北丝绸之路沿线的地区仍然对汉文化充满了渴望,使得这一路线上流传的商品除了丝绸、瓷器、药材等外,也包括相当部分的汉文书籍。

[36]《宋史》卷四百八十五《夏国传上》。

第九章 明清时期汉字在西北丝绸之路上的流传

第一节 明清时期的西北丝绸之路以及沿线主要民族与国家

一、明清时期的西北丝绸之路

明代的丝绸之路路线,虽然缺乏正史记载,但杨富学认为,可以从明代的三位著名旅行家的游记中了解当时丝绸之路的路线概况。这三位旅行家中,第一个是永乐年间明朝使臣陈诚,他著有《西域行程记》。第二个是波斯使者盖耶速丁,他留有《沙哈鲁遣使中国记》一书,可以让后人阅读、了解当时的丝绸之路。第三个是意大利人利玛窦,他写有《鄂本笃访契丹记》。

在对这三个旅行家的旅行路线进行考证后,杨富学认为,明代的丝绸之路相比起前代而言有所变化。变化主要表现在丝绸之路南道的逐渐衰落,北道成为丝绸之路的主要交通路线。这一变化也导致明朝时期,哈密成为丝绸之路中段的关键,并成为各方争夺的重点。

对于西北丝绸之路的贸易,杨富学认为,当时的贸易形式主要是官方贸易。为此他也进行了较为详细的论证。他指出,根据史书记载,明朝时期"西域入贡者尤盛",且西域商人"往来道路,贡无虚月"。尤其他以明正统十二年为例,指出仅仅在那一年,瓦剌遣使朝贡,使团人数一次就达二千一百四十九人。而明政府这一次"回赐"的"彩缎表里、布帛共一万三千三百四十五匹"。总之,他认为,明朝时期沿着西北陆上丝绸之路来往中外的使团、商人往来不绝,规模巨大。最后他甚至推测,只有到了明朝时期,汉唐之后内地与西域的丝绸贸易才有了新的起色。

清朝时期的国土面积要远远大于明朝。丝绸之路的东段、中段已经被完全纳入清帝国的版图之中,成为清帝国的西北地区。中国与中亚地区直接相连。这时,由于沙皇俄国的崛起,中亚地区成为沙俄的一部分,中国与沙俄成为领土相连的邻国。

公元16世纪以后,世界经济的重心开始由陆地转向海洋,横贯欧亚大陆的陆上丝绸之路逐渐为海上丝绸之路替代。塔克拉玛干周围的绿洲城市,失去了往日的喧闹,葱岭西侧的反复争夺,一下子转化为暂时的宁静。中国的生丝、茶叶、瓷器,仍然为世界各国所喜爱,却不再由跋涉于死亡之海中的骆驼来负担,出口物资的绝大部分都集中到了诸如广州、泉州、明州、登州等沿海港口。西方客人,包括前来传教的传教士,也都不再选择中亚内陆艰险的旅行路线。于是,作为传统意义上的沙漠丝绸之路,无可奈何地走向衰落。

最后,由于清朝在对外方面,继续推行明朝政府的闭关锁国政策,国际贸易不被清政府所重视,丝绸之路整体呈现出萧条的景象。

明清时期西北陆上丝绸之路的衰落主要原因有以下几点。

第一,明清政府的日益保守与闭关锁国政策的推行。明清时期的中国是世界上为数不多的大国之一。根据利玛窦对17世纪中国的描述:"满足人们福利和生存的一切东西……都可以在国内充足地生产出来。"国内的省际贸易,其总量要远远大于外贸总量。国家财政收入逐渐转向国内各项事业的建设。这样,明朝开始,中国走向保守主义。官方的保守主义和建立在儒学基础上的反商主义,遏制了经济领域中的根本性变迁。重商主义在中国从未像在欧洲一样繁荣。开展丝绸之路上的国际贸易从中国方面来说,缺乏动力与激情。

第二,海上丝绸之路逐渐取代陆上丝绸之路。自唐朝中晚期开

第九章 明清时期西北路上丝绸之路上的汉字流传

始,海上丝绸之路逐渐发展起来,像初唐时期的玄奘西行求法时,他来去都是走西北路上丝绸之路,但是到了义净的时候,他是陆地、海上丝绸之路都行走了的。根据史书记载,到了北宋时期,由于罗盘的大量使用,航海技术大大提高。海上航行又不需要经过很多国家,相比起陆上丝绸之路安全性也更高,同时也更便宜,海上丝绸之路不可避免地兴盛起来。

第三,中亚、西亚丝绸之路沿线国家的衰落。自从荷兰爆发尼德兰革命以后,人类社会进入了资本主义时代。英国、法国、美国、德国等欧美资本主义国家逐渐成为世界政治、经济、文化的中心,而中亚、西亚的所有国家,包括中国在内仍然还处于封建主义的笼罩之下,各国内部矛盾尖锐,欧亚之间的差距越来越大。沿陆上丝绸之路进行的国际贸易日益萎缩,陆上丝绸之路无法再肩负起繁荣世界经济、促进中西文化交流与交往的责任与使命,其日趋衰落成为必然。

二、西北陆上丝绸之路沿线的主要民族及国家

明清时期西北丝绸之路沿线的主要少数民族有回族、维吾尔族、藏族等,中亚、西亚重要的国家则有帖木儿帝国、奥斯曼土耳其帝国等。

1. 维吾尔族

维吾尔族在明代文献中被译作"畏兀儿"或"畏吾儿"等。分布在嘉峪关以西和天山以南的广阔地域内,以哈密、吐鲁番、别失八里(今新疆吉木萨尔之北)、火州(今新疆哈拉和卓)、柳城(今新疆鲁克沁)、于阗(今新疆和田)、哈实哈儿(今新疆喀什)等地最为集中。初为察合台汗国控制,后受东察合台汗国和叶尔羌汗国的控制。清朝时期,随着清朝重新统一新疆,维吾尔族成为清朝境内新疆的重要少数民族之一。期间,维吾尔族信奉伊斯兰教。文字方面,东察合台汗国辖下的维吾尔族内通行多种文字,主要为察合台文、阿拉伯文和波斯文。

东部的吐鲁番、哈密等地,大多使用回鹘文。

2. 回族

回族,明朝史籍又称之为"回夷"。回族在明代有很大的发展。当时的新疆及其以西地区,由于长期战乱,许多信奉伊斯兰教的居民大量往东移居到甘肃、青海及内地。回族成为丝绸之路中国东段与东段沿线的重要民族之一。回族的语言文字为汉语汉字。

3. 藏族

藏族作为吐蕃的后裔,明清时期主要分布在今西藏以及青海、甘肃、四川、云南的部分地区。明清时期的藏族主要信奉藏传佛教(喇嘛教),到了清朝时期,喇嘛教确立了达赖班禅制。藏族有了自己的语言文字藏语藏文。

4. 东察合台汗国

东察合台汗国是人们对公元14世纪初蒙古察合台汗后裔在西域诸地建立的地方政权的统称。中外史籍文献里将其称作"别失八里""亦力把里"或"蒙兀儿斯坦"。东察合台汗国之建立,肇始于1347年察合台汗国之分裂。之后,强盛时期,东察合台汗国疆域西达费尔干纳,东到哈密,北与瓦剌为邻,南与于阗相接,势力空前强盛。最后该汗国于16世纪初为叶尔羌汗国所灭。

东察合台汗国使用察合台语文(即老维吾尔文)。作为一度是本地区书面语言的察合台语,不仅对当时这一地区政治、经济、文化发展有一定作用和影响,而且还起着一种重要的文化交流作用,许多波斯、阿拉伯文名著都是在这一时期被译成察合台语而在当地获得了传播。不少伊斯兰作家当时也都使用察合台语进行创作。除此之外,东察合台汗国时期涌现出大量的察合台语、波斯语、阿拉伯语和回纥语撰写创作的文学、语言、历史、诗歌作品。

5. 帖木儿帝国(1370—1507)

蒙古帝国的大统一局面结束后,亚洲的通道尤其堵塞。从克里米

第九章 明清时期西北路上丝绸之路上的汉字流传

亚经过河中而达中国的大道也不通。但是,自从帖木儿不断征伐之后,其都城撒马尔罕,成为一个国际的大商场。遗憾的是,在1405年帖木儿死时,他留下了一个尚未维持统一的大国。

明朝政府将帖木儿帝国视为其下邦而与之往来。史籍记载曾于1408年、1409年两次遣使撒马尔罕。到1412年4月,中国又遣使至帖木儿帝国(帖木儿帝国沙哈鲁在位),宣示明朝皇帝的诏敕,用的是波斯文。1417至1418年,明朝皇帝又遣使至撒马尔罕,卫送者有三百骑,赍重币,持修好书,请双方为便利商业交易之筹备。1419至1420年,中国使臣又至,所赍诏敕仍旧用波斯文、维吾尔文、汉文三种文字,以王号援沙哈鲁。

中国史书所著录帖木儿系朝贡背景的使臣,为数众多。

6. 沙皇俄国在中亚的发展

17世纪晚期的俄国在经过彼得一世改革后,很快成为一个资本主义国家。跻身资本主义行列的俄国积极向外扩张,中亚地区成为俄国进行殖民侵略的重要地区。到19世纪末,俄国相继侵占了三大汗国(希瓦汗国、浩罕汗国、布哈拉汗国),中亚地区逐渐丧失其独立性。

7. 奥斯曼土耳其帝国

奥斯曼土耳其极盛时势力到达亚、欧、非三大洲,占有东南欧、巴尔干半岛的大部分领土,北及匈牙利和斯洛文尼亚,是15世纪到19世纪地中海地区重要强国,并在16世纪到17世纪和西班牙、法国、奥地利等国同为该地区最强的国家之一。不过在17世纪的巅峰期之后,土耳其日趋衰弱,不敌崛起的奥地利和俄国。

第二节　明清时期对西北丝绸之路的经营

一、明清时期对丝绸之路沿线的政治、军事经营

明朝是中国历史上社会秩序稳定的一个重要时期。一共经历了17位皇帝的统治。就其统治对丝绸之路的影响而言,首先,明朝建立之初,朱元璋在国内施行了封建政策。西北丝绸之路沿线的藩王是秦王樉(西安)、肃王楧(甘州)、安王楹(平凉)、庆王栴。

总体来看,明朝对西北民族地区的经营,总的趋势是逐步从西域(新疆)退缩。其表现就是,"明朝洪武至永乐年间,在嘉峪关以西直至哈密的西域地区,明朝设置了'关西七卫'。明朝的目的,是想借关西七卫建立一道西陲屏障,既用以防御蒙古瓦剌的侵扰,也用以防备东察合台向东扩展的势力。"[1]但到了15世纪70年代以后,明朝进一步衰落,东察合台汗国的军队攻入肃州、甘州,击败明军,哈密成为东察合台汗国属地。丝绸之路中段不再受明朝政府的控制与监管。

美国历史学家费正清认为,明代的中国社会流行"汉族文化中心主义",而"文化中心主义"思想亦成为这一时期的主导思想。[2]

不管费正清的观点是否正确,表现在对外方面,明朝政府后来确实是推行了闭关锁国政策(后来的清朝继续沿用这一政策),数百年的自我封闭,最终严重影响了中国与外部世界的联系,而西北丝绸之路在这一时期急剧衰落(海路、陆路均如此)。

清朝建立后,经过康熙、雍正两朝数十年与西北准噶尔汗国的较量,将势力逐步推进到科布多、哈密、吐鲁番一线。哈密、吐鲁番维吾尔族首领相继归降清朝。到乾隆二十年(1755),准噶尔汗国被击败,至此,天山北被清朝统一,而准噶尔在天山以南回疆(也称"南疆")的统治也宣告结束。到乾隆二十四年(1759)秋,在平定大小和卓叛乱

第九章　明清时期西北路上丝绸之路上的汉字流传

后,清朝最终统一了新疆天山南北广大地区。

清朝统一新疆后,在政治上因地制宜,建立和健全了新疆的军政制度。乾隆二十七年(1762),清廷设置伊犁将军,节制天山南北两路,统辖外夷部落,操阅营伍,广辟屯田。后又于伊犁、塔尔巴哈台、喀什噶尔、乌鲁木齐(后改为都统)设置参赞大臣,下领各地办事大臣或领队大臣等,这就是所谓的"军府制"。其中,在喀什噶尔所设的参赞大臣"总理回疆(南疆)事务"官员仅1名,负责统领南疆8城(英吉沙尔、叶尔羌、和阗、乌什、阿克苏、库车、喀喇沙尔及喀什噶尔)。这8城中,除了喀什噶尔外,其他7城各置办事大臣1员(英吉沙尔设领队大臣)。哈密所设办事大臣、吐鲁番所置领队大臣则归北路乌鲁木齐都统管辖。

在军府,清朝设立了3种不同形式的地方行政制度。①州县制,主要在北疆和南疆东部,在乌鲁木齐设镇迪道,下辖镇西厅(改巴里坤置)和迪化直隶州,下辖若干县。②蒙古札萨克制的实行。主要在哈密、吐鲁番、土尔扈特部。③维吾尔族聚居区设伯克制(伯克意为首领)。

与中国历代在新疆设置的军府制相比,清朝在新疆所施行的军府制更加完善和有效,不仅保证了清朝中央政令在新疆的通达和施行,还大大促进了边疆的治理和新疆经济的进一步开发。

二、明清时期邮驿事业的继续发展

明朝初年,朱元璋为巩固统治,以邮驿为军国机务最急之事。自登基之日起,便治水、开山、修路、造桥、备马匹、设车船,"置各处水、马骚"。这里的马骚即驿站。明朝的邮递机构,除驿站外,还有递运所、急递铺,但是比之后二者,驿站不仅遍及腹里,还广泛分布于辽东、甘肃、朵甘、乌斯藏、松潘、四川、云贵、广东等边远地区。至嘉靖二十八年,全国上下各类驿站高达一千二百九十五处。显而易见,明朝驿站"栉比蔓延",遍布全国各地,可谓是水路交通、信息传播的大动脉,也正是由于无处不有的驿站,才铸就了全国性的交通网络。

青海在清朝统治时期,邮驿也有很大发展。到乾隆时,已建成五条主要驿道,全青海共有驿站24个,递运所3个,驿夫所驿夫共480余名,驿马592匹。[3]

康熙、乾隆两朝在新疆也设立了邮驿机构。开始,为了确保准噶尔战争中军粮的运输,康熙从嘉峪关到哈密沿线设立了12个驿台,以后不断向西推进。到乾隆朝,共有驿台125处。此外尚有一部分邮驿机构称为"营塘"。从巴里坤到乌鲁木齐,从乌鲁木齐到阿克苏,从阿克苏到乌什,从叶尔羌到和田,从精河至哈密,驿台和营塘达到285个,由总管新疆的伊犁将军总稽查。

三、明清时期大量移民充边

历史上,内地汉族向西北地区的迁徙呈波浪式形成三次高潮,即秦汉时期、隋唐时期和明代,尤以明代的移民规模最大,影响最深远。

首先,明代内地汉族进入甘宁青地区,主要以洪武、永乐两朝为主,而且绝大多数是以军屯的形式迁入的。甘宁青地区的军户,除归附的元代士卒和在当地征募的土著民丁外,以下几种来源占很大比重,首先,从征留戍,即明初随邓愈、沐英等将领戡定关陇,先后进据甘宁青地区留戍的军卒,这是明初甘宁青地区移民中的主体部分,这些人主要由江左淮泗一带而来。其次,摘发,即因罪充军或被籍为军户后发配而来的。第三,垛集,即将某地之人集体为军后,正常调拨而来定居。

但是,汉人在新疆的数量直到20世纪初叶仍然不太多。橘瑞超在其西行记中记载,1912年时的喀什,是一个不同人种的博览会。其中,他提到,"汉族住在汉城,回族住在回城。回城居民约7000户,汉城居民不过有其六分之一。……从最近的报纸上知道,中国辛亥革命

第九章　明清时期西北路上丝绸之路上的汉字流传

波及这里,时局动荡。"[4]

四、加强学校教育,推行儒学

明朝建立后,随着大量移民迁入甘宁青地区,设置儒学,推广汉文化成为当地移民保持自己文化传统的必然之举。明初,明廷下令"凡天下府、州、县、卫所,皆建儒学"《明史》卷六十九《选举志一》,在兴办学校的基础上开科取士。

因此,甘宁青地区"夷风为之丕变",崇尚儒雅,蔚然成风。孝悌忠信、仁惠之道的儒家精神及汉族中流行的审美观念、道德准则等等都广泛渗入到当地少数民族中,逐渐成为其民族心理的一部分。

汉字流传的直接结果是甘青地区各族土司用汉文纂修宗族家谱。曾于明末清初重修的李土司之《李氏宗谱》、甘肃庄浪蒙古族鲁土司之《鲁氏家谱》、青海西宁蒙古族祁土司之《祁氏家谱》(即黄南世德祁氏列祖家乘谱),均系甘青地区保留至今的著名族谱(王继光:《安多藏区土司家族谱辑录研究》,民族出版社,2000年)。

清朝前期是我国多民族统一国家的重要时期。在文化方面,清朝统治者实行崇儒重道的文化政策,并进行了一系列的文化建设。为了笼络西北少数民族,乾隆在重新统一西北边疆少数民族地区以后,实行了多民族语言文字共存政策。同时也推行了以儒学教育为核心内容的学校教育,对巩固国家建设和社会发展产生了重要影响。《西域图志》载:"准回旧俗,其记载文字,竹木笔旁行之素与内地不侔……耳目濡染,岁月渐摩,潜移默率,鼓钟于伦之化,且遍西域而同归也"[5]。

另外,在西北各地驻军中,清政府同样重视满族子弟的教育。"伊犁将军永贵因旗兵驻于新疆,为各部落总会之区,凡国语(满语)、蒙古、汉文在在均须熟悉,始于办公应事有益,因而奏明建立满、汉、蒙古官学各一所,由格琫额总其事。"[6]

汉字作为汉文化的书写符号系统,也随着这一时期学校教育(私人教育等其他形式的教育因精力有限,本书暂不作论述)的发展而得以流传。1884年,新疆建省,清政府明确规定,政府行文用满文和汉文,兼用少数民族文字。汉文的重要性得以突显。

经堂教育对汉字在西北丝绸之路沿线的流传也起到了一定的促进作用。经堂教育指清真寺内有阿訇招收学生传习伊斯兰功课以培养宗教人才的一种教育。[7] 在经堂教育的发展过程中,根据传教的需要,不少经汉兼通的伊斯兰教学者开始用汉文译著有关伊斯兰教的宗教读物,其中的代表人物有王岱舆、张中、金天柱、马注、刘智等人。对于哈密地区的汉族人口,橘瑞超在其文中有这样的一段表述:"哈密是天山南路东端的一个城镇,人家约3000户,……回城又有一所回部王私立的小学堂,以汉族人为老师专门教授汉学,这里的学生也仅二三十名。"[8]

最后,回族文学在诗文方面,较有成就者有马世俊、丁澎、蒋湘南、沙琛等人。他们都用汉字写下了不少的诗文。

总的来说,清朝时期在西北边疆地区的学校教育虽然对汉字、汉文化的流传产生了一定的影响,但是,因为种种原因,清朝对边疆地区的学校教育未能像对内地一样重视,学校教育培养出来的有用之才数量稀少。

第三节 丝绸之路上考古发现的汉字实物及文献资料

一、外国探险家的考古发现

(一)斯坦因的考察发现

斯坦因在《沿妫水上游纪行》中说:"(1915年)我们自从离开阿拉山,经过所有的山道和峡谷以后,……直达识匿山地,……那些中国旅行家和军队要经过帕米尔以向识匿和妫水中部之须使用这一条路

第九章 明清时期西北路上丝绸之路上的汉字流传

线,除有历史记载流传至今外,我们还有直接的证据。……我们花了一天工夫才爬到沿着曲折湾环的湖边苏木塔什峭壁顶上,那里有一座小庙,以前庙内曾有一块纪念乾隆二十九年战胜的汉文石碑。1892年6月22日,被约诺夫大佐(Colonel Yonoff)部下的哈萨克兵把附近一个卡子中最后的阿富汗守兵扫荡之后,遂将汉文碑移到塔什干博物院。"[9]

斯坦因发现的这一汉文石碑,是清朝时期中国军队到达这一地区的重要证据。

(二)伯希和的考察发现——三仙洞的汉文题记等

喀什北部15公里左右的三仙洞是丝路上喀什的一处名胜。曾任叶尔羌帮办大臣和喀什噶尔参赞大臣的和宁,于嘉庆九年(1804)纂《回疆通志》,卷七记载说:"回城北三十里上下……有清泉,甚甘冽,迤北陡壁之半崖,有石洞三,洞中置石仙像。"伯希和进入该洞前,俄国人彼得罗夫斯基进入该洞,发现洞中的箭矢和木简,木简共有两支,是用来纪念重新修建僧伽蓝的,均被彼得罗夫斯基(Petrovski)的卫队长带走了。洞中写满了游人题记,其中有汉人、蒙古人和突厥人等,除了汉人和满族人之外,其余人几乎都是兵勇,他们来这里求"佛祖"保佑他们在这些遥远地区的旅行。最后,木简证明这些洞子是嘉庆二十一年九月(1816年10—11月),由清朝将军下令修葺的。最早的游人题记写于1788年。[10]

伯希和的这一发现说明,新疆作为我国的西北边疆,军队数量较多,三仙洞的"佛祖"被这些人们(兵勇)作为平安的希望,反映了清朝时期的佛教的信仰。

(三)瑞典探险队的考古发现

1928年,贝格曼在车尔臣、瓦石峡和米兰等古代遗址进行考察。根据他的叙述,1928年8月,他在瓦石峡的考纳沙尔发现一枚完整的明代钱币。这是一枚颁发于1378—1388年之间的洪武通宝(贝格曼自己命名的)。他认为这样钱币可能是这座遗址被抛弃之后过路人遗失的。[11]

(四)日本大谷探险队的考古发现

野村荣三郎在讲述1908年10月其从破城到吉木萨尔的行程时,记载其在吉木萨尔千佛洞的大堂北侧,看到一块碑,碑上有大清的匾额,但碑文看不清。堂的旁边有一块建于乾隆二十六年、高1.6米的碑,上面刻有下列碑文:重修千佛洞碑序。[12]

二、中国国内学者及机构的考古发现

(一)黄文弼在新疆的汉字考古发现

1. 新中国成立前的汉字考古发现

1928年11月,黄文弼在库车城附近之古址,发现了一块匾,上书"天方列圣"四大字。匾的两旁有题字,为李藩于大清光绪七年孟秋月题记的一段文字,而李藩是清朝蓝钠直隶州用同知衔河南候补班前任知县。这块匾是纪念来库车传播伊斯兰教的圣人默拉纳额什定的,相传他是维吾尔族西来之始祖,而伊斯兰教传入龟兹、库车可能是在宋理宗时期(1225—1264)。[13]

2. 新中国成立后的汉字考古发现

(1)1958年,黄文弼等人在伊犁海努克古城考察时,得知有农民自古城中拾到一玉石印章,上镌篆文"公生明"三字。黄文弼认为,此印章的时间可能是明清时期的遗物。[14]

(2)同样是在伊犁进行寺庙考察时,黄文弼在大西沟中石窟寺的第三窟中的西壁上发现墨笔题识,没有人名及年月日,他认为应该是清道光以后。[15]

(二)青海的考古发现

1. 大通大哈门明代柴氏家族墓[16]

大哈门明代柴氏家族墓,位于大通回族土族自治县黄家寨乡清水

第九章　明清时期西北路上丝绸之路上的汉字流传

沟娘娘山东麓的大哈门村。1976年发掘了位于墓地中部的4座墓葬，编号为M1—M4。

(1) 柴国柱之墓(M1)

M1为明代晚期总兵柴国柱之墓。发现铜钱34枚，其中万历通宝23枚，天启通宝11枚。墓志一方，志盖阴刻篆书："大明特进光禄大夫柱国少保镇守甘固山海挂平羌征夷两将军印总兵官中军都督府左都督柴公莪峰奉谕葬墓志铭"，尾书"天启陆秀龙集丙寅春壬正月二十二日丙寅葬"，墓志铭阴刻楷书44行，满行42字，共1643字，内容记述柴国柱的生平事迹，其生前官至武级一品，寿年57岁。

(2) 柴国柱之母的墓葬

内里发现万历通宝6枚。墓志一方，志盖正中篆刻："明诰封一品太夫人柴母赵氏墓志铭"，上下款楷书："万历乙卯岁秋，捌月乙巳朔葬"，志楷书直行43行，满行40字，共1331字，内容记述了柴母赵氏的生平等，其生前被封为一品太夫人，寿年77岁。

(3) 柴国柱长子柴时秀之墓

其墓室内有墓志一方，志盖篆体阴刻："大明故龙虎将军镇守山海地方付总兵官中都督府都督佥事维实柴公墓志铭"，尾刻："天启柒秀龙集丁卯拾月二十二日葬"，志楷书阴刻直书40行，满行48字，共1447字，记述了柴国柱长子柴时秀生平事迹，生前为龙虎大将军，终年40岁。

(4) 柴国柱次子柴时亨之墓

其墓室内有万历通宝34枚，天启通宝22枚。墓志一方，志盖阴刻篆书："明昭勇将军柴仲公继莪墓志铭"，尾刻："天启陆季龙集丙寅春五正月二十日丙寅葬"，志阴刻楷书34行，满行31字，共888字，记述了柴国柱次子柴时亨的生平事迹，生前被封为昭勇将军，终年33岁。

根据柴氏三代墓志铭记述，柴氏家族明初由山东迁来青海时已有承袭的户侯之爵,至柴国柱父亲时,仍"官百夫长",故柴国柱能得"以长应先爵"。说明柴氏家族迁居青海 200 多年,一直在承袭官爵。柴氏家族在当时有着显赫的社会地位。另外,这四方墓志铭,也为研究中央王朝对青海的管辖、戍边等提供了难得的文献资料,具有一定的历史研究价值。

2. 西宁嘉荣华明代张氏家族墓[17]

在 2005 年发掘,共发掘出 11 座明清时期的墓葬。其随葬品较少,出土铜钱 14 枚,其中顺治通宝 3 枚、万历通宝 9 枚、五铢 2 枚。M1、M11 出土完整墓志铭各 1 方,均一盖一底,下底上盖,底刻志铭,盖刻标题。

(1)张问仁之墓

张问仁之墓是其中的 M11。墓内有墓志,志石长方形,志盖文字用篆书书写,志盖标题为"明显考中宪大夫山东布政司左参议兼按察司佥事前工部尚书郎春谷府君张公墓志铭"。书写者为"赐进士第资德大夫太子少保都察院掌院事左都御史三原乡悌生温纯篆"。志文用楷书竖行书写,字迹清晰,共 57 行,满行顶格,每行 47 个字。

经考证,其墓主人为明代的张问仁。志文介绍了张问仁的生平事迹。张问仁于明世宗嘉靖壬子年(1552)中进士第,并于同年出任山西阳城县县令,因廉洁奉公,于是"以邑称廉平"。张问仁后来奉命赴江淮征收茶盐税款。因政绩优良擢升为山东按察使司佥事,后又晋升河北昌平兵备参议。但因为官过于耿直,后来遭到忌恨者的诬陷,被罢职回家。志文还提到张问仁同时也是一位颇有才华的学者、诗人。他一生著有《河右集》八卷、《闷子集》若干卷。最后,张问仁的家族是西宁地区的望族。杨应琚曾说:"湟中家风,以张氏为最矣。"

(2)其他人的墓志

在这里同样还发现了明张母孺人杨氏墓表(经考证为张芝之母),张莱墓志铭,明代张母赵太宜人墓志铭。

第九章　明清时期西北路上丝绸之路上的汉字流传

第四节　丝绸之路上汉字的流传特点

一、汉字考古实物及资料发现稀少

首先,新疆发现的汉文实物及资料比较稀少。这主要是因为,明朝时期,新疆受控于叶尔羌汗国和东察合台汗国,明朝失去了对新疆的统治。汉字作为明政府的官方文字,其在新疆的大量流传不太可行。清朝时期,新疆受清政府的直接统治。但是,清政府是满族建立的,其在新疆实行满文和汉文共行,汉字的使用范围比较狭小。故此,明清时期的汉字考古实物及资料发现较少。

其次,对于甘青地区来说,由于是多民族地区,青海、甘肃境内有较多数量的少数民族,主要有藏族、蒙古族、回族等,其中藏族、蒙古族有自己的文字,汉字在这些少数民族地区的流传受到了各民族原有的影响,流传也并不明显。但相比而言,甘肃的少数民族又没有青海多,因此,汉族人数较多的甘肃省,其境内的汉字流传情况又比青海好很多。[18]

总体来说,除了墓葬中发现了一些汉文资料以外,这一时期汉字的考古发现成果相对较为稀少。

二、汉字的传播主要以汉文文献为主

由于纸张的使用更加普遍,印刷术的技术日益成熟,汉字实物类资料的出土在明清时期变得不太常见,相反,更多纸质的汉文文书(写本为主)在这一时期开始大量出现。

以新疆为例,文献资料方面,全新疆各大图书馆收藏汉文古籍约40万册,主要收藏在新疆维吾尔自治区图书馆(8万册),新疆大学图书馆(17万册),社会科学院图书馆(10万册)。其中,新疆维吾尔自

西北丝绸之路上的汉字流传史

治区共拥有国家级、省(自治区)级、馆级汉文古籍善本239种、2602册。馆藏多为原装木刻本,距今最早的有《高季迪先生大全集十八卷》,为明景泰元年(公元1450)刻本。新疆维吾尔自治区注重收藏1912年(民国元年)以前刻印抄写的各类古籍,可谓四部皆有、文理兼收。馆藏汉文古籍绝大部分为明景泰至清宣统两朝各代的木刻本、活字本。

上述新疆的这些汉文文献的数据说明,汉字在中国西北地区的流传到明清时期,已经非常普遍了。但是,中亚、西亚地区的汉字则因为中国实力及影响力因素的制约,且丝绸之路上的国际贸易又越来越依赖海上丝绸之路,因此,在这些地区的汉字考古发现显得稀少而罕见。

注　释:

[1]董倩:《明朝对西北民族地区的经营析论》,载《中央民族大学学报(人文社会科学版)》2001年第4期,第15—19页。

[2][美]费正清:《中国:传统与变迁》(费正清中国通史),吉林出版集团有限责任公司,2013年,第156—158页。

[3]臧荣:《中国古代驿站与邮传》,中国国际广播出版社,2009年,第148页。

[4][日]橘瑞超:《橘瑞超西行记》,柳洪亮译,新疆人民出版社,2013年,第52页。

[5]牛海桢:《论清代新疆民族地区的教育政策》,载《史料研究》2014年第6期,第40—44页。

[6]牛海桢:《论清代新疆民族地区的教育政策》,载《史料研究》2014年第6期,第40—44页。

[7]马寿千:《回族伊斯兰教的经堂教育》,见《西北回族与伊斯兰教》,宁夏人民出版社,1993年,第239—242页。

[8][日]橘瑞超:《橘瑞超西行记》,柳洪亮译,新疆人民出版社,2013年,第

第九章　明清时期西北路上丝绸之路上的汉字流传

98页。

[9][英]斯坦因:《西域考古记》,向达译,商务印书馆,2013年,第309—323页。

[10]详见[法]伯希和:《三仙洞水磨房探珍》《伯希和西域探险记》,耿昇译,人民出版社,2011年,第6—7页,第187页。

[11][瑞]沃尔克·贝格曼:《新疆考古记》,王安洪译,新疆人民出版社,2013年,第356页。

[12][日]野村荣三郎:《蒙古、新疆之行》,见[日]大谷光瑞等:《丝路探险记》,章莹译,新疆人民出版社,1998年,第147页。

[13]黄文弼:《库车考古调查简记》,见《西域史地考古论集》,商务印书馆,2015年,第83页。

[14]黄文弼:《伊犁考古调查简记》,见《西域史地考古论集》,商务印书馆,2015年,第143页。

[15]黄文弼:《伊犁考古调查简记》,见《西域史地考古论集》,商务印书馆,2015年,第143—144页。

[16]青海省文物考古研究所编著:《再现文明——青海省基本建设考古重要发现》,文物出版社,2013年,第178—184页。

[17]青海省文物考古研究所编著:《再现文明——青海省基本建设考古重要发现》,文物出版社,2013年,第185—189页。

[18]这方面的资料笔者尚未找到更多的考古证据,希望日后能够进行补充和完善。

第十章 21世纪的汉字

文化,指的是经过蓄积之后所形成的成熟的具有相应内涵的体系。这一具有相应内涵的体系,即传统,在社会中发挥着重要作用。文字就是这个体系的构成要素之一,在文化的形成过程中,文字为文化的发展提供了基本条件。离开了文字,文化将无从发展。文字不但是话语的记录手段,有无文字还是区分未开化人群和文明人群的重要标志。文字与人类的精神史最为息息相关,是文化的传承者。

汉字是唯一一种从形成之初到现在性质未发生改变的文字。可以说,从古代中国到希腊、拉丁,作为文化承担者的汉字是历史的唯一一个通时性的证人。三千多年前文字开创时期的资料,现在仍然能够阅读的,只有汉字可以做到。因此,研究汉字的流传特点及规律对今后汉字的进一步发展意义深远。

第一节 汉字在丝绸之路上的流传情况概述[1]

纵观历史,丝绸之路不仅是一条连接古代中国与西域的贸易之路,也是一条承载着东西方文明互动、交融的文化之路。20世纪以来,在西北丝绸之路沿线发现了很多种文字的实物及资料,如婆罗谜文字、佉卢文字、吐火罗文字、回鹘文字、汉字等。本书主要搜集、整理西北丝绸之路上的汉字简牍、汉文文书以及各种汉字实物及资料,并对这些实物及资料进行分析,寻找出制约或促进汉字传播的因素与规

第十章 21世纪的汉字

律,为今后我国文字政策的制定、文化教育事业的发展提供一些借鉴和帮助。

一、新疆出土汉文资料

极度干燥的环境,使得一般情况下难以保存的文字资料,在新疆沙漠、戈壁中得到了较好保存。汉文资料是发现最多的一种文字资料,一般见于摩崖石刻、碑、墓志、木简、纸质文书等。时代最早到西汉黄龙元年(前49),最晚至唐天宝年间(宋元时期的文书仅有少量出土)。国内现存的汉文资料总数在4000件以上。出土地点差不多遍及新疆全境,尤其是塔里木盆地周缘各古代城镇废墟。罗布淖尔湖北岸汉居卢訾仓、楼兰、尼雅出土的汉晋简牍,总数在900件以上;玉其土尔、丹丹乌列克、阿拉沟、托库孜萨来等处出土唐代文书近300件;吐鲁番阿斯塔纳出土晋唐时期文书2000件以上。和田达摩沟出土过汉—于阗文双语文书,吐鲁番出土过汉—回鹘文双语文书。同类文书,更多在20世纪已经流散海外。出土的文书内容涉及军政、屯田、赋税、民间借贷、宗教信仰、私人书信等,涉及社会生活各方面的细节。

另外,截至2001年,新疆吐鲁番地区共出土保存尚好的汉文墓志达328方。[2]此外,还有汉唐至清朝时期一些重要碑刻,如任尚碑、裴岑碑、刘平国治关亭诵、姜行本碑、格登山纪功碑等近20件,无一不是研究古代新疆历史的珍贵资料。

二、甘肃出土汉文资料

甘肃出土的汉文资料可以用不计其数来形容。首先,发现的两汉时期的汉简,共计611117件,是两汉时期西北丝绸之路上发现汉简数量最多的地区。接着,其后发现的汉文文献又以敦煌文书为其代表。敦煌文书中,汉文文书的数量是非常惊人的,这也说明了甘肃汉字流传之普遍。最后,到了宋元明清时期,因为甘肃(尤其是中部、北部地区)的汉文化已经相当发达,这时期境内的汉字流传已经完全占据主导地位。因此说,甘肃的汉字流传与甘肃河西走廊是丝绸之路的主要经过路线有着密切的关系。

三、青海出土汉文资料

青海的汉字发现最少。两汉时期的汉简在青海境内仅于20世纪70年代在青海大通上孙家寨有过发现,数量也较大,有300片之多。但是,除此以外,就只是零星的一些发现,多为钱币类。三国两晋南北朝时期,吐谷浑统治青海,其境内的汉字资料发现的也非常少,主要集中在青海东南部地区,如西宁、平安、大通、乐都、民和等农业区,湟源以西的畜牧区内,几乎没有发现汉字流传的任何迹象,说明草原民族对文字、文化教育的需求远不如农业地区大。隋唐时期,汉字在青海境内的流传也很少有发现,这是因为吐蕃的兴起,吐蕃控制青海后,藏文流行,汉字作为汉民族的文字在这里不存在流传的基础和前提。宋元明清时期的青海,虽然有部分汉族的迁入(尤其是明朝初年),加之明朝时期汉字是国家的官方文字,且科举考试又以儒家的汉文经典为主,还有青海境内仍然保留有大量藏族文化、蒙古族文化,所以汉字的流传也多局限在东部农业地区,考古发现的资料也较为稀少。

第二节 汉字在丝绸之路上的流传特点

一、汉字的流传与中国国力及其影响力密切相关

从西汉开始,中国历代王朝都加强对丝绸之路的控制与监督。因此丝路上有一批统治者之间互派的使臣。中外使臣在汉字书写的文书中留下了浓重的身影。他们带着各自政府的礼物和信件,并把它们送给其他的政府和统治者。

另外,为了保证丝绸之路的通畅,历朝历代的中国政府都进行了大量的努力,包括在丝路沿线重要的据点、城镇建立烽燧、驻扎军队、设置行政机构等措施。从丝绸之路沿线出土的官方文件、印信(官员印信)等资料可以看出,历史上各个朝代中国政府对丝绸之路的种种经营与管辖活动。可以说,这些出土的汉字实物以及文献资料与历史上中国国力的变化呈现出高度的吻合。一部汉字流传史就是一部中国国力在西北丝绸之路上的消长史。

二、汉字是汉民族的文字,丝绸之路上汉字的流传就是汉文化的西渐过程

自公元前221年,秦始皇统一中国以来,周秦文化区,也就是华夏文化区,因为统一的秦、汉(西汉)、隋、唐诸多政权都建都于长安(今西安)而得到不断发展、成熟、壮大,以汉族(先秦时期的华夏族)为主体的传统文化,借其政治势力向四周辐射。临近西北丝绸之路上的西北诸族深受其影响而日益汉化,这使汉族文化覆盖西北地区的面积日益扩大,影响所及远达今天的新疆。其影响主要表现在以下几个方面。

1. 汉语语言知识的西渐

汉字识字方面,一批启蒙识字课本在丝绸之路沿线得到发现。已知的识字课本主要有《急就章》《千字文》《百家姓》等。

有了汉字课本,自然就会有识字的问题,目前考古发现的习字文书也不少。如吐鲁番出土的汉文文书里,就有不少的习字文书。陕西师范大学硕士研究生张艳奎在其硕士学位论文中就搜集分析了吐鲁番文书中的习字文书,文中指出:"根据目前所刊布的材料,经过笔者的整理,共收集到40余件习字文书,分为:单纯习字文书、算学习字文书、儒家典籍习字文书、书法习字文书、诗歌习字文书、习字纸断片和千字文习字文书。"[3]

汉语语音方面的书籍在丝绸之路沿线也有所发现。《切韵》是一部讲述韵律的书籍,此书在唐时的西域很流行。该书的流行与隋唐时期的科举考试有关。唐朝时期,科举考试的进士科中一门重要的考试科目就是诗赋,所以,《切韵》这本书在当时有两个功能,一个是作诗时的参考文献,在推敲词句、选取韵脚的时候可以帮助人们选用恰当合适的文字。二是作为帮助参加科举考试的学子们在进士科的诗赋考试中夺得高分。丝绸之路沿线,尤其在甘肃、新疆出土《切韵》,一定程度上反映了当地人们为了准备科举考试而学习《切韵》的历史史实。

另外,辞书方面,丝绸之路上也有发现。丝绸之路多经过我国的多民族地区,人们学习汉语就需要借助各种辞典。目前发现的双语词典中,有汉语与于阗语的、汉语与龟兹语的、汉语与突厥语的,都是帮助其他民族的人们学习汉语、汉字的好帮手。

2. 儒家文化的西渐

儒家思想自汉武帝"罢黜百家,独尊儒术"后就成为古代中国的主流思想,也成为此后莘莘学子刻苦学习、求取功名的重要典籍,儒家经典的流传在丝绸之路沿线较为常见。现在已知出土的儒家经典有《尚书正义》《左传》《论语》等。这说明以儒家文化为代表的汉文化在丝绸之路沿线流传甚广。

3. 宗教类汉籍的发现

宗教是文化交流中的重要组成部分。首先,佛教传入中国后,随着其逐渐与中国本土文化融合,自东汉末年以后,在中国境内流传开来。隋唐时期,佛教在中国境内的影响力达到鼎盛阶段。其中一个表现就是汉文佛教经典的广泛流传。根据本书前面所述,丝绸之路沿线发现的汉字资料中,汉文佛教典籍占有比较大的一个比例。例如,隋唐时期重要的佛教流派所建的寺庙中都有经文被发现,这说明了汉字背后中国文化由内向外的辐射状况。荣新江在研究了禅宗文献在西域的流传后就指出,"虽然唐朝势力后来在新疆走向衰退并最终退出西域,但是,禅宗却开始在西域流传,流传的对象也由最初当地的汉族僧人到军队高级将领,再到当地的胡人。对当时的西域产生深远影响。"[4]

道教的典籍在丝绸之路上也有发现。斯坦因就在其第三次中亚探险活动中于和田北方麻札塔格发现了北齐刘昼撰写的《刘子》的残文,《刘子》主要宣扬道家的祸福论。

4. 艺术方面

中国人对书法的热爱由来已久。王羲之的《兰亭序》是中国书法最具代表性的作品,在唐朝时期,成为书法爱好者热衷临摹的作品之一。根据前文所述的考古发现可知,丝绸之路沿线的河西、敦煌、新疆都发现了《兰亭序》的抄本,甚至也发现了摹写《兰亭序》的练字本、稿纸等东西,说明王羲之的这个帖本,从中原到敦煌,再到吐鲁番、龟兹,最终传写到了于阗等地。这同样间接揭示了唐朝时期,书法艺术在西域也是颇为盛行的。最后,通过比对也发现,有些书法练习者所写的《兰亭序》,反映出相当高的书法造诣,这说明西域地区与中原地区的书法流行状况基本是处于同步状态的。[5]

三、汉字的流传与汉民族的流动密不可分

汉字作为汉民族的书写符号与记录系统,其流传也与汉民族的流动密不可分。

魏晋南北朝时期,中原大乱,很多汉族人逃入河西走廊乃至新疆区域,这些人的迁徙,使得汉字也向这些地区流传。高昌地区的一度汉化是最好的证明。今天,在高昌地区出土的汉字资料中,不管是汉墓、汉字书籍还是其他实物,都说明了当时汉字强大的生命力和流通力。

唐朝时期,特别是高宗、武后到玄宗时期,正是唐朝军制从行军到

镇军的转化阶段,边防体制逐渐由府兵番上镇戍,转变为节度使体制下的军镇驻防,像安西四镇,"大军万人,小军千人,烽戍逻卒,万里相继以却于强敌"[6]。因为是一直镇守在那里,家属也从军而居。这些由中原到达西域的汉人,也将汉字书写的汉籍带到了遥远的西域地区。

汉民族在丝绸之路上往来的人群可以分为以下四大类。

1. 官方使节

中国政府在丝绸之路沿线派出了大大小小不同的官方使节,他们都是汉字的传播者和使用者。他们也留下了大量的文献资料和实物。如汉代的"唐诩印信""李崇印信"、吐鲁番的汉文文书等。

2. 求法僧(留学生)

由于丝绸之路也是古代一条宗教传播的道路,这条路线上的僧人、传教士众多。中国方面,有前往中亚、印度求法的求法僧。如宋云、玄奘,以及现在已经不知其名字的僧人等。另外,汉唐时期,不少的留学生至长安、洛阳留学,他们学成回国之后,也成为汉字的使用者与传播者。

3. 经商者

在今天的丝绸之路沿线发现了一些汉文资料、汉文石刻,上面记载有经商者间进行贸易的信息,这些人也是汉字的传播者。

4. 移民

历史证明,西北丝绸之路上,中原政府的军队、经商者、手工业者、军人家属等,往往是后来定居于新疆、中亚等地区,如吉尔吉斯斯坦托克马克发现的石像,上面的汉字显示唐时碎叶城里有过中国政府的官员与军队在那里驻扎、生活。

总的来看,唐朝以后,随着中原政府的身影退出今天的河西走廊、新疆、中亚地区,这些地区的语言和文字迅速发生改变,汉语、汉字不再被人们使用和学习。

第十章 21 世纪的汉字

四、汉字的流传受到地理环境、人文环境（儒家农业文化类型、政府教育政策等）、传播技术、经济贸易等多种因素的影响

历史上的丝绸之路因为所经区域的不同，分为沙漠路、草原路、海上丝绸之路等等不同的路线。长安出发经过中国西北（河西走廊为主）、新疆到达中亚、西亚乃至欧洲的丝绸之路一般被称为丝绸之路上的沙漠丝路。沙漠地区通常荒凉无比，人烟稀少，因此，在这一条路线上行走、交流往往受到严酷气候和环境的限制。因此，汉字在沙漠丝路上的流传远不及汉字往东方朝鲜半岛、日本列岛的流传那样容易。

另外，我们还需要注意到中国古代占据主导地位的儒家文化对汉字流传的阻碍作用。儒家文化主张安土重迁，这一思想影响到政府层面，就是禁锢人们的自由流动，反映到民间就是人们对外部世界缺乏了解的欲望，最终就是中国古代未能出现一个虔诚向外传播中国文化的人群（像基督教里的传教士），因此，中国的汉字始终未能走向外面的世界。

古代中国政府在教育方面的政策与措施也影响着汉字在丝绸之路沿线的流传。

明清时期，尤其是清朝时期，政府将精力大多放在了边疆的军事安全方面，所以一贯不太重视西北边疆地区的文化教育事业，这一指导方针大大影响了西北边疆地区文化教育事业的发展。

汉字的传播技术对汉字的流传也有一定的影响。商周时期，汉字多被铸在青铜器上，如何刻写汉字的技术被垄断在商周王朝的手中，汉字的流传因此受到严重限制。春秋战国时期，人们学会使用竹简、毛笔书写汉字，中原进入行政文书时代，学习汉字的人数大大增加。汉代纸的发明，使得汉字的流传更进一步加速，因此说，汉字的流传也

受到传播技术的深刻影响。

人们一般认为,文字的出现与人类交往的扩大、贸易的发展有着密切的关系。汉字作为汉民族的文字,在中西经济贸易中,也发挥了一定作用。当前已知的考古发现中就有使用汉字记载中外经济贸易往来的文献。因此,人们进行的贸易活动也会对汉字的流传产生一定影响。

五、汉字的传播材料丰富多样

首先,参与丝绸之路沿线考古活动的橘瑞超,在其《新疆探险记》中就汉字的书写材料提到,他为日本带回去的东西中,有一部分就是"书写在纸上的文字,有汉文、属于梵语系统的文字、摩尼文、回鹘文、西夏文等各种各样的文字。还有在陶片类东西上、在动物骨头上、在树皮上、在石板上、在木片上书写的东西等。"[7]

另外,铜钱也是汉字流传的重要途径。

中国著名货币史专家彭信威将古代世界货币体系分为两种:希腊货币体系和中国货币体系。从中国货币体系来说,经历了由贝到玉到铸币的过程。尤其是到了春秋战国以后,随着社会生产力的提高,交换的进一步扩大,铸币开始流行。秦始皇统一六国后,加强中央集权的措施之一是统一货币。在全国范围内推行圆形方孔的半两钱。汉承秦制,通行圆形方孔的五铢铜钱。这种以五铢铜钱为主导的货币形式一直沿用至隋唐时期(三国两晋时有过以帛为货币的现象)。唐时,中国货币进入一个全新的时代。唐武德四年(621)开铸"开元通宝",废止使用长达700年之久的以重量命名的五铢钱,改称"通宝""重宝""元宝"等,直至清末。

中国古代的钱币(铜钱)上往往有汉字。汉字主要用以标明钱币的重量(五铢钱),或钱币的生产时间(开元通宝)。但是,因为中间也掺杂了中国人的审美观等因素,中国铜钱也留下了书法演变的痕迹。

丝绸之路沿线发现的铜钱,汉字最初为小篆,后用隶书(又为八分书)、行草等不同的字体。

因此,西方探险家们分别为各自的国家带回去很多钱币,像橘瑞超带回去的钱币中,同样包括"许多古钱币,其中有银钱,也有铜钱,有的比较新,有的很古老。数量最多的、数以千计的是开元通宝,这是在很长一个时期内铸造的,使用了很长时间,并不限于唐代开元年间使用。五铢钱也比较多,这是在比开元通宝古老的时代长期使用的货币"[8]。

丝织品上发现的汉字也不少,根据本书搜集的资料显示,从东汉末年开始,到后来的整个古代中国,中国人显然有将寓意吉祥如意的汉字绣入其生产的丝织品中的习惯。如前文所述,青海杜兰吐蕃三号墓、新疆出土的"五星出东方利中国"等丝织品,都发现了很多绣有汉字的织物,这些织物在今天的叙利亚也被人们发现。

总之,汉字的书写材料丰富多彩。

六、丝绸之路是一条文化交流与文化融合之路

自张骞通西域后,中外之间沿丝绸之路的文化交流与交往就始终未曾停止过。

西北丝绸之路经过中国西部的广袤地区,这里自然环境多样,地理位置独特。几千年来,在这里繁衍生息的人们,与来自中原地区的先行者一起开拓经营,创造了辉煌一时的历史,形成了多民族聚居、多种文化荟萃的特点。这里有汉族汉文、少数民族的文化和伊斯兰教文化、佛教文化等等。

因此,汉字沿丝绸之路沿线的流传也是不同民族间、不同国家间文化交流与交往的真实反映。根据文献记载,哥舒翰的父亲是突骑施人,母亲是于阗人,他并非汉族出身,但是《旧唐书》记载:"(哥舒)翰好读《左氏春秋传》及《汉书》,疏财重气,士多归之"。可见其汉文程

度之高,是为当时世人所熟知的。

七、丝绸之路上汉字的流传有着非常明显的时空差异

两汉时期,丝绸之路沿线汉字的流传主要局限在河西走廊、新疆东部、中部地区。汉字作为官方文字,在这些地方大量出土,说明两汉政府对这些地方的直接统治和高度重视。与此相反,在青海、内蒙古出土或发现的两汉时期汉字资料和实物就较为稀少,说明后者在当时的地位可能远低于前者。

三国两晋南北朝时期,由于中原大乱,河西走廊成为汉人纷纷逃避战乱的一个理想选择,河西走廊成为汉字的主要流传区域。新疆地区则仅有东部高昌国地区流传广泛。至于青海及内蒙古,这一时期因为是少数民族的主要活动区域,如吐谷浑、柔然等,因此,汉字的流传仍然显得相对薄弱。但青海的吐谷浑,因为受汉文化影响更大,且已使用汉字为其文字,因此,比起内蒙古来说,汉字在青海的流传又略显广泛。

隋唐时期是中国封建社会的强盛时期,汉文化的强大也表现在汉字的使用范围日益广泛上。总体来看,甘肃河西走廊、新疆大部,出土的汉字实物和资料都非常丰富。且加之丝绸之路上贸易与中外交往的频繁,汉字甚至走向中亚、西亚。遗憾的是,安史之乱后,唐撤出新疆,这一地区的汉字慢慢也为其他文字所取代。

青海由于被吐蕃占领,藏文盛行,汉字的流传基本不能直接发现。

宋元明清时期,汉字在丝绸之路的流传主要局限在丝绸之路的东段和中段。尤其要注意的是,因为西北大部大多数时间为少数民族所控制,汉字的流传往往与其他文字同时进行。河西走廊因为长期受汉文化的影响,完全成为汉字流传区。青海及内蒙古、新疆因为民族众多,各民族又有自己的文字,汉字仅为流传的主要文字之一。

上述情形表明,汉字沿丝绸之路的流传因时空的变化而变化,且

第十章 21世纪的汉字

在不同时间、不同地区有不同的流传特点。

最后,纵观两千余年汉字在西北丝绸之路上的流传及其背后所记载的历史史实,笔者认为,有以下三点历史启示仍然值得我们重视。

第一,必须加强在丝绸之路沿线的军事防卫和保护。两汉到明清,留下来的大量汉字资料及实物都证明,西北边疆地区作为欧亚大陆的中心枢纽地带,自古以来就是极为重要的军事要冲。加强对西北边疆地区的军事防卫和保护,既有利于维持边疆地区的稳定,为边疆开发和发展提供有力的军事保障,又对国家安全和统一,有不可替代的重要意义。丝绸之路作为连接欧亚大陆的桥梁,对其沿线的保护自是重中之重。

第二,以"点"带"线",以"线"带"面",加强对丝绸之路沿线重要城市、所经道路以及整条通道的管理是丝绸之路上所有国家和民族共同的任务。

历史的经验告诉我们,要实现人类的共同发展、共同繁荣,一方面是加强各地区的开发,另一方面是要提高人类共同的经济文化水平,实施共同发展、共同繁荣的策略。丝绸之路首先是一条贸易通道,这条贸易通道在其繁盛时,给中国和其他国家都带去了丰厚的经济回报。而在贸易之外,这条道路也使得丝路沿线国家、地区、人民得到了更多文化交流的机会,"丝路兴,则欧亚兴,丝路衰,则世界衰"可以说是对这条经济、政治、文化通道的最好描写。

第三,文化"多元性"背景下的"求同存异"政策是一条重要的外交政策与民族政策。

远古时期,人类的历史是分散、孤立的。但是,随着生产力的发展,技术的进步,人类之间交往、交流的增多,不同文化之间的互相影响也变得越来越普遍与流行。

文化是为了让人更好地生活在这个世界上。人类每一种文化的形成都要经过几千年甚至上万年的积累,各种文化之间既有相通性,又有各自的独立性和独创性。这是因为,各个民族的文化都是在自己所处的特殊的自然环境和人文环境中发展起来的,即使到现在,很多民族依然生活在传统文化包围的环境中,保持着自己的传统文化。

丝绸之路所经区域广泛,民族众多。文化"多元性"特征极为明显,不同文化之间的和平共处,"各美其美""美美与共"应该是我们共同追求的目标。

习近平总书记提出的"丝绸之路经济带"建设目标,是中国"强大复兴梦"的核心内容,因此,以史为鉴,吸取历史上的成功经验与失败教训对今天的我们来说至关重要。

第三节　丝绸之路对汉字的影响

文字不等于文化。但是,文字是文化的主要承载体。因此,文字的流动可以大致说明文化的流动情况。丝绸之路开辟后,中外之间的文化交流与交往日益扩大,体现在对汉字本身的影响方面,主要有以下几个方面。

一、汉字创新的动力和阻力

文字的创新,一方面有推进的动力,另一方面又有抑制的阻力。"推进的动力强于抑制的阻力,文字就能顺利创新",这就是"文字的创规律"。

丝绸之路上汉字两千年的流传,概括来看,推进汉字创新的"动力"主要有以下方面。

1. 知识积累

首先,汉字自身的积累,大量辞典、语法书籍的出现。如《尔雅》《说文解字》《切韵》《广韵》《康熙字典》等。这些辞典的问世对汉字自身的发展与不断完善提供了帮助。

其次,对其他语言文字的学习、了解与掌握。佛教东传最大的问题就是语言的沟通问题。大量中外僧侣的不懈努力,使得佛教突破了语言的障碍,把佉卢文、梵文等佛教典籍转译为汉文,词汇方面,大量新的汉语词汇问世。如"世界""众生""有情""觉悟"等。语音方面,则出现了反切,汉语的注音方法得到大大改进。因此说,与其他语言、文字的接触,对其他语言、文字的不断深入了解与研究,使得汉字的发展得到了大量新鲜的血液。

2. 环境适宜

环境有自然环境和社会环境之分。早期文化的发展,主要依靠自然环境。古代文明都发源于有江河的地方。这些地方有灌溉之利、舟楫之便,生产容易发展,文化因而兴起,文字因而应运而生,汉字也是如此。社会环境主要是政治安定和思想自由。历史证明,中国中央政府强大、繁盛,丝绸之路在中国保护的区域内就呈现出一片繁荣与稳定,丝绸之路上的政治、经济、文化交流就兴盛。汉字作为中华文化的主要载体之一,就流传愈加广泛,与其他文化的接触就愈加紧密,受到其他文化、文字的影响也就愈多。

3. 制约汉字创新的因素

汉字创新受到社会惯性、思想观念、传统禁忌等因素的制约。汉字从其字形来说,属于方块字。相比起其他文字,尤其是字母文字来说,汉字的书写笔画较为繁复。这一特点使得汉字的流传受到一定影响。曾有人将日本年轻人的自杀与以前汉字在日语中所占比重进行过联系,他们认为汉字的难以记忆和掌握,加重了日本年轻人的负担,成为他们自杀的因素之一(学习汉字过程中产生了严重的挫败感)。

中国人向来认为"祖宗之法不可变",这是造成中国后来发展迟缓的原因之一。尤其到了明清时期,整个社会都致力于维护传统,任何新生事物都必须纳入传统的模式之中。虽然有部分西方的语言、文字、科学、技术等传入中国,但是对中国社会产生的影响极为有限。汉字也是如此,作为祖宗所创之法的标志之一,汉字被人们严格按照原有的形体、结构进行学习、流传,其创新的一面严重受阻。

文字是有魔力的。古人对文字普遍存在一种敬畏感。因此,我们可以看到,丝绸之路上发现的一些丝织品中,人们往往将表示吉祥如意、福寿双全等寓意的文字织入丝绸之中,穿在身上,因为他们相信,这会真的使他们得到某种安全和护佑。因此,笔者认为,这种敬畏感也会在一定程度上阻碍汉字的创新与改良。

二、汉字的衰减

汉字衰减的深层原因是"时间的消磨"。"时间的长度跟消磨的深度成正比例",这是"文字的衰减规律"。于是,有的汉字完全失去了作用,消失在时间的长河之中,有的汉字则只保留部分微弱的作用。

黑维强在其《吐鲁番出土文书词语释》一文中指出,"在吐鲁番出土文书中,有一些文书是关于饲养马、驴牲口所食草料及行程等相关记录的账册。其中阿斯塔纳506号墓葬所出土的最为丰富。……在这些账册文书中,一些词语现今有关辞书未作收录或未作释义"。[9]他给出的例子有"驴子"(指人)"槽头""料客""捉馆""驮角"等。他认为,随着时间的流逝,其中有些词语的词义发生变化,比如"槽头"。有些则直接消失,如"料客"等。

三、汉字的流动

汉字的流动主要有两种方式:单向流动、相互流动。其中,单向流动又占据主要的地位。

1. 单向流动。汉字传播到非汉语地区,起初都是"原样移植",大家学习汉语文文言的儒家文献。《三字经》《千字文》《四书》《五经》曾经是西北地区的公共教科书。

2. 相互流动。首先,汉字流传到其他语言文字中。熟悉汉语汉字之后,各民族和各邻国先后借用汉字书写自己的语言,于是汉字"流动"成为非汉语民族的汉字。流动主要有三种:①"借词"(音意兼借),②"音读"(借音不借意),③"训读"(借意不借音)。其次,汉字中出现非汉族的外来民族的文字。

四、汉字的传播类型及特征

汉字的传播类型可以分为接触扩散、浸染扩散、跳跃扩散、迁移扩散四种。

接触扩散,顾名思义就是汉字通过人们的接触得以扩散。丝绸之路上有很多的民族,受汉文化影响较深,后来就接受了汉字,比如我国的河西走廊地区,因为距离中原较近,受汉文化影响大,因而后来整个地区都成为汉字的流传区域。

浸染扩散,指在大的汉字环境下被迫接受汉字的过程。丝绸之路上的少数民族,当他们身处汉文化的熏陶之中,他们就会被迫接受汉文化,包括汉字,这集中表现在丝绸之路上的一些地区,如吐鲁番,汉文化的强大使得这一地区成为汉文化的控制区域,所有在这里生活的人们就不自觉地被汉文化所浸染,包括接受汉字。

跳跃扩散,指从空间范围来说,丝绸之路沿线的汉字流传并不是从长安开始,然后均匀地、顺畅地向其他地区流传。同时,跳跃扩散也指从时间层面来说,汉字的流传因为不同时间而表现为其流传过程中的时断时续,呈现跳跃性扩散的特点。

迁移扩散,主要指汉字作为汉民族的文字,也随着汉民族的迁移而流传或传播。这一传播类型也是汉字传播中非常重要的一种传播方式。

总体来说,汉字的流传类型较多,且汉字在西北丝绸之路东段的流传最为强大,中段较弱,西段最差。

第四节 汉字在丝绸之路上流传产生的影响

一、促进了民族融合的进程

翁独健认为,历史上的民族融合通常有两种方式。"一种是采取政治强制手段使一个民族合于另一个民族,一种是通过经济文化的作用使一个民族经过自然渐进的过程合于另一民族。"[10]前者称为同化,后者称为融合。从汉字在历史上沿着丝绸之路的流传看来,两种方式都曾经存在过。

二、促进了中华民族的凝聚力

中华民族的凝聚力主要表现在丝绸之路上的狭义"西域"地区逐渐转变为我国现今国土的一部分,成为受中央政府控制的边疆地区。

杨斯童认为,"西北边疆地区经历了一个由被内地争权羁縻、争取的外围地域即'西域',逐渐演变、被整合为中国国土即'西北'的过程。在这一历史进程中,即由'西域'到'西北'的变化,不仅意味着指称上的改变,其实质性的内容是'西北'边地内化为'中国'国土不可分割的一部分,'西北'成为'中国'的西北——尽管这一历史进程中

第十章 21世纪的汉字

曾经历战乱、分裂、割据,但其总体的趋势,却是指向中国'大一统'的历史格局的最终形成。"[11]

曾问武就曾将中国自古以来对西北边疆的拓殖与开发划分为三个历史阶段。他认为,汉代之经营西域,主要有两种政策:羁縻及监督,屯田;唐主要有列置州府和军府两种方略;五代及两宋时期,由于中原王朝与西域之间遍布各少数民族政权,因而中原王朝与西域之间主要是以经济文化交流为主;元代蒙古西征,将西域并入中国版图,并设立四大汗国统治西域,且有三行省、三宣慰司;明代则以朝贡关系维持中央政权与西域的关系;到了清代,中国版图基本确定,西域基本成为中国西北稳定的疆土,清政府在新疆等地正式设置官府、驻军屯田,以此为根据地羁縻中亚各国。这一历史线索大致反映出西北疆土之由"西域"逐步演变为中国"西北"并不断巩固的历史进程。

第五节 汉字的未来

汉字是中国通用的唯一官方交际工具,同时也是中国文化的脊梁。21世纪的中国正在成为影响世界的大国之一,汉语汉字走向世界变得日益迫切,就汉字本身而言,它有着其不可忽视的优点,恰当地运用这些优点,可以为汉字进一步走向世界提供帮助。

一、汉字的优势及特点

1. 易于掌握

人们都说汉字很难记。其实并不是这样,有一定字形的汉字是易于记忆的。汉字通过形体来表示词汇,印欧语言通过形态来表示词汇。

据有些专家研究,当今所有主要语种日常实际使用的词,大致保持在5万个上下。实行一次构词为主,"字话一律"的英、法、德、俄等语种,其书面词形就是5万个字;但以二次构词为主的汉语,其书面语只由4000—5000个汉字组成,是英文的1/10,是俄文的1/12。这样,在词汇方面就大幅度降低了学字用字的难度。

2. 独特的表意性

这指的是表意的汉字与拼音文字有着明显的不同。

生动直观的象形表意法。象形字大多具备这样的特征。如"日""月""人"等,这些汉字的字形非常易于理解和掌握。

察而见意的指事表意法。这方面的汉字如"本""未""末"等,分别用一些表示强调的符号来表达意思。

耐人寻味的会意表意法。如"休"字,表示人累了以后,靠着一棵树休息一下。"明"字,表示"日""月"一起,更加明亮的意思。

标类注音的形声表意法。汉字中的形声字往往就是用这种办法创造出来的,且目前占有很大比例。这部分汉字结合发音与意义,一个汉字既可以掌握发音又可以明白意义。

3. 灵活的构词能力

汉语的语素单位是汉字。汉语中很多汉字往往一个字就是一个词。如"人""好""快""走"等。

从构词角度看,汉字有单用和在词首、在词间、在词末四种情况。汉字的构词能力也表现在一些构词能力很强的汉字上,不仅自己可以单独使用,且还可以与其他的字词组合,产生新的词语。如"人"字,单独用指人。跟其他的字词合用就产生新的词语,如"好人""人们""美人鱼""媒人"等。

第十章　21世纪的汉字

4. 汉字强大的构词能力,使得汉语拥有极为丰富的词汇

前文指出,汉语常用书面语只有 4000—5000 个汉字,远少于其他语言中的词汇。但是,因为,汉字强大的构词能力,4000—5000 个汉字可以组合出大量的词语来使使用汉语者自由、准确表达各自的情感、思想等。因此,汉语之美是毋庸置疑的。

5. 追求神韵的美学风格

通过对汉字历史的了解,可以知道汉字不仅仅具有文字符号这一种功能,除此之外,汉字还可以让美的形式、美的思想展现出来。

早在甲骨文、金文时代,汉字的书写样式就已经逐渐发生了显著的变化,从这些文字中可以看出,当时的人们已经有了将汉字的书写样式进行美化的意识。董作宾就曾经根据甲骨文的样式将甲骨文分为五期:第一期,文字雄伟;第二期,文字谨饬;第三期,文字颓靡;第四期,文字劲峭;第五期,文字严整。

一般认为,西周金文在不同的时期也有不同的书写风格。在其初期,字体健雅,中期字体紧凑、整饬,后期则饶有篆意,又有向颓放之风发展的趋势,每一阶段样式各有特点。[12]

书法是流行于东亚国家和地区的艺术形式之一。汉字优美的形体为这一艺术形式增添了美的熏陶与享受。今天日本、朝鲜半岛、中国有大量的书法爱好者,他们将汉字之美用书法向世人进行了完美的展现与诠释。

总之,汉字的优势是显而易见的,我们应该将这些优势进一步发扬光大,将汉字之美展现在世界面前。

二、汉字易教易学

1. 汉字的稳定性对汉字的"教"与"学"都极为有利

汉字的第一个特点是字形不受汉语语音变迁的影响和左右,这样,汉字就有了高度的稳定性,大大降低了识字教育的难度。汉字重在直接以"形"表"义",不像拼音制文字那样,先由"音"成"形",再由"形"表"义",因此,它既不受古今音变的支配和左右,也不受不同方言的支配和左右,这样,就形成了它"超时空"的可贵性能。

2. 汉字一定的字形使汉字学习变得简单易行

日本著名的汉学家、汉字研究专家白川静先生认为,有一定字形的汉字是易于记忆的。他提到在日本,一个电视节目中,一位四岁的幼儿可以读出全部力士的丑名(相扑力士的艺称),还指出这位幼儿可以像栋方志功(日本现代版画家)一样,将"贵乃花"(贵乃花光司,日本著名相扑选手)三个字按照不同的笔画顺序流畅地写出来,体现了字形和影像的完美结合。白川静认为,一旦学习了字形学方法,就可以更为合理地书写汉字,所记忆的字形,也很难遗忘。

3. 汉字的数量有限,也使汉字变得易教易学

根据统计,掌握4000—5000个汉字就可以自由阅读汉语,就可以自由表达思想、情感等各种需要。因此,这使得汉字的学习负担大大减轻。

4. 汉字大量的形声字有利于帮助记忆

汉字的第二个特点是占字量90%的形声字,其形旁已对所表示的概念即字义进行了分门归类,极利于学习记认。

三、21世纪汉字的发展愿景

1. 汉语汉字将成为中华民族与其他民族间的中介

1992年3月12日下午,江泽民总书记在人民大会堂会见香港事务顾问时,热情地赞扬"安子介先生对汉字很有研究",并说:"中国是靠文字统一的国家,中华文化能够使大家统一起来。"法国前总统德斯

坦于1993年访问中国后在一篇文章中指出:"中国的这种统一,是由语言加固的,不是因地区而异的口语,而是书面语,即那些在中国到处都绝对一致的著名的汉字。"世界著名的科学技术史专家李约瑟指出:"在关于中国地理的概述中,我们将简单地提到各种方言的分布,那时我们将看到,中国文字的发展在被地理上的重重障碍分割的情况下,成为中国文化统一的一个多么有力的因素。"在世界上,从著名的政治家到著名科学家,许多有识之士都认识到汉字对中国统一的作用。

2. 汉字将成为人类使用的重要文字符号之一

有人提出,21世纪将是"汉字的世纪",全世界都将使用汉字,因为汉字承载的信息量最多,是信息化时代最佳的文字。美国有名的语言学家德范克教授有先见之明,早已在他的著作《中文:事实和幻想》里做了实验。

同时,我们在生活中可以发现,"象形文字"在反击——在公路旁、在机场里、在地图上、在天气预报中,在衣服上、在电脑屏幕上、在电子产品等事物上,都可以看到汉字的身影。

3. 文字的中性化趋向下对汉字的发展展望

"二战"之前,从索绪尔的语言学理论开始,语言学的领域不断扩大;"二战"之后的安定时期是语言学的繁荣时代,研究盛况空前。语言学很快就与哲学、心理学、社会学相结合,演变成为庞大的符号学体系,产生了大批的著作。但是,对文字——符号的载体,人们的研究有所不足。反映到汉字上,更是如此。汉字系的话语具有更强的文字化语言的性质。对汉字来说,与符号功能相比,其表意和象征功能更为强大。汉字自身包含了具体的含义,也构建了自身的文字体系。汉字的表意功能,使其具有通时性,"汉字文化圈"广大文化空间的形成正是如此。

根据心理学的调查结果,汉字作为视觉符号,在唤起失语症患者的识读意识方面,有着明显优于其他文字的特点。如果对于话语,汉字有着特有的回路,那么必须承认,作为保存至今的唯一的表意文字,汉字与其他的文字有着不同的信号体系。从这个意义上讲,作为文字,汉字有可能产生新的功能,这点是很值得期待的。

王凤阳说:"一种文字的力量在于掌握它、使用它的人数,在于它的被使用率和应用范围;一种字体的力量也在于它的被使用人数及频率上。"[13]

文字这一符号系统,作为社会记录和交际工具是为他人和社会而存在的。文字的社会公器性质决定了它必须是易学、易写、易记和高效的,必须在全社会甚至世界范围内获得普遍使用和认同。只有具备这样的条件,才能最大限度地发挥文字的社会效用。因此,文字字体的价值不在于字体本身,而是在于字体的普适性,即能被不同种族、不同个性的人群广泛接受。

因此,汉字以其丰富的可塑性,将来可能会担负起更为重要的职能。这是因为,作为记号文字的汉字所拥有的强大功能,是其他任何文字都无法取代的。

4. 汉字巨大审美价值的再开发

汉字不只有传递信息的功能,还具有逻辑美和阅读美的认知系统和审美价值。如宋体汉字家族展现的就是一种美。让一种文字在国际上广为认同、广泛使用,并展现出一种优秀文化的自信,这是目前研究汉字字体的学者和文字应用工作者的重要工作。

第十章　21世纪的汉字

注　释：

[1]西北丝绸之路历史上曾经存在过多种文字,而且这些文字也都有各自不同的发展轨迹,因此说,西北丝绸之路也可以被视作是一条文字之路。有的消失了,而有的至今仍然活跃在这条道路上,因此,这条道路上长期存在着多种文字并存的情形,且这种情形至今没有改变。文字作为一个民族或国家的文字符号系统,其背后所代表的是不同的文化类别,因此,不同文字间的交融、影响也都是丝绸之路上中外文化交流的重要组成部分。当然,因为笔者的水平有限、精力不足等原因,本书仅专注于对汉字本身流传的梳理与分析。

[2]张玉祥、陈晓艳、杨洁明:《西北边疆民族地区濒危汉文历史档案保护研究》,载《档案学研究》2015年第4期,第119—123页。

[3]张艳奎:《吐鲁番出土的四类习字文书初探》,陕西师范大学硕士学位论文,2013年,第1页。

[4]荣新江:《丝绸之路与东西方文化交流》,北京大学出版社,2015年版,第173—184页。

[5]1900年敦煌藏经洞开启后,学者们陆续从敦煌写本中,找到若干《兰亭序》的抄本。目前可知仅民间流传的写本就有十几种之多。

[6]《旧唐书》卷一九六上《吐蕃传》,中华书局,1975年,第52236页。

[7][日]橘瑞超:《橘瑞超西行记》,柳洪亮译,新疆人民出版社,2013年10月第1版,第128页。

[8][日]橘瑞超:《橘瑞超西行记》,柳洪亮译,新疆人民出版社,2013年10月第1版,第129页。

[9]黑维强:《吐鲁番出土文书词语释》,载《敦煌学辑刊》2004年第1期,第60—67页。

[10]翁独健:《中国民族关系史纲要·绪论》,中国社会科学出版社,1990年版,第13页。

[11]杨斯童:《从"西域"到"西北"——西北边疆拓殖与开发的历史启示》,载

西北丝绸之路上的汉字流传史

《东北师大学报(哲学社会科学版)》2014年第6期,第267—269页。

[12][日]白川静:《汉字百话》,郑威译,中信出版社,2014年,第158—160页。

[13]王凤阳:《汉字学》。

参考文献

[1] 班固. 汉书[M]. 北京: 中华书局, 1962.

[2] 范晔. 后汉书[M]. 北京: 中华书局, 1965.

[3] 刘昫, 等. 旧唐书[M]. 北京: 中华书局, 1975.

[4] 宋祁, 欧阳修, 范镇, 等. 新唐书[M]. 北京: 中华书局, 1975.

[5] 欧阳修. 新五代史[M]. 北京: 中华书局, 1974.

[6] 脱脱. 辽史[M]. 北京: 中华书局, 1974.

[7] 戴维·克劳利, 保罗·海尔. 传播的历史[M]. 董璐, 何道宽, 王树国, 译. 北京: 北京大学出版社, 2011.

[8] 哈罗德·伊尼斯. 帝国与传播[M]. 何道宽, 译. 北京: 中国传媒大学出版社, 2013.

[9] 芮乐伟·韩森. 丝绸之路新史[M]. 张湛, 译. 北京: 北京联合出版公司, 2015.

[10] 斯坦因. 西域考古记[M]. 向达, 译. 北京: 商务印书馆, 2013.

[11] 青海省文物考古研究所. 再现文明——青海省基本建设考古重要发现[M]. 北京: 文物出版社, 2013.

[12] 中国科学院新疆分院罗布泊综合科学考察队. 罗布泊科学考察与研究[M]. 北京: 科学出版社, 1987.

[13] 孟凡人. 丝绸之路史话[M]. 北京: 社会科学文献出版社, 2011.

[14] 橘瑞超. 橘瑞超西行记[M]. 柳洪亮, 译. 乌鲁木齐: 新疆人民出版社, 2013.

[15] 王炳华. 西域考古历史论集[M]. 北京: 中国人民大学出版社, 2008.

[16] 李梵. 汉字的故事[M]. 西安: 陕西师范大学出版社, 2009.

[17] 陆剑明,沈阳. 汉语和汉语研究十五讲[M]. 北京:北京大学出版社,2004.

[18] 邢公琬. 语言学概论[M]. 北京:语文出版社,1992.

[19] 兰宾汉,邢向东. 现代汉语[M]. 北京:中华书局,2014.

[20] 程湘清. 先秦汉语研究[M]. 济南:山东教育出版社,1992.

[21] 王力. 汉语史稿[M]. 北京:中华书局,1980.

[22] 游汝杰. 文化语言学引论[M]. 北京:高等教育出版社,1993.

[23] 姚亚平. 中国语言规划研究[M]. 北京:商务印书馆,2006.

[24] 臧荣. 中国古代驿站与邮传[M]. 北京:中国国际广播出版社,2009.

[25] 杨全照. 中国古代民族统计研究[M]. 北京:民族出版社,2006.

[26] 韩康信. 丝绸之路古代居民种族人类学研究[M]. 乌鲁木齐:新疆人民出版社,1993.

[27] 范玉春. 移民与中国文化[M]. 桂林:广西师范大学出版社,2005.

[28] 路遇,滕泽之. 中国人口通史[M]. 济南:山东人民出版社,2000.

[29] 林幹. 中国古代北方民族通论[M]. 北京:人民出版社,2010.

[30] 宋蜀华,陈克进. 中国民族概论[M]. 北京:中央民族大学出版社,2001.

[31] 武沐. 匈奴史研究[M]. 北京:民族出版社,2005.

[32] 张碧波,董国尧. 中国古代北方民族文化史[M]. 哈尔滨:黑龙江人民出版社,2001.

[33] 陈序经. 匈奴史稿[M]. 北京:中国人民大学出版社,2007.

[34] 清水茂. 清水茂汉学论集[M]. 蔡毅,译. 北京:中华书局,2003.

[35] 拉斯·勒,维克托·马尔塞. 字体传奇[M]. 李德庚,译. 重庆:重庆大学出版社,2013.

[36] 沈阳. 语言学常识十五讲[M]. 北京:北京大学出版社,2005.

[37] 游汝杰,邹嘉彦.社会语言学教程[M].上海:复旦大学出版社,2004.

[38] 向达.唐代长安与西域文明[M].北京:三联书店,1957.

[39] 田方,陈一筠.中国移民史略[M].北京:知识出版社,1986.

[40] 崔瑞德,鲁惟一.剑桥中国秦汉史[M].北京:中国社会科学出版社,1992.

[41] 王静.中国古代中央客馆制度研究[M].哈尔滨:黑龙江教育出版社,2002.

[42] 李零.简帛古书与学术源流[M].北京:生活·读书·新知三联书店,2004.

[43] 何九盈.中国古代语言学史[M].北京:北京大学出版社,2006.

[44] 华学诚.周秦汉晋方言研究史[M].上海:复旦大学出版社,2003.

[45] 王松泉,钱威.中国语文教育史简编[M].北京:社会科学文献出版社,2002.

[46] 申小龙.中华文化通志·学术典·语言文字学志[M].上海:上海人民出版社,1998.

[47] 周鸿铎.应用传播学史纲[M].北京:中国纺织出版社,2005.

[48] 朱增朴.文化传播论[M].北京:中国广播电视出版社,1993.

[49] 葛剑雄.中国人口史:第1卷[M].上海:复旦大学出版社,2005.

[50] 江应梁.中国民族史[M].北京:民族出版社,1991.

[51] 王明珂.华夏边缘:历史记忆与族群认同[M].北京:社会科学出版社,2006.

[52] 田继周.秦汉民族史[M].成都:四川民族出版社,1996.

[53] 唐德刚.胡适杂忆[M].桂林:广西师范大学出版社,2005.

[54] 王青.西域文化影响下的中古小说[M].北京:中国社会科学出

版社,2006.

[55]李梵.汉字简史[M].北京:中国友谊出版公司,2005.

[56]张应杭,蔡海榕.中国传统文化概论[M].上海:上海人民出版社,2000.

[57]季羡林.中印文化关系史论文集[M].北京:生活·读书·新知三联书店,1982.

[58]费孝通.文化的生与死[M].上海:上海人民出版社,2013.

[59]哈罗德·伊尼斯.帝国与传播[M].何道宽,译.北京:中国传媒大学出版社,2013.

[60]杉山正明.游牧民的世界史[M].黄美蓉,译.北京:中华工商联合出版社,2014.

[61]气贺泽保规.绚烂的世界帝国:隋唐时代[M].石晓军,译.桂林:广西师范大学出版社,2014.

[62]杉山正明.疾驰的草原征服者:辽西夏金元[M].乌兰,乌日娜,译.桂林:广西师范大学出版社,2014.

[63]吕思勉.中国通史[M].北京:新世界出版社,2008.

[64]徐中舒.先秦史十讲[M].北京:中华书局,2009.

[65]翦伯赞.秦汉史十五讲[M].张传玺,整理.北京:中华书局,2012.

[66]斯塔夫里阿诺斯.全球通史:从史前史到21世纪[M].吴象婴,梁赤民,动书慧,等,译.北京:北京大学出版社,2012.

[67]冯承钧.中国西部考古记·西域考古举要[M].上海:上海古籍出版社,2014.

[68]林梅村.丝绸之路考古十五讲[M].北京:北京大学出版社,2006.

[69]宿白.考古发现与中西文化交流[M].北京:文物出版社,2012.

[70]徐杰舜.汉民族发展史[M].武汉:武汉大学出版社,2012.

[71]甘肃省博物馆,中国科学院考古研究所.武威汉简[M].北京:中华书局,2005.

[72]朱绍侯.中国古代史[M].福州:福建人民出版社,1985.

[73]马可波罗.马可波罗行纪[M].沙海昂,注,冯承钧,译.上海:上海古籍出版社,2014.

[74]黄文弼.西域史地考古论集[M].北京:商务印书馆,2015.

[75]艾哈迈德·哈桑·达尼.喀喇昆仑公路沿线人类文明遗迹[M].赵俏,译.北京:中国国际广播出版社,2011.

[76]荣新江.丝绸之路与东西文化交流[M].北京:北京大学出版社,2015.

[77]沃尔克·贝格曼.新疆考古记[M].王安洪,译.乌鲁木齐:新疆人民出版社,2013.

[78]大谷光瑞,等.丝路探险记[M].章莹,译.乌鲁木齐:新疆人民出版社,1998.

[79]黄新亚.丝路文化·沙漠卷[M].杭州:浙江人民出版社,1993.

[80]陈良伟.丝绸之路河南道[M].北京:中国社会科学出版社,2002.

[81]任崇岳.中国文化通史·辽西夏金元卷[M].北京:北京师范大学出版社,2009.

[82]陈梧桐.中国文化通史·明代卷[M].北京:北京师范大学出版社,2009.

[83]赵云田.中国文化通史·清前期卷[M].北京:北京师范大学出版社,2009.

[84]周伟洲.西域史地论集[M].兰州:兰州大学出版社,2012.

[85]周伟洲.西北民族论丛:第十二辑[M].北京:社会科学文献出

版社,2015.

[86]阿尔伯特·冯·勒柯克.新疆地下文化宝藏[M].乌鲁木齐:新疆人民出版社,2013.

[87]陈青之.中国教育史[M].北京:中国书籍出版社,2016.

[88]王希隆.清代西北屯田研究[M].乌鲁木齐:新疆人民出版社,2012.

[89]黄剑华.西域丝路文明[M].成都:成都时代出版社,2016.

[90]宁夏回族自治区政协文史资料委员会,等.西北回族与伊斯兰教[M].银川:宁夏人民出版社,1993.

[91]郭永利.河西魏晋十六国壁画墓[M].北京:民族出版社,2012.

[92]俄军.丝绸之路沿线博物馆专业委员会论文集[M].兰州:甘肃人民美术出版社,2014.

[93]北京大学考古文博学院,青海省文物考古研究所.杜兰吐蕃墓[M].北京:科学出版社,2005.

[94]许新国.西陲之地与东西方文明[M].北京:北京燕山出版社,2006.

[95]陈小平.唐蕃古道史料辑[G].西宁:青海省博物馆,1987.

[96]费正清.中国:传统与变迁[M].张沛,张源,顾思谦,译.长春:吉林出版集团有限责任公司,2013.

[97]白川静.汉字百话[M].郑威,译.北京:中信出版社,2014.

[98]冯雪俊.秦汉时期汉语文在边疆少数民族地区的传播[J].青海民族大学学报,2010,36(3):135-138.

[99]陈云华.汉唐时期西域汉字应用初探[J].语言与翻译(汉文),2010(1):41-45.

[100]张德芳.西北汉简中的丝绸之路[J].中原文化研究,2014(5):26-35.

[101]俄琼卓玛.汉代西域译长[J].西域研究,2006(2):15-18.

[102]陈保亚.意音文字存在的民族语言文化条件[J].思想战线,

2002(1):110-114.

[103]韩振西.谈谈西夏字的结构特点[J].宁夏大学学报(人文社会科学版),2003,25(1):24-27.

[104]赵丽明.汉字在传播中的变异研究[J].清华大学学报(哲学社会科学版),1999(1):48-54.

[105]潘吉星.新疆出土古纸研究[J].文物,1973(10):52-60.

[106]杨斯童.从"西域"到"西北"——西北边疆拓殖与开发的历史启示[J].东北师大学报(哲学社会科学版),2014(6):267-269.

[107]刘进宝.东方学视野下的"丝绸之路"[J].清华大学学报(哲学社会科学版),2015(4):64-71.

[108]牛海桢.论清代新疆民族地区的教育政策[J].史料研究,2014(6):40-44.

[109]张玉祥,陈晓艳,杨洁明.西北边疆民族地区濒危汉文历史档案保护研究[J].档案学研究,2015(4):119-123.

[110]张乃翥.新疆出土汉文印信的文化生态考察[J].石河子大学学报(哲学社会科学版),2016(1):7-14.

[111]张艳奎.吐鲁番出土的四类习字书初探[D].西安:陕西师范大学,2013.

[112]黑维强.吐鲁番出土文书词语释[J].敦煌学辑刊,2004(1):60-67.

[113]杜建录.黑水城汉文文献综述[J].西夏学,2009(4):3-14.

[114]王辉.20世纪甘肃考古的回顾与展望[J].考古,2003(6):7-18.

[115]余欣.回鹘文中的汉语借词[J].西域研究,2000(4):65-71.

[116]魏良弢.西辽时期汉文化对中亚的影响[J].历史研究,1985(4):46-53.

[117] 董倩. 明朝对西北民族地区的经营析论[J]. 中央民族大学学报(人文社会科学版),2001(4):15-19.

[118] 杨富学. 明代陆路丝绸之路及其贸易[J]. 中国边疆史地研究,1997(2):10-18.

[119] 秦桦林. 丝绸之路出土汉文刻本研究[D]. 杭州:浙江大学,2014.

[120] 张平. 新疆若羌出土两件元代文书[J]. 文物,1987(5):91-93.